7日間集中対策

毎日ミニ模試
TOEFL ITP®
テスト 改訂版

トフルゼミナール [編著]

テイエス企画

はじめに

　予想問題を使った実戦的な演習をしたいけれど、同時に解き方のコツも整理しておきたい。本書は、そのような学習者に最適な1冊です。

　試験対策として、ある程度の量の問題にあたることは大切ですが、やみくもに問題を解き、答え合わせをすることの繰り返しだけではスコアアップのための実力はなかなかつきません。

　本書では、「TOEFL ITP早わかりガイド」でテストの概要を押さえ、次に各セクションのエッセンスを抽出した例題で、全問題形式の解き方のコツを習得します。そのうえで、Day 1 からDay 7 の7回分の「ミニ模試」で解き方に習熟していきます。

　「ミニ模試」は、1日に学習するのに適度な分量を設定し、その中で各問題形式をバランス良く配分してありますので、1回分をこなすごとに一歩ずつ着実にスコアアップへの実力を身につけることができます。

　各Dayの最後には「復習」のコーナーを設けています。リーディング・リスニング問題に出てきた重要単語を、フレーズクイズ形式で復習し、重要な文法事項を確認します。問題をやりっぱなしにせず、これらを効果的な復習ツールとして、また使い勝手の良い頻出英単語リストとして、試験本番まで繰り返し活用してください。

　また、復習時にはダウンロード音声も十分に活用してください。特に問題演習時に聞き取りにくかった箇所は、その原因を見極めたうえで、繰り返し聞きこんでリスニング力の向上を図ってください。

　本書が、皆さんの目標達成の一助となることを願っています。

トフルゼミナール

CONTENTS

毎日ミニ模試
TOEFL ITP テスト

本書にはTOEFL ITPのミニ模試が7セット（Day 1 ～ 7）収められています。

● 毎日取り組みやすい学習量

実際の本試験は約2時間ですが、本書の模試は、トレーニング用に約30分程度の試験にまとめられています。ミニ模試に取り組んだ後、さらに復習に30分～1時間費やすとしても、1セット1時間～1時間半の学習時間です。試験に向けて毎日無理なく学習を続けることを考えた際、このミニ模試は取り組みやすいサイズと言えるでしょう。

● 頻出の設問タイプを網羅

ミニ模試の問題は、各セクションの設問タイプや分野をバランスよく取り入れています。7セット全体を通してさまざまな問題に取り組むことができます。

● TOEFL ITPの傾向と対策を紹介

「TOEFL ITP早わかりガイド」では、各セクションの問題形式や出題される設問のタイプを詳しく紹介しています。TOEFL ITPをはじめて受ける方も、例題を解きながら問題の特徴と攻略の仕方を押さえておくことができます。

● 演習から復習までトータルにサポート

マークシートによる模試と自己採点、解説での見直しと理解、出てきた単語や文法の復習など、短時間でも効率よくスムーズに自己学習を進めることができるように構成されています。

● さまざまな利用の仕方ができる

試験へ向けての実力アップ、本番前の直前トレーニングなど、本書は学習目的に合わせてさまざまな使い方ができます。はじめてTOEFL ITPに挑戦してみよう、という方にも適した内容です。それぞれの目標に向けて、本書を効果的に利用してみてください。

【問題形式を把握する】TOEFL ITP早わかりガイド

　模試に取り組む前に、試験の特徴と出題傾向を理解しておきましょう。特にTOEFL ITPをはじめて受験される方は、ここで各セクションの問題形式をきちんと確認しておきましょう。

1. テストの概要 (p.12)

　TOEFL ITPの全般について説明しています。

2. 各セクションの紹介 (p.16)

　どのような問題が出題されるのか、例題とともに具体的に説明しています。

▶ セクション、パートごとに、問題形式と主な設問タイプを紹介しています。例題を解きながら、「攻略のPOINT」をチェックしましょう。

▶ リスニング・セクション (Section 1 Listening Comprehension) の例題では、音声を聞く箇所に音声番号が記されています。音声をダウンロードしてご利用ください (→ p.10「音声ダウンロードについて」)。音声には解答時間のポーズ (12秒) も含まれています。

【演習 → 復習】ミニ模試の学習

ミニ模試1セット分（1日分）の学習の流れです。

1. テスト前に

模試に取り組む準備をしましょう。

▶ 時計やストップウォッチなど時間を計ることができるものと、筆記用具（2B かHBの鉛筆と消しゴム）を手もとに置いてください。
▶ 音声をダウンロードして用意してください（→ p.10「音声ダウンロードについて」）。リスニング・セクションでは音声を使用して試験を進めます。
▶ 解答用マークシートを用意してください。本書巻末の解答用マークシートを切り取って利用しましょう。
▶ 各セクションの問題形式を確認してください。ミニ模試には、本試験の際に説明されるDirection（問題解答の手順）は含まれておりません。事前に「各セクションの紹介」（「TOEFL ITP早わかりガイド」p.16 ～）をよく読んで、それぞれの問題形式を理解しておきましょう。

2. 問題に取り組む

リスニング・セクションは、Part A からPart C まで音声を流しながら進めてください。音声には解答時間のポーズ（12秒）も含まれています。文法とリーディングのセクションは時間を計って取り組みましょう。

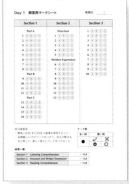

ミニ模試1セット分の構成

設問数	所要時間
Section 1　Listening Comprehension 設問数合計：16 問 Part A：8 問　Part B：1 題（4 問）Part C：1 題（4 問）	約 10 分
Section 2　Structure and Written Expression 設問数合計：13 問 Structure：5 問　Written Expression：8 問	目標 8 分
Section 3　Reading Comprehension 設問数合計：10 問（1パッセージ）	目標 11 分
合計	約 30 分

3. 自己採点と解答・解説ページでの学習

　テスト終了後、正解と照らし合わせて、各セクションの素点の合計を計算して
みてください。それぞれの問題の解説を読んで、きちんと理解できていたか確認
しましょう。

▶ 間違えてしまった問題やあいまいに答えていた問題はかならず正解の理由を明
　らかにしておきましょう。
▶ 英文と訳を読み直して、正確に意味が理解できていたかを確認しましょう。
▶「語彙・表現Check!」で語句を確認しましょう。←Check! マークの単語は、復
　習ページで問われる単語ですので覚えてしまいましょう。

4. 復習（単語・文法）

解答・解説の後に掲載されている復習ページで、問題に出てきた重要単語・文法を確認しましょう。

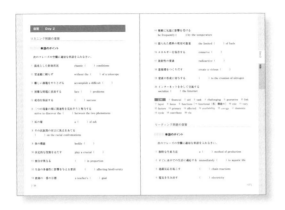

● 単語のポイント

リーディング・リスニングの問題に出てきた重要単語をフレーズクイズ形式で復習します。

　※　問題に出てきた品詞・意味と異なる形でクイズが出題されている場合は
　　　[　]で示してあります。

● 文法のポイント

リーディングの問題より、重要な文法事項を含む英文を2つずつ取り上げて解説しています。

▶ 音声ダウンロードについて

本書の音声を無料でダウンロードできますので、下記の手順にてご活用ください。

■ パソコンにダウンロードする

① **パソコンからインターネットでダウンロード用サイトにアクセス**
下記のURLを入力してサイトにアクセスしてください。

https://tofl.jp/books/2601

② **音声ファイルをダウンロード**
サイトの説明に沿って音声ファイル（MP3形式）をダウンロードしてください。
※スマートフォンにダウンロードして再生することはできません。

■ 音声を再生する

① **音声ファイルをパソコンの再生用ソフトに取り込む**
ダウンロードした音声をiTunesなどの再生用ソフトに取り込んでください。

② **音声を再生する**
パソコン上で音声を再生する場合は、iTunesなどの再生ソフトをお使いください。iPhoneなどのスマートフォンや携帯用の音楽プレーヤーで再生する場合は、各機器をパソコンに接続し、音声ファイルを転送してください。
※各機器の使用方法につきましては、各メーカーの説明書をご参照ください。

■ 音声の内容

以下の音声が用意されています。

	音声番号
TOEFL ITP早わかりガイド「各セクションの紹介」 リスニング・セクションの例題	01-09
ミニ模試 Day 1 ～ 7 リスニング・セクションの問題	10-93

TOEFL ITP
早わかりガイド

　TOEFL ITP（Institutional Testing Program）は団体受験用のテストです。問題には、TOEFLのテストにコンピューターが導入される以前に実施されていたTOEFL PBT（Paper-based Test）の問題形式・内容が採用されています。現在、大学などの教育機関で主に実施されており、多くの学生が受験しています。TOEFL ITPのスコアは公式なものではありませんが、学内での英語のレベルに応じたクラス分けや、提携大学への交換留学など、一定の目的のために使用されています。なお海外留学などのための公式スコアを取得するためには、現行のTOEFL iBT（Internet-based Test）を受験しなければなりません。TOEFL ITPにはLevel 1とLevel 2の2つのレベルがあります。Level 1がTOEFL PBTと同じ難易度であるのに対し、Level 2は問題数・内容ともに難易度が低く設定されています。本書はLevel 1のテスト対策を目的としています。

試験内容

　TOEFL ITPは、リスニング、文法、リーディングの3つのセクションで構成されています。試験時間は全体で約2時間です。解答はすべてA〜Dの選択肢の中から選ぶマークシート方式です。試験中、問題冊子の余白への書き込みが許可されていますが、解答用紙への書き込みやメモ用紙の使用は禁止されています。

		試験時間	問題数
Section 1	リスニング Listening Comprehension	35 分	50 問
Section 2	文法 Structure and Written Expression	25 分	40 問
Section 3	リーディング Reading Comprehension	55 分	50 問
合計		115 分	140 問

● Section 1　Listening Comprehension

> Part A〈短い会話〉　　　会話 30 題　　設問数：各会話 1 問
> Part B〈長めの会話〉　　　会話 2 題　　設問数：各会話 4 問程度
> Part C〈トーク〉　　　　　トーク 3 題　　設問数：各トーク 4 問程度

▶ Part A

　短い会話を聞いて、その内容に関する設問に答えます。主にアメリカの大学生が普段キャンパスで交わすような会話が出題されます。また、一般の人が話す日常的なトピックもよく出題されます。

▶ Part B

　やや長めの会話を聞いて、その内容についての設問に答えます。Part Aと同様に、アメリカの大学生が普段キャンパスで交わすような会話が出題されます。

▶ Part C

　レクチャーなどのトークを聞いて、その内容についての設問に答えます。初歩的なレベルのアカデミックな内容のレクチャーのほか、ラジオ放送やニュース、ツアーガイドのトークなど、現行のTOEFL iBTでは見られないようなものも出題されます。

● Section 2　Structure and Written Expression

> Structure〈空所補充問題〉　　　　　　設問数：15 問
> Written Expression〈間違い探し問題〉　設問数：25 問

▶ Structure

　語形や語の並び方などから判断して、文中の空所に最も適切なものを4つの選択肢の中から選びます。

▶ Written Expression

　文中、下線が引かれている4つの選択肢の中から、文法的に誤りがあるものを選びます。

● Section 3　Reading Comprehension

〈読解問題〉　　　パッセージ5題　　　設問数：各パッセージ10問程度

　パッセージを読み、その内容や語彙についての設問に答えます。パッセージの内容は主にアメリカの大学の一般教養課程で扱われるような学術的なもので、自然科学、社会科学、人文科学などの幅広い分野から出題されます。

スコアの見方

　TOEFL ITP のスコアは、各セクションの結果をもとに最低点310～最高点677の範囲で算出されます。

Section 1　Listening Comprehension	31～68
Section 2　Structure and Written Expression	31～68
Section 3　Reading Comprehension	31～67
総スコア	310～677

　リスニングと文法のセクションは素点が31～68のスコアに換算され、リーディングセクションは素点が31～67のスコアに換算されます。TOEFL ITP のスコアを算出するには、各セクションのスコアの合計に10をかけ、3で割ります。例えば、リスニングセクションが40、文法セクションが50、リーディングセクションが40だったとします。3つのセクションの合計130の10倍、1,300を3で割ると433.333...となりますが、小数点以下は四捨五入するので、433がスコアとなります。

（40 ＋ 50 ＋ 40）× 10 ＝ 1,300　　1,300 ÷ 3 ＝ 433.333... → 四捨五入 → 433

　どのセクションも得意、不得意をなくしてバランスよくレベルアップしていくことが理想的ですが、短期間で目標スコアに達したい場合、セクションのバランスが悪くても、得意な部分で正解率を上げることで到達することも可能です。

スコアの比較

現行のTOEFL iBT や過去に実施されていたTOEFL CBT（Computer-based Test）とレベルを比較する場合は、下記のスコア換算を参考にしてください。

ITP	CBT	iBT
677	300	120
650	280	114–115
600	250	100
550	213	79–80
500	173	61
450	133	45–46
400	97	32
310	0–40	0–12

※ CBTは現在実施されていません。

TOEFL ITPテストの問い合わせ先

TOEFL ITP は個人での申し込みはできません。学校・企業・団体でTOEFL ITP 実施を検討されている方は下記にお問い合わせください。

一般社団法人 CIEE国際教育交換協議会
ホームページ：https://www.cieej.or.jp
〒150-8355 東京都渋谷区神宮前5-53-67 コスモス青山ギャラリーフロア

Section 1　Listening Comprehension

Part A ▶ 短い会話　　　　　　　（30問／1問約12秒）

> 問題形式

● 短い会話とその内容についての質問を聞き、4つの選択肢から正解を選びます。
● 各会話に対して1つの設問がつきます。
● 会話と質問の音声は1度だけ流れ、質問への解答時間は約12秒です。
● 会話の内容は、主にアメリカの大学生が普段キャンパスで交わすようなやりとりや、一般の人が話す日常的なトピックを題材としています。

> 主な設問タイプ

1. 基本情報についての設問　　　　　　　　　　　　Section 1　Part A

　会話全体の状況を問う設問です。会話の詳細な情報についてではなく、2人の話者の間柄や彼らがどこで何をしているのか、といった初歩的な情報について把握できれば解答することが可能です。ただし、たった一往復の短い会話のため、解答が明示されないこともあります。しかし、聞き取ったキーワードや情報を総合させると、話者がどんな状況に置かれているのかがわかるはずです。

設問例　What is the problem?
　　　　What are the speakers doing?
　　　　Where does this conversation take place?

> 攻略のPOINT

● キーワードから話者がどこで何をしているのか推測しよう
● 聞き取った複数の情報を総合して会話の状況を把握しよう

〈例題〉 会話を聞いて設問に答えてみましょう。　🔊)) 01

1. (A) They are filling up at a gas station.
   (B) They are driving to a relative's home.
   (C) They cannot find a gas station.
   (D) They have run out of gas.

....

スクリプト・訳

M： We'd better find a gas station soon.

W： How is it that we are lost again? Why did your sister have to move so far away?

Q： What are the speakers doing?

男性： すぐにガソリンスタンドを見つけたほうがいいね。

女性： また道に迷ったらどうする？　どうしてあなたの妹はそんなに遠くに引っ越さなきゃいけなかったの？

質問： 話し手たちは何をしているのか。

選択肢の訳

(A) ガソリンスタンドで車を満タンにしている。

(B) 親戚の家までドライブしている。

(C) ガソリンスタンドが見つけられない。

(D) ガソリンがなくなってしまった。

正解　**(B)**　**解説**　a gas stationを見つけたほうがいい、という男性の発言から、ドライブ中であることがわかる。さらにWhy did your sister have to move so far away? という女性の発言から目的地が男性の妹の家であると判断できる。内容的に（B）が一致する。

2. 追加情報を聞き取る設問　　　　　　　　　Section 1　Part A

　1人目の話者が提示した情報に対して2人目の話者が付け加える情報を問う設問です。たいていの場合1人目の話者の発言から会話の大まかな状況を把握することができますが、2人目の話者の発言に、より重要な情報が含まれていることがあります。できるだけ細かい情報まで正確に把握できるように集中して聞きましょう。

設問例　What does the woman mean?
　　　　What does the man say about 〜?

● 1人目の話者の発言との関連を考えて 2 人目の話者の発言を理解しよう
● 発言の内容を別な表現で言い換えた選択肢を探そう

〈例題〉　会話を聞いて設問に答えてみましょう。　　　　🔊)) 02

2.　(A) She would never forget to bring her passport.
　　(B) The man should relax.
　　(C) She is surprised that she forgot to pack her passport.
　　(D) The last thing she forgot was her passport.

....

スクリプト・訳

M：I know that you have your ticket, but did you remember to pack your passport?

W：Are you serious? That's the last thing I'd forget.

Q：What does the woman mean?

男性：チケットは持ったよね。でもパスポートを入れるの忘れてないかい？

女性：本気で言ってる？　そんなもの絶対忘れないわよ。

質問：女性が意味しているのはどういうことか。

選択肢の訳

(A) 彼女はけっしてパスポートを忘れるようなことはしない。

(B) 男性はリラックスすべきだ。

(C) 彼女はパスポートを入れ忘れたことに驚いている。

(D) 彼女が忘れた最後のものがパスポートだった。

正解　**(A)**　**解説**　the last thing I'd (= I would) forget は「忘れるであろう最後のもの → けっして忘れないもの」という意味で、(A) が合致する。(D) は、「実際に最後に忘れたもの」の意味になるので間違い。

3. 話者の意思や考えを聞き取る設問

　1人目の話者の問題や考えに対する2人目の話者の見解を問う設問です。1人目の話者の発言を受けて、2人目の話者が提案したり同意したり反論したりしている場合、このような設問がよく出題されます。提案や同意・反論を示す表現に親しんでおくことが重要ですが、会話全体の流れを踏まえて発言の内容を把握するようにしましょう。

設問例　What does the woman suggest?

　　　　What does the woman think the man should do?

　　　　What had the woman assumed about ～ ?

攻略のPOINT

● 話者の発言を字義通りにとらえるのではなくその真意をつかもう

● 口調や会話の前後の内容も考慮して話者の発言を理解するようにしよう

〈例題〉　会話を聞いて設問に答えてみましょう。　　　　　　　　🔊))03

3.　(A)　Hurry to the campus store to purchase the right art supplies.

　　(B)　Go to the art supply store in the morning.

　　(C)　Ask the art supply store to re-order more pencil sets.

　　(D)　Pick up a set for himself promptly before stock runs out.

···

スクリプト・訳

M： Where did you get such a cool pencil set?

W： At Benny's Art Supplies. It's right off campus. But, I would hurry if I were you. They didn't have many left when I was there this morning.

Q： What does the woman suggest the man do?

男性： そんなにかっこいい鉛筆セットをどこで手に入れたんだい？

女性： ベニーズ美術用品店よ。キャンパスを出てすぐの所にあるわ。でも、私なら急ぐけどね。私が今朝そこに行った時、あまりたくさん残ってなかったから。

質問： 女性は男性に何をするように提案しているか。

選択肢の訳

（A）ちょうど良い美術用品を購入するためにキャンパス内の店に急ぐ。

（B）朝に美術用品店にいく。

（C）もっと鉛筆セットを再注文するように美術用品店に頼む。

（D）在庫が切れる前に直ちに自分でセットを手に入れる。

正解 **(D)** **解説** 自分の鉛筆セットに興味を示している男性に対して、女性はI would hurry if I were youと述べている。間接的に早く手に入れるように勧めているが、女性は店の場所についてoff campusと説明しているので正解は（A）ではなく（D）。

4. 推測や予測を必要とする設問　　　　　　　　　Section 1　Part A

　会話の中で明示されていない内容を問う設問です。話者の発言の行間を読むことが要求されます。2人目の話者が質問に答えていなかったり、1人目の話者の発言に疑問を呈している場合などにこのような設問が出題されます。推測や予測といっても深読みする必要はなく、実際の発言からかなり直接的に導き出せる内容が正解になります。

設問例　What does the man imply?
　　　　What can be inferred about the woman?
　　　　What will the man do next?

攻略のPOINT

● 意味内容が明確な発言を手掛かりにして婉曲的な表現の真意を推測しよう

● 正解とも不正解とも判断がつかない選択肢は除外しよう

〈例題〉　会話を聞いて設問に答えてみましょう。　　　　🔊》04

4.　(A) She has not spoken with the librarian yet about what she is searching for.

　　(B) She needs to return the book to the library before it closes.

　　(C) She no longer needs the book she was looking for.

　　(D) She is in a hurry to pick up the book before the library closes.

スクリプト・訳

M： Did you have a chance to speak with the librarian about that book you were looking for?

W： Oh, thanks for reminding me. I'd better hurry. They close in half an hour.

Q： What can be inferred about the woman?

男性： 君が探している本のこと、図書館員と話す機会はあったの？

女性： ああ、思い出させてくれてありがとう。急いだほうがいいわね。あと30分で閉まるから。

質問： 女性について推測できることは何か。

選択肢の訳

(A) 彼女は探しているものについてまだ図書館員と話していない。

(B) 彼女は閉まる前に図書館に本を返す必要がある。

(C) 彼女は探していた本をもう必要としていない。

(D) 彼女は図書館が閉まる前に本を回収するために急いでいる。

　正解　**(A)**　**解説**　探している本について図書館員と話したか、と言う男性の質問に対して、女性はthanks for reminding me「思い出させてくれてありがとう」と言っている。I'd better hurryという発言からもまだ話ができていないことが推測できる。

5. イディオムに関する設問

Section 1　Part A

　イディオムの理解を問う設問です。会話特有の口語表現やことわざなどが登場しますが、必ずしもあらかじめ知っていないと歯が立たないわけではありません。会話の流れや話者の口調などから意味が推測できるイディオムが多いと言えるでしょう。他のタイプの設問と同様、会話全体の状況を正確に把握しておくことが重要です。

設問例　What does the woman mean?

　　　　　What does the man say about ～?

● 日頃から日常会話で使われるイディオムを積極的に覚えよう

● 馴染みのない表現が出てきても慌てず文脈から推測しよう

〈例題〉　会話を聞いて設問に答えてみましょう。　　　　　　◀))05

5. (A) He didn't show up on time to the job interview.

(B) He feels that he did as good a job as he could.

(C) He doesn't think he gave a good interview.

(D) He believes that he should have tried harder.

··

スクリプト・訳

W： Didn't you have your job interview today? How'd it go?

M： I don't think I came across as well as I could have.

Q： What does the man mean?

女性：今日は仕事の面接だったわよね。どうだった？

男性：うまく良い印象を与えられなかったかな。

質問：男性が意味しているのはどういうことか。

選択肢の訳

(A) 彼は仕事の面接に時間通りに現れなかった。

(B) 彼はできうる限りの良い仕事ができたと感じている。

(C) 彼は自分が良い面接を行うことができたと考えていない。

(D) 彼はもっと一生懸命努力すべきだったと信じている。

　正解　 **(C)** 　解説　 女性が男性の仕事の面接について質問している。as 〜 as X canで「できるだけ〜」の意味だが、男性の発言ではnotを伴ってnot … as well as I couldとなっているので、完璧な面接ができなかったと考えられる。

Section 1　Listening Comprehension

Part B ▶ 長めの会話　　　　　　（2題・8問／1問約12秒）

　　問題形式

● Part Aよりも長い会話のやりとりを聞いた後、その内容についての質問を聞き、4つの選択肢から正解を選びます。
● 会話は2題出題され、各会話に4つ程度の設問がつきます。
● 会話と質問の音声は1度だけ流れ、各質問への解答時間は約12秒です。
● 話の内容は、Part Aと同様に、アメリカの大学生が普段キャンパスで交わすようなやりとりが中心です。

　　主な設問タイプ

1. 基本情報についての設問

Section 1　Part B

　会話の中心的な話題を問う設問で、Part Bの2題の各問題の最初に出題される傾向があります。多くの場合、冒頭部分のやりとりで会話全体の内容が予告されますが、仮に最初の2往復程度が十分理解できなかったとしても、最後まで聞き通せば2人の話し手が何について話題にしているのか推測できるはずです。

設問例　What are the speakers discussing?
　　　　　What is the conversation mainly about?

攻略のPOINT

● 冒頭部分を特に集中して聞いて 4 つの選択肢から正解を絞り込もう
● 目星をつけた選択肢が会話全体で話題になっていたかどうか確認しよう

2. 詳細についての設問

　会話中で提示される詳細な情報について問う設問です。設問のパターンはさまざまで、会話の途中で説明されている特定の事柄について出題されることが多いです。また、最後に話者がこれから取る行動について問われることもあります。問題用紙に印刷されている選択肢にあらかじめ目を通して設問の内容を予想しておきましょう。

設問例　What does the man want the woman to do?

　　　　What does the man imply about ～ ?

　　　　What will the man do next?

攻略のPOINT

● あらかじめ問題の選択肢に目を通して何が問われるのか把握しておこう
● 会話の結論部分まで集中して聞いて話者の行動を予想しよう

Questions 6–9

6. (A) The woman's wedding preparation plans.
   (B) The woman's plans over winter break.
   (C) The woman's travel plans for going home.
   (D) The woman's inability to attend her sister's wedding.

7. (A) To book an overnight flight back home.
   (B) To ask her sister to postpone the wedding until the woman can find cheaper air fare.
   (C) To have her parents pick her up and drive her home.
   (D) To consider an alternate means of transportation.

8. (A) Taking a bus takes considerably longer than what she had originally planned.
   (B) Taking a bus has her arriving the morning of her sister's wedding.
   (C) Her parents would have to pick her up in the middle of the night and lose sleep.
   (D) She might miss her sister's wedding if she took the bus.

9. (A) Ask her parents to pick her up at the airport when she arrives at 2:30 am.
   (B) Ask her parents for advice in choosing the best option.
   (C) Ask her sister to pick her up instead of her parents.
   (D) Purchase a bus ticket to her hometown.

スクリプト 06

Listen to a conversation between two friends discussing travel plans.

M： (1)Hey Mandy, how's it going? Do you have any plans for winter break?

W： (1)Oh yeah, I'm going home because my sister is getting married. I have to be in the wedding, you know, I'm going to be one of the brides' maids.

M： (2)Wow, that sounds fun.

W： (2)Yeah, but now I have a problem.

M： (3)Really, what's that?

W： (3)Well, you see I wanted to fly home, but I waited too long and now the price of the plane ticket went up in price. I mean now it costs twice as much as it did only a few weeks ago and I just don't have that much money to spend.

M： (4)Have you thought of taking the bus? They are a much more affordable way of traveling.

W： (4)Yeah, that idea crossed my mind, but I checked on the bus company's website and it said that it would take eight hours to get to my hometown by bus.

M： (5)That does sound like a really long ride.

W： (5)And busses aren't really that comfortable, so sitting on a bus for eight hours sounds less than ideal.

M： (6)Well, are there any other options?

W： (6)Well, I could take a "red eye" flight, you know, one of those flights that leaves very late at night and arrives at your destination really early in the morning. The tickets for those flights are considerably cheaper than regular flights.

M： (7)That sounds like a plan.

W： (7)It could be, but … well I found a ticket for one of these "red eye" flights and the price is really cheap, but the flight leaves at 11:45 at night and arrives in my hometown at 2:30 in the morning. Also, my parents would have to pick me up at the airport and that would be really inconvenient for them, you know, waking up so early in the morning. Besides I always have a hard time sleeping on the airplane and the wedding is on the same day that I would arrive, so I might be really tired during the wedding ceremony. So, I'm struggling with what to do.

M： (8)I see what you mean. What do your parents say?

W： (8)I was just about to call them up to ask for help when you showed up.

M： ₍₉₎OK. I'll let you get to it.

訳

旅行の計画について話している2人の友人の会話を聞いてください。

男性： ₍₁₎やあ、マンディ、元気かい？　冬休みの計画はあるの？

女性： ₍₁₎ああ、ええ。姉が結婚するから実家に戻るわ。結婚式に出ないといけないの
よ。花嫁の付き添い人に加わるのよ。

男性： ₍₂₎わあ、それは楽しそうだね。

女性： ₍₂₎ええ。でも問題があるの。

男性： ₍₃₎本当かい？　どうしたの？

女性： ₍₃₎ええと、飛行機で戻りたかったんだけど、先延ばしにしすぎて今では航空券
の値段が高くなったのよ。つい数週間前の2倍の値段になってしまって、そん
なお金はないのよ。

男性： ₍₄₎バスに乗ることは考えた？　旅行するにはもっと手頃な手段だよ。

女性： ₍₄₎ええ、その考えも浮かんだんだけど、バス会社のサイトをチェックしたら、
バスで地元まで行くのに8時間かかるってあったの。

男性： ₍₅₎それは本当に長旅のようだね。

女性： ₍₅₎それから、バスはあまり快適じゃないから、8時間もバスに乗っているのっ
てあまり理想的じゃなさそうだわ。

男性： ₍₆₎うーん、他に方法はないの？

女性： ₍₆₎ええと、夜行便なら乗れるわ。夜遅くに出発して目的地には翌朝のかなり早
い時間に到着する便のことよ。その便の券だと普通の便よりかなり安いの。

男性： ₍₇₎いい考えだね。

女性： ₍₇₎そうかもしれないけど、ええと、その夜行便の航空券を1つ見つけて値段が
本当に安かったんだけど、その便だと夜の11時45分出発で地元には午前2時30
分到着なのよ。それから、両親が私を空港まで迎えに来なきゃいけないん
だけど、都合が悪いのよ。だって、朝のそんなに早い時間に起きてもらわな
きゃいけないし。それに、私は飛行機で寝るのにいつも苦労してるんだけど、
結婚式は私が到着するのと同じ日なのよ。だから、結婚式の間私はすごく疲
れていることになるわ。それで、どうしたらいいか決めかねているの。

男性： ₍₈₎なるほどね。両親は何て言ってるの？

女性： ₍₈₎あなたが来た時、ちょうど2人に電話して助けを求めようとしていたとこだ
ったの。

男性： ₍₉₎そうだったのか。なら、そうしなよ。

6. 基本情報についての設問

質問 What is the conversation mainly about?
訳 会話は主に何についてか。
（A）女性の結婚式の準備計画。
（B）女性の冬休み中の計画。
（C）女性の帰省のための旅行計画。
（D）女性が姉の結婚式に出席できないこと。

正解 （C） **解説** 女性の発言（1）で休み中に姉の結婚式に出席するために帰省するつもりだと述べられている。その後発言（2）で問題が指摘され、発言（3）で航空便の値段が高くて支払えないと説明されている。会話の後半は別の移動手段について話題になっているので、（C）が正解。

7. 詳細についての設問

質問 What advice does the man give the woman?
訳 男性は女性にどんなアドバイスをしているか。
（A）帰省するための夜行便を予約する。
（B）もっと安い航空運賃になるまで姉に結婚式を延期してもらうように頼む。
（C）両親に迎えに来てもらって家まで車で送ってもらう。
（D）代替の輸送手段を考える。

正解 （D） **解説** 男性の発言（4）でHave you thought of taking the bus?と述べられている。busをan alternate means of transportationと言い換えた（D）が正解。

⇨M： (4)Have you thought of taking the bus? They are a much more affordable way of traveling.

8. 詳細についての設問　　　　　🔊)) 07

質問　According to the conversation, what is one disadvantage of taking a bus to the woman's hometown?

訳　会話によると、女性の故郷までバスで行くことの1つの不便な点は何か。

(A) バスに乗るともともと彼女が計画していたよりもはるかに時間がかかる。

(B) バスに乗ると彼女の姉の結婚式の朝に到着することになる。

(C) 彼女の両親が真夜中に彼女を迎えに来て眠れなくなる。

(D) バスに乗ると彼女は姉の結婚式に出席できないかもしれない。

■ **正解** ■　**(A)**　■ **解説** ■　男性のバスに乗るというアドバイスに対して女性は発言（4）でit would take eight hours to get to my hometown by busと述べている。また、男性も発言（5）でそれはa really long rideだと述べているので、内容的に(A) が一致する。

⇨W：₍₄₎Yeah, that idea crossed my mind, but I checked on the bus company's website and it said that it would take eight hours to get to my hometown by bus.

　M：₍₅₎That does sound like a really long ride.

質問　What will the woman probably do next?
訳　女性はおそらく次に何をするか。
(A) 午前2時30分に到着したら両親に空港まで車で迎えに来てもらうように頼む。
(B) 最善の選択肢を選ぶのに両親にアドバイスを求める。
(C) 両親ではなく姉に車で迎えに来てもらうように頼む。
(D) 故郷までのバスの乗車券を購入する。

　正解　(B)　**解説**　バス以外にも飛行機の夜行便に乗る案も浮上しているが、この場合の問題点についても説明があり、どうすべきか決めかねていると述べられている。最終的に女性は発言 (8) でI was just about to call them up to ask for helpと述べているが、themは彼女の両親のことだ。内容的に一致する (B) が正解。

⇨M：(8)I see what you mean. What do your parents say?
　W：(8)I was just about to call them up to ask for help when you showed up.

Section 1　Listening Comprehension

Part C ▶ トーク　　　　　　（3題・12問／1問約12秒）

┌─ 問題形式 ─┐

● 短いトークを聞いた後、その内容についての質問を聞き、4つの選択肢から正解を選びます。
● トークは2題出題され、各トークに4つ程度の設問がつきます。
● トークと質問の音声は1度だけ流れ、各質問への解答時間は約12秒です。
● トークの内容は、初歩的なレベルのアカデミックな講義のほか、ラジオ放送やニュース、ツアーガイドの話などさまざまです。

┌─ 主な設問タイプ ─┐

1. 基本情報についての設問　　　　　　Section 1　Part C

　トークの中心的な話題や目的を問う設問で、Part Cの3題の各問題の最初に出題されます。まずは、トークの前の導入文を聞いてトピックを把握しましょう。話者は冒頭で取り上げる話題を明確に示す傾向があるので、聞き逃さないようにしてください。そして、最後までトークを聞き終えたら、改めて全体を通じて話されていた内容が何であったか振り返るようにしましょう。

設問例　What does the speaker mainly discuss?
　　　　What is the purpose of the talk?

▶ 攻略のPOINT

● 冒頭部分で話者が何について話すと言っているのかしっかり聞き取ろう
● トーク全体の内容を踏まえて4つの選択肢を吟味しよう

　トークで提示される詳細な情報について問う設問です。設問のパターンはさまざまで、話の途中で説明されている特定の事柄について出題されます。また、授業やアナウンスの場合、最後に聞き手に何らかの行動を促すことがあり、その内容が問われることもあります。Part Bの詳細についての設問と同様、あらかじめ選択肢に目を通して設問の内容を予想しておきましょう。

設問例　According to the talk, how did 〜 happen?

　　　　What does the speaker imply about 〜 ?

　　　　What does the speaker ask the listeners to do?

攻略のPOINT

● あらかじめ問題の選択肢に目を通して何が問われるのか把握しておこう

● 結論部分で話者が聞き手にどんな行動を要請しているのか聞き取ろう

Questions 10–13

10. (A) The definition of speciation.
    (B) The examples of speciation in the animal kingdom.
    (C) A description of the differences among African gorillas.
    (D) The causes of speciation among African gorillas.

11. (A) The creation of two or more different species from a single species because of the inability to breed with one another.
    (B) The creation of distinct species of gorillas because of physical separation.
    (C) Geographical or ecological obstacles which do not allow individuals of a species to mate with each other.
    (D) The separation of different subspecies due in part to geographical barriers.

12. (A) They dislike plunging into water.
    (B) They rarely climb trees for food.
    (C) They live in high altitudes of at least 2,200 meters.
    (D) They inhabit the area along the Congo river.

13. (A) There are many mountains in the region and therefore an abundant food supply for the gorillas.
    (B) The nighttime temperatures can plummet and approach the freezing point.
    (C) Most animals there have long fur to protect them from the frigid temperatures.
    (D) The region is usually warm outside of mountainous areas.

スクリプト　　　　　　　　　　　　　　　　🔊)) 08

Listen to part of a lecture in a biology class.

[1] (1)When a species is separated into two or more groups by ecological, or geographical barriers that prevent them from reproducing with each other and thus resulting in the evolution of completely new and distinct species, that is called speciation.

[2] (1)There are many examples of speciation throughout the natural world, but I would like to focus our attention today on African gorillas. (2)Now, of course all African gorillas almost certainly share a recent common ancestor, but they can now be categorized into three subspecies; mountain, western lowland and eastern lowland. (3)The western lowland and eastern lowland gorillas are separated by the Congo river and are now more than 1,000 kilometers apart even though they were once a single species. (4)African gorillas are never keen on swimming or venturing out into any water. (5)Some gorillas will even travel out of their way to avoid going into a stream and to search for a natural bridge like a fallen tree or overhanging branch, just so that they don't get wet. (6)Geographical isolation has brought about some differences between the two species. (7)The eastern lowland gorillas have darker fur, compared to the grayer tint on their western counterparts, as well as larger jaws and teeth.

[3] (1)The mountain gorillas are separated from their lowland cousins by altitude; lots of it. (2)Mountain gorillas can only survive in high altitudes of 2,200 to 4,300 meters and even though they live in high altitudes, full grown males will only venture into trees if the food is easy and rewarding enough. (3)Females and juveniles of all three species often explore trees in search of food. (4)Mountain gorillas are larger than both of their lowland counterparts, have larger jaws and teeth, shorter arms and longer hair. (5)The longer hair is possibly to keep them warm since it can get quite chilly at night in the mountain altitude even though the mountains that these gorillas inhabit are along the equator.

訳

生物学の授業の講義の一部を聞きなさい。

[1] (1)ある種が生態系的、あるいは地理学的な境界によって2つ以上のグループに分断されて、お互いに生殖できなくなって完全に新しく別個の種に進化したら、それは種分化と呼ばれます。

[2] (1)自然界の至る所で種分化のたくさんの例がありますが、今日はアフリカのゴリラに焦点を当てたいと思います。(2)さて、もちろん全てのアフリカのゴリラにはほぼ確実に直近の共通の祖先がいるのですが、彼らは現在マウンテンゴリラ、ニシローランドゴリラ、ヒガシローランドゴリラの3つの亜種に分類することができます。(3)ニシローランドゴリラとヒガシローランドゴリラはコンゴ川によって分断され、かつては単一の種だったのですが今では1,000キロ以上離れたところにいます。(4)アフリカのゴリラは泳いだり思い切って水に入ったりするのが全くの苦手です。(5)小川に入るのを避けて倒れた木や突き出した枝のような自然の橋を探すために通り道から外れて移動までするゴリラがいるくらいで、彼らが体を濡らすことはありません。(6)地理学的な孤立は2つの種の間にいくつかの相違点をもたらしました。(7)ヒガシローランドゴリラは、ニシローランドゴリラの灰色がかった色合いに比べて毛がより黒く、より大きな顎と歯をしています。

[3] (1)マウンテンゴリラはかなりの高度によって親戚のローランドゴリラと区別されます。(2)マウンテンゴリラは標高2,200メートルから4,300メートルでしか生存できず、高い標高に生息しているにも関わらず食料が簡単に手に入って十分割に合うときにだけ成長したオスが思い切って森の中に入ります。(3)3つの種のメスと子どもたちは食料を求めて森を探し回ることが多いです。(4)マウンテンゴリラは2つのローランドゴリラよりも体が大きく、顎も歯も大きく、腕が短く体毛が長いです。(5)こうしたゴリラが生息する山々は赤道沿いにありますが、山の標高では夜間にかなり冷えることがあるため、長い毛はおそらく暖かく過ごすためのものでしょう。

10. 基本情報についての設問　　　🔊 09

質問　What is the lecture mainly about?

訳　講義は主に何についてか。

（A）種分化の定義。　（B）動物界での種分化の例。

（C）アフリカのゴリラの違いの説明。　（D）アフリカのゴリラの種分化の原因。

正解 **（C）** **解説** [1]で種分化の定義が説明されているが、中心的な話題はその具体例として挙げられているゴリラの3つの亜種についてだ。生息地と習性の違いについて説明されているので（C）が正解。

質問 According to the lecture, what causes speciation?

訳 講義によると、何が種分化を引き起こすのか。

(A) お互いに生殖不能なことが理由で単一の種から2つ以上の異なる種が作られること。

(B) 物理的な分離が原因でゴリラの固有の種が作られること。

(C) 同じ種の個体が互いに生殖できなくなる地理学・生態学的な境界。

(D) 地理学的な境界を部分的な理由とする異なる亜種の分離。

正解 **(C)** **解説** [1] 第1文で1つの種を分断するものとしてecological, or geographical barriers that prevent them from reproducing with each otherが挙げられている。この部分を言い換えた (C) が正解。

⇨[1] (1)When a species is separated into two or more groups by ecological, or geographical barriers that prevent them from reproducing with each other and thus resulting in the evolution of completely new and distinct species, that is called speciation.

質問 What is true of all African gorillas according to the professor?

訳 教授によるとアフリカの全てのゴリラに当てはまることは何か。

(A) 水に飛び込むのが嫌いだ。

(B) 食料を求めて滅多に木に登らない。

(C) 少なくとも標高2,200メートルの高度に生息する。

(D) コンゴ川沿いの地域に生息する。

正解 **(A)** **解説** 3つの亜種について言及してから、[2] 第4文でそれぞれの区別に関係なくAfrican gorillas are never keen on swimming or venturing out into any waterとゴリラの習性を集合的に説明している。同じ内容の (A) が正解。

⇨[2] ... (2)Now, of course all African gorillas almost certainly share a recent common ancestor, but they can now be categorized into three subspecies; mountain, western lowland and eastern lowland. (3)The western lowland and eastern lowland gorillas are separated by the Congo river and are now more than 1,000 kilometers apart even though they were once a single species. (4)African gorillas are never keen on swimming or venturing out into any water.

13. 詳細についての設問 09

質問 According to the lecture, what can be inferred about the equatorial region?
訳 講義によると、赤道地帯について推測できることは何か。
（A）その地域には山がたくさんあり、そのためゴリラの食料が豊富だ。
（B）夜間の気温が急落して氷点に近づくことがある。
（C）そこのほとんどの動物は極寒の気温から身を守るために長い毛をしている。
（D）その地域はたいてい山岳地帯の外では温かい。

正解 **（D）** **解説** ［3］第5文で赤道地帯であってもit can get quite chilly at night in the mountain altitudeと述べられている。「山の標高の高い所で夜になると冷えることがある」ということは、裏を返せば標高や時間帯が異なると気温が低くないと考えられるので、（D）が内容的に一致する。

⇨［3］... (5)The longer hair is possibly to keep them warm since it can get quite chilly at night in the mountain altitude even though the mountains that these gorillas inhabit are along the equator.

Section 2　Structure & Written Expression

Structure ▶ 空所補充問題　　　　　（15問／1問約35秒）

【問題形式】

● 空所のある不完全な文を読み、その空所に入れるのに最も適切なものを
（A）～（D）の中から選んで文を完成させます。
● 1問の解答時間は、セクション全体の設問数をもとに配分した場合、約35秒
です。
● 空所は文頭、文中、文末に来る場合があり、文法知識を使って文を完成さ
せます。

【主な設問タイプ】

1. 空所以外が完全文

　主語と動詞、また必要に応じて目的語や補語などの文の要素が全て揃ってい
る場合に空所に入る語句を問う設問です。文を作るうえで必要な要素以外の語
句として、形容詞句や副詞句などの修飾語句や2つの節をつなげる接続詞など
が空所に入ることになります。名詞や動詞の原形あるいは過去形を除外し、文
意の通る選択肢を探しましょう。

【攻略のPOINT】

● どの語句が主語なのか動詞なのかを確認して文全体の構造を把握しよう
● 選んだ選択肢を空所に当てはめて文の意味が通るかどうか確認しよう

〈例題1〉空所に入れるのに最も適切なものを（A）〜（D）の中から選んでください。

完全文の前に空所がある問題

------ Isadora Duncan was not esteemed by most dance critics during her lifetime, no one today can deny her incredible influence on modern dance.

(A) However
(B) Although
(C) Nevertheless
(D) The fact that

....

訳 イザドラ・ダンカンは生前ほとんどのダンスの批評家から評価されなかったが、今日では彼女がモダンダンスに与えた途方もない影響を否定できる人はいない。

■ **正解** ■ （B） ■ **解説** ■ 文がコンマで2つに分けられていることに注目する。コンマの前後はいずれも主語と動詞のセットがあるので、それらをつなぐものとして接続詞Althoughを選ぶ。HoweverもNeverthelessも副詞。The fact that ... は名詞節を導くので、いずれも不適。

〈例題2〉空所に入れるのに最も適切なものを（A）〜（D）の中から選んでください。

完全文の後に空所がある問題

Although some sponges look like plants, they are recognized by biologists ------ to the animal kingdom.

(A) belong
(B) belonging
(C) as belonging
(D) as they belong

....

訳 海綿動物の中には植物のように見えるものもあるが、生物学者からは動物界に属するものとみなされている。

正解 **(C)** **解説** recognize A as Bで「AをBとみなす」の意味。Bには名詞と形容詞のほか、分詞を置くことも可能だ。純粋に文法的に考えれば、主節 they are recognized … の後に「接続詞 + SV」のas they belongをつなげることも可能だが、文意が通らない。

〈例題3〉 空所に入れるのに最も適切なものを（A）〜（D）の中から選んでください。

完全文の文中に空所がある問題

Abraham Lincoln, -------, was self-educated and eventually rose to become one of the most beloved presidents in United States history.

(A) was born into poverty

(B) into poverty born

(C) born into poverty

(D) that was poverty born

....

訳 エイブラハム・リンカーンは貧しい家庭に生まれたが、独学で学問を修めて最終的にアメリカの歴史で最も愛される大統領の1人になるまで出世した。

正解 **(C)** **解説** 空所の前後に主語と動詞があることに注目する。よって、空所は修飾語句のはずで、副詞句か主語を修飾する形容詞句の可能性が考えられる。動詞で始まる（A）がまず除外され、（D）もコンマの直後に関係代名詞thatが来ることはないので不適。主語を修飾する語として過去分詞bornが最初に来ている（C）が正解。

2. 空所以外が不完全文

Section 2 Structure

空所に何を入れれば完全な文になるのかを問う設問です。欠落している要素を特定することが重要ですが、まずは主語と動詞が揃っているかどうかを確認してください。主語または動詞がない、あるいはその両方がない場合が考えられますが、両方の数が一致していることが重要です。また、動詞はto不定詞や分詞ではなく時制を表すことのできる形を選びましょう。

攻略のPOINT

● 文全体の構造を確認して何が足りないのか特定しよう
● 主語と動詞の数の一致と動詞の形に注意しよう

〈例題1〉 空所に入れるのに最も適切なものを（A）～（D）の中から選んでください。

SV（のある文）の欠落

Not until several years after its discovery, ------- produced in large enough quantities to treat human ailments.

(A) when was penicillin

(B) was penicillin

(C) when penicillin was

(D) penicillin was

....

訳 発見から数年たって初めてペニシリンは人間の病気を治療できるだけ大量に生産されるようになった。

正解 **(B)** **解説** 文頭に否定語があることに注目する。倒置が起こるので、疑問文の語順になっている選択肢を探す。とは言っても文全体が疑問文のわけではないので、疑問詞whenは不要。よって、（B）が正解。

〈例題2〉 空所に入れるのに最も適切なものを（A）～（D）の中から選んでください。

主語（主部）の欠落

------- was in the field of chemistry that Marie Curie worked with the most diligence.

(A) That it

(B) It

(C) She

(D) There

訳 マリー・キュリーが最も勤勉に取り組んだのは化学の分野だった。

正解 （B） **解説** 空所の後に動詞wasがあることに注目する。空所には当然主語の働きをする語句が来るはずだ。that節を受けるItが正解。この文はIt ～ thatの強調構文で、強調したい語句がIt wasとthatの間に提示されているので、和訳する場合はthat節から訳す。

〈例題3〉 空所に入れるのに最も適切なものを（A）～（D）の中から選んでください。

動詞の欠落

During the 1920's, news organizations ------ pictures over specially designed telephone lines.

(A) begun sending

(B) begun to send

(C) began to send

(D) began to sending

....

訳 1920年代、報道機関は特別に設計された電話回線を通して画像を送信し始めた。

正解 （C） **解説** コンマの前までは副詞句で、その後は空所の前に文の主語が来ている。当然のことながら空所には文の動詞としてふさわしい形の語句が必要だ。過去分詞begunではなく過去形のbeganが最初に出ている選択肢を選ぶが、その後に準動詞をつなげる場合はto不定詞か動名詞のいずれかでなくてはいけない。

Section 2　Structure & Written Expression

Written Expression ▶ 間違い探し問題　（25問／1問約35秒）

問題形式

● 4つの下線が引かれた文を読み、下線部A 〜 Dの中から文法的に誤っている ものを選びます。
● 1問の解答時間は、セクション全体の設問数をもとに配分した場合、約35秒 です。
● 主語と動詞の不一致、品詞の誤り、並列関係のくずれなど、さまざまな文 法知識が問われます。

主な設問タイプ

1. 一致の問題

　文の主語と動詞の数が一致していないことを見抜く設問です。be動詞や一 般動詞の現在形などは主語の単複によって形が決まります。動詞の直前にある 名詞が主語だとは限りません。主語と動詞が離れていて文構造が把握しづらい こともありますが、そんな時こそ2つの数をしっかり確認しましょう。

攻略のPOINT

● どの語句が主語なのか動詞なのかを確認して、文全体の構造を把握しよう
● 主語と動詞が離れている場合は特に 2 つの数が一致しているか確認しよう

〈例題〉　文法的に誤っているものを、下線部A 〜 Dの中から1つ選んでくださ い。

Not one of the original people <u>involved in</u> the project to rehabilitate
A

<u>pedestrian walkways</u> at <u>its</u> commencement <u>are</u> there now.
B　　　　　　　　　　C　　　　　　　　D

訳 開始時に歩行者用の歩道を修復するプロジェクトに携わった当初の人たちは現在1人としていない。

正解 **(D) are → is** **解説** 文の主語はNot oneなので文の述語動詞もそれに合わせて単数形にする。どの問題でも主語と動詞のセットが揃っているか、またそれらの数が一致しているかどうかは必ず確認すること。

---

2. 並列の問題 Section 2 Written Expression

接続詞で並列された複数の語句が対等の関係なのかどうかを確認する設問です。andやorやbutなどの等位接続詞は、名詞と名詞、形容詞と形容詞、不定詞と不定詞など、文法的に同じ働きをする語句を並列します。下線部の直前直後に等位接続詞があるとき、並べられている語の品詞が同じかどうか、動詞なら同じ形になっているかどうかを確認しましょう。

> **攻略のPOINT**
> - 文の途中の **and** や **or** に注目して、文全体の構造を把握しよう
> - 並列されている語句の品詞や動詞の形が同じかどうか確認しよう

〈例題〉 文法的に誤っているものを、下線部A ～ Dの中から1つ選んでください。

Many Chicano <u>authors write</u> about <u>simultaneously preserving</u> their Latin
　　　　　　　　A　　　　　　　　　　　　　　B

American heritage and <u>embrace</u> the <u>culture of the United States.</u>
　　　　　　　　　　　　C　　　　　　　D

訳 多くのチカーノの作家は自分たちのラテンアメリカ系の立場を保持しながら同時にアメリカの文化を取り入れることについて書いている。

正解　**(C) embrace → embracing**　**解説**　下線部Cの前に等位接続詞and があることに注目する。この文では動名詞のpreservingと原形のembraceがandで並列されているようだ。前置詞aboutの後なので両方とも動名詞となるようにCを訂正する必要がある。

3. 品詞・語意の問題

　品詞の誤りを見抜く設問です。たくさんの単語には同じ語幹から発生した派生語がありますが、-nessなら名詞、-antなら形容詞、-lyなら副詞などのように、語尾を見ると品詞がわかります。意味的にあまり差がないので見過ごしがちですが、前後の語句とのつながりに注意して、名詞と動詞、形容詞と副詞、前置詞と接続詞などの混同が起きていないかよく確認しましょう。

攻略のPOINT

● 文全体を読み通して違和感のある箇所を探そう
● 意味が通じるかではなく単語の語尾が正しい形になっているか確認しよう

〈例題〉　文法的に誤っているものを、下線部A～Dの中から1つ選んでください。

At a distance of 2.5 million light-years from Earth, the Andromeda Galaxy is
 A

the most distant celestial object visibly to the naked eye.
　　 B 　　　　　　　　　　　　 C 　　　　　 D

....

訳　地球から250万光年の距離にあって、アンドロメダ星雲は裸眼でも見ることのできる最も遠い天体である。

正解　**(C) visibly to → visible to**　**解説**　visiblyは副詞だが何を修飾しているのか不明だ。名詞objectの直後なのでそれを修飾するように形容詞visibleに直せば文意も通る。

4. 語順の問題

　語句の順番の間違いを見抜く設問です。倒置構文や倒置の起こらない間接疑問文などでは、文全体の構造が崩れるような語順の間違いが発生しがちです。また、名詞 + 形容詞、副詞 + 形容詞、比較級 + than など、結びつきの強い語句が切り離されていないかなど、フレーズレベルの細かいミスにも注意しましょう。

攻略のPOINT

● 倒置構文などの特殊構文はしっかり語順を確認しておこう
● not only ～ but also ... など定型的な表現は意味と語順の両方を覚えよう

〈例題〉　文法的に誤っているものを、下線部A ～ Dの中から1つ選んでください。

Pumice, an <u>abrasive volcanic rock</u>, is <u>enough light</u> to float on water
　　　　　　　　 A　　　　　　　　　　　　　 B
<u>despite having</u> the same chemical composition <u>as</u> granite.
　　　 C　　　　　　　　　　　　　　　　　　　　　　 D

....

訳　軽石は研磨剤になる火山岩で、花崗岩と同じ化学構成だが水に浮かぶほど軽い。

正解　**(B)** light enough → enough light　　**解説**　形 容 詞 のenoughは enough foodのように前から後ろの名詞を修飾するが、副詞のenoughはgood enough のように後ろから直前の形容詞や他の副詞を修飾する。～ enough to Vで「Vするのに十分～」の意味。

5. リダンダント(冗長)・欠落の問題　　Section 2 Written Expression

　文の中の不要な語や足りない語を見抜く設問です。リダンダントが考えられるのは、文の主語となる名詞句の直後にitやtheyなどの代名詞がある、主語の後に余計な関係代名詞がある、more + -er(形容詞や副詞の比較級)となっている、同じ意味の語句が並列されているなどの場合です。欠落が考えられるのは、自動詞と名詞の間に前置詞がない、可算名詞の単数形の前に冠詞がないなどの場合です。

攻略のPOINT

● 文構造に違和感がある場合、不要な代名詞や関係代名詞がないか確認しよう

● 比較級や最上級、定型句に下線が引かれている場合は注意深く確認しよう

● 間違いがすぐに見つからない場合、前置詞や冠詞の欠落を疑おう

〈例題〉　文法的に誤っているものを、下線部A ～ Dの中から1つ選んでください。

Over a century after its inception, air travel is now regarded by most
　　　A　　　　　　　　　B　　　　　　　　　　　　C
experts as the most safest means of transportation.
　　　　　　　　D

....

訳　開始されてから1世紀以上たって、現在ほとんどの専門家によって空の旅は最も安全な輸送手段とみなされている。

正解　(D) most safest means → safest means　　**解説**　形容詞や副詞の最上級はmost + 原形か -estの形である。safeの最上級はsafestなのでmostは不要だ。同様に比較級はmore + 原形か -erの形なので、more cheaperのmoreもリダンダントになる。

Section 3　Reading Comprehension

▶ 読解問題　　　　　　（パッセージ5題・50問／1題約10分）

問題形式

● パッセージを読んだ後、その内容についての設問を読み、4つの選択肢の中から正解を選びます。
● パッセージは5題出題され、各パッセージに約10問程度の設問がつきます。
● 1つのパッセージにかける時間の目安は約10分です。
● パッセージの内容は主にアメリカの大学の一般教養課程で扱われるような学術的なもので、自然科学、社会科学、人文科学などの幅広い分野に渡ります。

主な設問タイプ

1. 文章全体に関わる設問　　　　　　

　　パッセージのトピックや要旨を選ぶ設問です。たいていは1問目で出題されます。TOEFL ITPのReading Sectionではパッセージのタイトルが示されません。最初のパラグラフの冒頭や最後の1文で明確にトピックが示唆されることもありますが、最後まで読み通さないとパッセージ全体で取り上げられている話題がつかみにくいこともあります。

設問例　What does the passage mainly discuss ～ ?
　　　　What is the main topic of the passage?
　　　　What is the main idea of the passage?

攻略のPOINT

● 第1パラグラフの冒頭や最終文を特に丁寧に読んでトピックをつかもう
● 自信がないときは他の問題を解き終えてからもう一度チャレンジしよう

2. 文章の詳細に関わる設問

　パッセージ中の特定の箇所について問う設問です。パッセージ中の記述と一致する選択肢を選ぶ場合と、パッセージ中の記述と矛盾する選択肢を選ぶ場合の2つがほとんどを占めますが、特定の情報の記述箇所を選ぶ設問が出題されることもあります。設問は内容的にパッセージで言及される順番に沿って出題されます。

設問例　According to the passage, what ～ ?
　　　　According to the passage, which of the following statements is true?
　　　　Which of the following is NOT mentioned in the passage as an example of ～ ?

攻略のPOINT

● 本文を読む前に設問文に目を通して、問われる情報をあらかじめ把握しておこう
● 解答し終えたらパッセージを読み返して再確認しよう

3. 推論を必要とする設問

　パッセージに書かれている記述をもとに推論して解く設問です。パッセージにははっきり書かれていない内容の選択肢を選ぶことになりますが、あまり難しく考える必要はありません。パッセージの内容と明らかに矛盾する選択肢、そしてパッセージの内容からは正しいとも間違っているとも言えない選択肢を除外していくと、パッセージの記述と合致するものが残るはずです。

設問例　Which of the following can be inferred about ～ ?
　　　　Why does the author mention ～ ?

攻略のPOINT

● 正解とも不正解とも判断がつかない選択肢は除外しよう
● 消去法で正解を絞り込み、最も確実性の高い選択肢を選ぼう

4. 語句に関する設問

　指定の語句の類義語を選んだり代名詞が指す語句を選んだりする設問です。類義語を選ぶ問題では語彙の知識が試されることはありません。レベルの高い単語だけでなく多義語の意味も問われますが、いずれも文脈を踏まえて解答することが可能です。代名詞は必ずしも直前の単語を指しているとは限りませんので、直前直後の語句の意味や文全体の内容と矛盾しない選択肢を選びましょう。

設問例　The word "-------" in line 13 is closest in meaning to
　　　　　What does the word "them" in line 4 refer to?

攻略のPOINT

● 文全体の内容から問われている語句の意味を推測しよう
● 代名詞の設問は動詞や周辺の名詞との意味的なつながりから考えよう

〈読解問題の例題〉　次のパッセージを読んで設問に答えてみましょう。

Questions 1–8

　　　　　By the time the United States had won its independence
from Great Britain in 1783, cotton had become the king of the new
republic's economy and was responsible for almost all of its exports
Line　to Europe. American cotton was favored by European textile
　(5)　industries over flax or wool because it was easy to work with and
soft to the touch. Even though cotton was grown in the southern
states, northern financiers and textile owners also benefitted from
its production.
　　　　　During the 1780's the demand for cotton grew
(10)　exponentially and it was difficult for southern farmers to keep up
with demand despite using slave labor because the cotton was
hand-processed; the seeds needed to be removed from the short
fibers. A slave was expected to hand-process one pound per day
until 1793 when Eli Whitney invented his cotton gin, which greatly

(15) increased the amount of cotton that could be sorted in a single day while also prolonging the cruelty of slavery. Using the gin, a slave could process up to 50 pounds per day.

Not only did southern farmers export their cotton to Europe, but they also sent it to the North, where textile industries *(20)* would turn it into fabrics for clothing, which were then sent back to the South, thus ensuring that the southern United States would remain agrarian. This system increased the speed with which the North was able to industrialize since northern textile industries faced ever-growing pressure to be more efficient; hence the *(25)* adoption of machinery to increase productivity. Northern states also built canals and roads to facilitate commerce, which in turn accelerated industrialization. Since the South relied heavily on the plantation system, with the plantations themselves usually situated near waterways and hence an easy solution for the transportation *(30)* of their crops, the need for further infrastructure development was deemed unnecessary. This remained the case until after the end of the Civil War.

Due in large part to the fact that most northern states had abolished slavery, northern farmers were more inclined to acquire *(35)* labor-saving machinery such as horse-drawn reaping machines that could cut the grain much more efficiently than any single farmer could. Corn, hay, wheat and oat production all increased by at least five times their previous levels in the northern half of the country. On the other hand, cotton would remain the key crop of the South *(40)* even after the Civil War and the adoption of such machinery by southern farmers.

1. What does the passage mainly discuss?
    (A) The expansion of the U.S. economy after 1783
    (B) How cotton became instrumental in the development of the U.S. economy
    (C) The importance of cotton in the economic development of the early United States
    (D) The role of industrialization in the expansion of the cotton market

2. The word "its" in line 3 refers to

   (A) cotton

   (B) Great Britain

   (C) United States

   (D) economy

3. What effect did Eli Whitney's cotton gin have?

   (A) It enabled cotton to become the dominant crop in the southern United States.

   (B) It perpetuated the practice of slavery.

   (C) It increased demand for cotton in European markets.

   (D) It greatly contributed to the industrialization of the South.

4. The word "facilitate" in line 26 could best be replaced by

   (A) accelerate

   (B) impede

   (C) pressure

   (D) replenish

5. According to the passage, which of the following is true about cotton?

   (A) It was hard to process manually.

   (B) It became the dominant crop in European textile industries.

   (C) It was not grown in the United States prior to 1783.

   (D) It was only able to grow in the southern portion of the United States.

6. What can be inferred about the infrastructure in the South after the Civil War?

   (A) The plantation system necessitated the development of roads and canals in order to promote the transportation of cotton to market.

   (B) The Civil War created the need for the South to develop its infrastructure more effectively.

   (C) Infrastructure remained relatively underdeveloped in the southern sections of the U.S.

   (D) Infrastructure development was promoted just as it had been earlier in the North.

7. Which of the following is NOT true about the export of cotton?
   (A) American cotton was favored by textile industries since it was easier to work with than other competing crops.
   (B) Cotton was by far the most important United States export in the early days of the republic.
   (C) Cotton became the dominant export crop of the new country because of the Civil War.
   (D) The popularity of cotton as an export crop greatly benefitted both the South and the North.

8. Why does the author mention "On the other hand" in line 39?
   (A) To contrast infrastructure development of the South to the North
   (B) To contradict the information about the machinery used in the northern sections of the United States
   (C) To highlight the differences in the types of crops that dominated in the north and south
   (D) To show a comparison of when the north and south adopted farm machinery

....

パッセージ訳

[1] ⑴アメリカ合衆国が1783年に大英帝国から独立を勝ち取るまでに、綿は新しい共和国の経済の最重要作物となり、ヨーロッパへの輸出品のほぼ全てを占めていた。⑵アメリカの綿は加工が楽で手触りも柔らかだったので、ヨーロッパの繊維工業によって亜麻や羊毛よりも好まれた。⑶綿は南部の州で育てられたが、北部の資本家や繊維工場の所有者もその生産から恩恵を受けた。

[2] ⑴1780年代に綿の需要は急激に伸び、奴隷労働を利用しているにも関わらず南部の農場経営者は需要に合わせるのが難しかった。それというのも、綿は手作業で加工されていて、種を短繊維から除去する必要があった。⑵奴隷は1日に1ポンド分手作業することが要求されたが、1793年になるとイーライ・ホイットニーが綿繰り機を発明し、奴隷制の残酷さも延長する一方で、1日に処理できる綿の量が大いに増加した。⑶綿繰り機を使うと奴隷は1日あたり最大50ポンドも加工できた。

[3] ⑴南部の農場経営者は自分たちの綿をヨーロッパに輸出するだけでなく、北部にも送っていた。北部では繊維工業がその綿を衣服を作るための生地に変え、それが南部に送り返されていたので、確実に合衆国南部が農業地帯にとどまるこ

とになった。(2)北部の繊維工業は効率化へのますます高まる圧力に直面していたので、このシステムは北部が工業化できる速度を速めることになり、その結果生産性を高める機械が採用された。(3)北部の州は商業を促進するために運河と道路の建設もして、それが工業化を加速させた。(4)南部は大農場制に大いに依存し、大農場自体は普通水路の近くに位置していて作物の輸送の容易な解決策となっていたので、さらなるインフラの開発の必要性はないとみなされていた。(5)この状況は南北戦争の終結後まで続いた。

[4] (1)主にほとんどの北部の州が奴隷制を廃止していたため、北部の農場経営者は労力を節約できる機械を入手する傾向が高かった。例えば、馬に引かせる刈り取り機のようなもので、これならどんな農夫よりもずっと効率的に穀物を刈り入れることができた。(2)トウモロコシ、干し草、小麦、オート麦の生産は、いずれも国の北半分でそれまでの少なくとも5倍に増加した。(3)その一方で、南北戦争やそのような機械が南部の農場経営者に採用された後になっても綿は南部の重要な作物であり続けた。

1. 文章全体に関わる設問

訳 パッセージは主に何について論じているか。
(A) 1783年以後のアメリカの経済の拡大
(B) アメリカの経済の発展において綿がどのように重要になったか
(C) 初期のアメリカの経済発展における綿の重要性
(D) 綿市場の拡大における工業化の役割

正解 **(C)** **解説** 第1パラグラフ（[1]）第1文のcotton had become the king of the new republic's economyという記述から経済発展における綿の重要性を取り上げている（B）と（C）を検討する。2つの違いはどのように重要になったかが話題になっているかどうかだが、重要になる過程については説明が見当たらない。よって（C）が正解。

⇨[1] (1)By the time the United States had won its independence from Great Britain in 1783, cotton had become the king of the new republic's economy and was responsible for almost all of its exports to Europe.

2. 語句に関する設問

訳 3行目の "its" が指すのは
(A) 綿
(B) 大英帝国
(C) アメリカ合衆国
(D) 経済

正解 **(C)** **解説** its exports「その輸出品」という組み合わせになっていることに注目する。製品を輸出するものとして国や地域など場所を指していると考えられる。直前にthe new republic「新しい共和国」という表現があるが、これは前の節のthe United Statesの言い換えだ。よって、(C) が正解。

⇨ [1] (1)By the time the United States had won its independence from Great Britain in 1783, cotton had become the king of the new republic's economy and was responsible for almost all of **its** exports to Europe. …

3. 文章の詳細に関わる設問

訳 イーライ・ホイットニーの綿繰り機はどんな影響をもたらしたか。
(A) そのおかげで綿が合衆国南部の主要な作物になった。
(B) 奴隷制の慣習を永続させた。
(C) ヨーロッパの市場で綿の需要を高めた。
(D) 南部の工業化に大いに貢献した。

正解 **(B)** **解説** イーライ・ホイットニーの綿繰り機については、[2]第2文にgreatly increased the amount of cotton that could be sorted in a single dayとあるが、これと一致する選択肢はない。同文の最後にprolonging the cruelty of slaveryともあり、これを言い換えた (B) が正解。

⇨ [2] … (2)A slave was expected to hand-process one pound per day until 1793 when Eli Whitney invented his cotton gin, which greatly increased the amount of cotton that could be sorted in a single day while also prolonging the cruelty of slavery.

4. 語句に関する設問

訳 26行目の "facilitate" と置き換えるのに最もふさわしいのは
(A) 促進する
(B) 妨害する
(C) 圧力をかける
(D) 補充する

正解 **(A)** **解説** 文の前半はNorthern states also built canals and roads to facilitate commerceだ。運河や道路を作ると商業がどうなるのかを考えれば良い。肯定的な表現で文意も通るのは（A）だ。

⇨ [3] … ⑶Northern states also built canals and roads to **facilitate** commerce, which in turn accelerated industrialization.

5. 文章の詳細に関わる設問

訳 パッセージによると、綿について次のどれが正しいか。
(A) 手作業で加工するのが難しかった。
(B) ヨーロッパの繊維産業で主要な作物になった。
(C) アメリカ合衆国では1783年以前には育てられていなかった。
(D) アメリカの南部の地域でしか育てることができなかった。

正解 **(A)** **解説** [2] 第1文で南部の農場経営者は需要に間に合わせるのに苦労していて、その理由としてthe cotton was hand-processedと述べられている。よって（A）が内容的に一致する。（C）は [1] 第1文の内容と矛盾し、（B）と（D）を明確に裏付ける記述はない。

⇨ [2] ⑴During the 1780's the demand for cotton grew exponentially and it was difficult for southern farmers to keep up with demand despite using slave labor because the cotton was hand-processed; the seeds needed to be removed from the short fibers.

6. 推論を必要とする設問

訳 南北戦争後の南部のインフラについて推測できることは何か。
(A) 大農場制は綿の市場への輸送を促進するために道路や運河の開発を必要とした。
(B) 南北戦争によって南部がより効率的にインフラを開発する必要が生じた。
(C) アメリカ合衆国の南の区域でインフラは比較的開発が遅れたままだった。
(D) 北部でより早い時期に行われていたようにインフラの開発が促進された。

正解 **(D)** **解説** [3] 第4文に大農場制に頼っていた南部においてインフラ開発の必要はないとみなされていた、とあるが、次の文でThis remained the case until after the end of the Civil Warと書かれている。裏を返せば南北戦争後にはインフラ開発の必要が認識されたと考えられるので、内容的に (D) が一致する。

⇨ [3] ... (4)Since the South relied heavily on the plantation system, with the plantations themselves usually situated near waterways and hence an easy solution for the transportation of their crops, the need for further infrastructure development was deemed unnecessary. (5)This remained the case until after the end of the Civil War.

7. 文章の詳細に関わる設問

訳 綿の輸出について正しくないのは次のどれか。
(A) 他の競合作物よりも加工が楽だったのでアメリカの綿は繊維産業で好まれた。
(B) 共和国としての最初期に綿は圧倒的に重要なアメリカの輸出品だった。
(C) 南北戦争によって綿はその新しい国の主要な輸出作物になった。
(D) 輸出作物としての綿の人気は南部と北部の両方に大いに恩恵をもたらした。

正解 **(C)** **解説** (A) は [1] 第2文、(B) は [1] 第1文、(D) は [1] 第3文の内容と一致する。南北戦争後の状況について言及があるが、戦争が主要な輸出作物になった要因だという記述はないので、(C) が正解。

⇨ [1] (1)By the time the United States had won its independence from Great Britain in 1783, cotton had become the king of the new republic's economy and was responsible for almost all of its exports to Europe. (2)American cotton was favored by European textile industries over flax or wool because it was easy to work with and soft to the touch. (3)Even though cotton was grown in the southern states, northern financiers and textile owners also benefitted from its production.

8. 語句に関する設問

訳 筆者はなぜ39行目で "On the other hand" と言うのか。
(A) 南部のインフラ開発と北部のインフラ開発を対比させるため
(B) アメリカの北部地区で使用されていた機械についての情報に反論するため
(C) 北部と南部で支配的な種類の作物の違いを際立たせるため
(D) 北部と南部が農業機械を採用した時期を比較するため

正解 **(C)** **解説** 前後の内容を確認する。[4] 第2文では北部で機械化によってCorn, hay, wheat and oat productionが増加したと書かれている。続く第3文では機械化が進んでもcotton would remain the key crop of the Southとある。地域と作物の違いを対比させているので、(C) が正解。

⇨[4] (1)Due in large part to the fact that most northern states had abolished slavery, northern farmers were more inclined to acquire labor-saving machinery such as horse-drawn reaping machines that could cut the grain much more efficiently than any single farmer could. (2)Corn, hay, wheat and oat production all increased by at least five times their previous levels in the northern half of the country. (3)**On the other hand**, cotton would remain the key crop of the South even after the Civil War and the adoption of such machinery by southern farmers.

Day 1

Day2

Day3

Day4

Day5

Day6

Day7

Part A   **Questions 1–8**   10–17

1. (A) The woman can visit Hawaii at any time.
   (B) The woman ought to get the car.
   (C) The woman should reconsider her decision.
   (D) The woman should take the trip instead of buying the car.

2. (A) That they get the information from the Internet.
   (B) That they call the restaurant.
   (C) That they ask someone for directions.
   (D) That they use their heads.

3. (A) The man should go down the stairs.
   (B) Checking a station map would be best.
   (C) She forgot the location of the ticket counter.
   (D) The man should read the public service posters.

4. (A) The woman is mistaken.
   (B) The math teacher is extraordinary.
   (C) Everyone dislikes the math teacher.
   (D) Their new teacher is rich.

5. (A) It's good to have dreams.
   (B) The woman should take an out-of-state trip.
   (C) The woman doesn't make much money.
   (D) The woman is lucky to be taking a trip.

6. (A) He is grateful to his boss for helping him.
   (B) He got the raise he asked for.
   (C) He got a bigger raise than he requested.
   (D) He almost lost his job.

7. (A) He completely approves of the woman's decision.
   (B) The risks outweigh the rewards.
   (C) He wants to think about it some more.
   (D) The woman is not so young anymore.

8. (A) Jack can't keep a secret.
   (B) Jack is a rude person.
   (C) Jack talks too loudly.
   (D) Jack is changing jobs.

Part B   **Questions 9–12**   18-19

---

9. (A) From the material used in the discovered artifacts.
   (B) From the name of the archaeologist in charge of the dig site.
   (C) From the archaeological time period in which they lived.
   (D) From the name of the town that was near the dig site.

10. (A) Because they were used in projectiles.
    (B) Because they were the only artifacts present at the initial discovery.
    (C) Because they were sharpened on both edges.
    (D) Because they were very far ahead of their time.

11. (A) That the Clovis people were the first humans to inhabit the Americas.
    (B) That other races predated the Clovis people's arrival to North America.
    (C) That the Clovis people were one of the first cultures to exist in the North and South American continents.
    (D) That the Clovis people originally settled in South America.

12. (A) Go over the recent evidence suggesting that there are cultures that arrived to the Americas before the Clovis.
    (B) Review the questions that will be found on the quiz for tomorrow.
    (C) Look at the predominate theory that the Clovis were the first to arrive in the Americas.
    (D) Look up what the Clovis people hunted and foraged for food.

13. (A) To explain why dolls are preserved at the museum.
    (B) To provide a framework to understand how dolls are stored at the museum.
    (C) To describe the history of doll making in the United States.
    (D) To give an overview of the functions at the museum.

14. (A) From private donors.
    (B) From toy stores.
    (C) It purchased them from individuals.
    (D) It manufactured them by hand.

15. (A) From a posted list in the gift shop.
    (B) From talking to the tour guide.
    (C) From a schedule in the main lobby.
    (D) From checking their website.

16. (A) By giving the donation directly to the tour guide.
    (B) By putting the money in the gift shop cash register.
    (C) By selling commemorative items from the gift shop.
    (D) By placing the money in a special box.

Structure   **Questions 1–5**   Time: 3 minutes

1. Among many tribes ------, payable in animals or other produce, is in use in place of violence for the settlement of disputes.
    (A) a definite system of fines
    (B) fines under a definite system
    (C) definite in a fine system
    (D) the definition of a fine system

2. The chances of promotion among the ambitious young men in the service of large concerns ------ on the fact of a good showing in their departments.
    (A) are known to depend
    (B) are known and depends
    (C) is known to depend
    (D) is known and depends

3. Paternalistic control, even when entirely benevolent in intent, is ------ in effect.
    (A) general harm
    (B) general harmful
    (C) harmful generally
    (D) generally harmful

4. ------ the voyages of Columbus, Spain took a leading part in the exploration of the interior of the newly discovered lands.
    (A) It had financed
    (B) Financed
    (C) Having financed
    (D) It having financed

5. The major direct source of heat energy ------ is the burning of fuels, such as wood, coal, gas, and oil.
    (A) is used by man
    (B) is used by man who
    (C) used by man
    (D) used by man who

---

6. As natural selection acts by <u>competitive</u>, it adopts and improves the
                                    A

    inhabitants of each <u>country</u> only <u>in</u> relation to <u>their</u> co-inhabitants.
                          B   C   D

7. <u>It had not been for</u> the U.S. demand <u>driving up</u> the cost of metals, Toyota
          A   B

    <u>would not</u> have seen the <u>soaring</u> profits that allow it to employ more than
        C   D

    4,000 people.

8. A musical style greatly influenced by the availability of

    <u>cheaply bought instruments</u>, the demand for live performance and the
                    A

    <u>musical improvising</u> of the African American population of New Orleans,
            B

    jazz developed <u>primarily in</u> New Orleans and to <u>a lesser extent</u> in other
                        C   D

    large American cities.

9. Hardly anything concrete was accomplishing, but the trip cemented the
   A   B   C
   centrality of the U.S.-Canada economic relationship.
                                 D

10. The peak of the current pro-democracy campaign will come next week
                                                   A   B
    how the nation's workers plan to go on a general strike.
    C   D

11. Women in rural India have learned through satellite television about the
    A   B
    independence for women in more modern countries.
                   C   D

12. Less often realized is that global warming does far more damage to poor
    A   B   C
    countries as they do to the climate.
              D

13. What passes for debate is usually a shouting match between those who
         A
    believe that climate change is not real and those who believe that they
            B   C
    will end life on earth.
             D

Among her many accomplishments, Elizabeth Blackwell is perhaps most recognized for being the first fully accredited female physician in the United States. After being rejected by sixteen
Line medical schools, Geneva College (now Hobart College) accepted her
(5) application in 1847. At the time, Geneva College had a reputation as a very liberal college and the faculty put the question of her acceptance to a student vote. According to legend, the students thought her application a hoax and voted her in as a joke. Regardless, she suffered the criticism and prejudice of some of her professors and classmates
(10) and graduated at the top of her class two years later as the first woman to earn her medical degree in America.

Her trials, however, did not end there as she found it extremely difficult to find a hospital that was willing to let her practice. Eventually she found one in Pennsylvania that reluctantly
(15) allowed her to continue to work towards becoming a surgeon. She left for Paris a few months later, but no hospitals were willing to admit her because of her gender. Left with few options, she enrolled at La Maternite, a midwifery school of high repute. Unfortunately, when treating an ill infant, her left eye became severely infected and
(20) was eventually removed. This injury dashed her dreams of becoming a surgeon but did nothing to dampen her hopes of becoming a practicing physician.

After traveling to England to receive further training, she returned to New York City and eventually founded, together with her
(25) younger sister Dr. Emily Blackwell, the New York Infirmary for Indigent Women and Children in 1857.

In spite of continuous prejudice and hardship, the two sisters founded the Women's Medical College in 1868, which was the first of its type in the United States. It also became one of the first U.S.
(30) medical schools to require four years of study. One of its more

famous graduates was Rebecca Cole who was the first black woman in the U.S. to become a doctor.

While the college closed in 1899 due, ironically, to competition, the hospital still operates on East 15th Street in New *(35)* York City under the name the New York Infirmary-Strang Clinic.

1. What is the main idea of the passage?
   (A) A description of the achievements of a pioneer in the medical profession
   (B) A summary of the life of Elizabeth Blackwell
   (C) An outline of the accomplishments made by early female doctors
   (D) A description of the obstacles faced by women doctors in the 19th century

2. How would the author describe Elizabeth Blackwell's eventual admission to medical school?
   (A) Accidental
   (B) Undeserved
   (C) Quick
   (D) Universally popular

3. The word "hoax" in line 8 is closest in meaning to
   (A) fabrication
   (B) truism
   (C) travesty
   (D) genuine article

4. The word "suffered" in line 8 is closest in meaning to
   (A) wept at
   (B) endured
   (C) listened to
   (D) fought against

5. What could be said about Elizabeth Blackwell's job opportunities after graduation?
   (A) She was unable to find work.
   (B) Her professors recommended her highly.
   (C) Because she was the top student in her class, she had many options.
   (D) It was difficult for her to find her first position.

6. Which of the following is true of the injury she experienced in Paris?
   (A) It was caused by working with a baby.
   (B) She became blind as a result.
   (C) It inspired her to become a surgeon.
   (D) It had no significant lasting effect.

7. The word "dampen" in line 21 is closest in meaning to
   (A) shatter
   (B) raise
   (C) diminish
   (D) moisten

8. Why does the author use the word "ironically" in line 33?
   (A) To emphasize the prevailing social beliefs at the time
   (B) To identify the very predictable cause of the school's closing
   (C) To show that the school did not close due to prejudice but instead due to social progress for women
   (D) To reveal the eventual discrimination that ran the school out of business

9. Which of the following is NOT attributable to Elizabeth Blackwell?
   (A) She co-founded the first medical college for women in the U.S.
   (B) She became a surgeon.
   (C) She worked in Paris.
   (D) She graduated from medical school.

10. Where in the passage does the author mention Blackwell's experience with establishing hospitals?
    (A) Lines 12–13
    (B) Lines 14–15
    (C) Lines 23–26
    (D) Lines 33–35

THIS IS THE END OF THE TEST.

正解一覧

Section 1　Listening Comprehension

Part A

1. (B)　2. (A)　3. (B)　4. (B)　5. (C)　6. (D)　7. (D)　8. (A)

Part B

9. (D)　10. (C)　11. (A)　12. (A)

Part C

13. (D)　14. (A)　15. (C)　16. (D)

Section 2　Structure & Written Expression

Structure

1. (A)　2. (A)　3. (D)　4. (C)　5. (C)

Written Expression

6. (A)　7. (A)　8. (B)　9. (B)　10. (C)　11. (C)　12. (D)　13. (C)

Section 3　Reading Comprehension

1. (A)　2. (A)　3. (A)　4. (B)　5. (D)　6. (A)　7. (C)　8. (C)　9. (B)　10. (C)

Section 1　　Listening Comprehension

Part A　　　**Questions 1–8**

1.　**正解**　(B)　　　　　　　　　　　　　　　　　　　　　　🔊)) 10

スクリプト・訳

W：I can't decide whether I should spend the money I made from my summer job on a used car or a trip.

M：I know you've had your heart set on going to Hawaii, but shouldn't you look at the big picture?

Q：What does the man mean?

女性：夏のアルバイトで稼いだお金で中古車を買うか旅行に行くか、決められないの。

男性：君がハワイにとても行きたがっているのは知っているんだけど、長期的な展望が必要なんじゃないかな？

質問：男性が意味しているのはどういうことか。

選択肢の訳

(A) 女性はハワイにはいつでも行ける。

(B) 女性は車を手に入れるべきだ。

(C) 女性は決断を考え直すべきだ。

(D) 女性は車を買うのではなくて旅行するべきだ。

　解説　　推測や予測を必要とする設問。男性の発言「君が旅行したがっているのは知っているけど」の続きの but 以降の内容が男性の意図だから、「旅行すること」は勧めていないことがわかる。したがって、ここでは「車を買うこと」を勧めようとしていることが推測できる。

語彙・表現Check！

□ job〔名〕仕事、職 ←*Check!*　　□ used car〔名〕中古車

□ have one's heart set on ～　　～を切望している

□ big picture〔名〕全体像、長期的な展望

スクリプト・訳

M： For the life of me, I can't remember how to get to that restaurant.

W： Let's just look it up online before we head out.

Q： What does the woman suggest?

男性： どうやってあのレストランに行くのか、どうしても思い出せないや。

女性： 出かける前にインターネットで調べてみましょうよ。

質問： 女性は何を提案しているか。

選択肢の訳

(A) インターネットから情報を得ること。　(B) レストランに電話すること。

(C) 誰かに道を尋ねること。　(D) 頭を使うこと。

　解説　話者の意思や考えを聞き取る設問。女性の発言 Let's just look it up online から。online は「インターネットで」ということ。

語彙・表現Check！

□ For the life of me　どうしても　□ head out〔動〕出発する

□ direction〔名〕方向の指示（道案内）

スクリプト・訳

M： Excuse me. Can you direct me to the ticket counter?

W： I think it's down those stairs over there, but I'd check on a station map first. They're posted all over the place.

Q： What does the woman mean?

男性： すみません、チケットカウンターへはどう行ったらいいか教えてもらえますか?

女性： 向こうの階段を降りたところだと思いますが、先に駅の地図を見てみましょう。 辺りにたくさん掲示されていますから。

質問： 女性が意味しているのはどういうことか。

選択肢の訳

(A) 男性は階段を降りるべきだ。　(B) 駅の地図をチェックするのが良いだろう。

(C) 彼女はチケットカウンターの場所を忘れた。

(D) 男性は公共の案内掲示を見るべきだ。

解説 話者の意思や考えを聞き取る設問。女性の I'd check on a station map first. から駅の地図を見ようとしていることがわかる。

語彙・表現Check！

□ direct A（人）to B（場所）　Bへの道をAに教える

□ down the stairs　階段を降りて　□ post〔動〕掲示する

4. **正解** （B）　　　　　　　　　　　　　　　　　　🔊13

スクリプト・訳

W：Some people don't like her, but I think our new math teacher is great.

M：I'll say. She's one in a million.

Q：What does the man think?

女性：好きじゃない人もいるけど、新しい数学の先生はすごいと私は思うわ。

男性：そうだね。最高だよ。

質問：男性はどう思っているか。

選択肢の訳

（A）女性は間違っている。　　（B）数学の先生は並外れている（素晴らしい）。

（C）皆が数学の先生を嫌っている。　　（D）新しい先生は裕福である。

解説 イディオムに関する設問。女性が「数学の先生はすごい」と言ったのに対して、男性は I'll say.「全くその通り（相手に対する同意を表す）」と答えて、さらに one in a million「百万人に一人」→「非常に珍しい」「素晴らしい」と言っている。（B）の extraordinaryも「普通ではない」→「並外れた」「素晴らしい」を表している。

語彙・表現Check！

□ I'll say　全くその通り　□ one in a million　素晴らしい

5. **正解** （C）　　　　　　　　　　　　　　　　　　14

スクリプト・訳

W：Someday, I'd like to take a trip around the world.

M：Dream on. With your salary you'd be lucky to get out of the state.

Q： What does the man mean?

女性： いつか世界一周旅行がしてみたいわ。

男性： 夢でも見てなよ。今の給料じゃ、州の外に出られるだけでもラッキーだよ。

質問： 男性が意味しているのはどういうことか。

選択肢の訳

(A) 夢を持つのはいいことだ。 (B) 女性は州外への旅行をすべきだ。

(C) 女性はあまりお金を稼いでいない。 (D) 女性は旅行できてラッキーだ。

■解説■ 推測や予測を必要とする設問。男性が女性に向かって言った With your salary ... the state で「あなたの給料では、州の外に出るだけでもラッキーだ」から「給料があまり多くない」ことを表している。

語彙・表現Check！

□ dream on〔動〕(相手の夢、願望をあざけって) 夢でも見てろ、そんな考えは甘い

6. **■正解■** (D) 15

スクリプト・訳

W： How'd it go with your boss? Did you get the raise you asked for?

M： Far from it. As soon as I entered his office he started criticizing my work performance. I'm lucky I still have a job.

Q： What does the man mean?

女性： 上司とはどうだった？ 頼んでいた昇給はしてもらえたの？

男性： それどころじゃないよ。オフィスに入ったらすぐさま僕の成績を酷評し始めたよ。仕事がまだあってラッキーだよ。

質問： 男性が意味しているのはどういうことか。

選択肢の訳

(A) 上司が手助けをしてくれたことに感謝している。

(B) 頼んでいた昇給を得られた。

(C) 頼んでいたよりも高額の昇給を得られた。 (D) 仕事を失いかけた。

■解説■ 追加情報を聞き取る設問。女性の「昇給は得られたか？」という質問に対して、男性は Far from it.「それどころじゃないよ」と否定したうえで、criticize されたことを述べ、最後に I'm lucky I still have a job.「まだ仕事があってラッキーだ」と言っている。ここから、仕事を失う危険もあったということ

が考えられる。

7.　正解　（D） 16

スクリプト・訳

W：I'm thinking about quitting my job and going back to school to study law.

M：Changing careers at your age can be a bit risky, but it can also be rewarding. Either way, I'd make sure that's what you really want to do before making any big moves.

Q：What does the man imply?

女性：仕事をやめて学校にもどって法律を勉強しようかなと思っているの。

男性：君の年齢で転職するのはちょっとリスクがあるけど、価値はあるかもね。いずれにせよ、大きな方向転換をする前に、それが本当に自分のしたいことなのかどうかを確かめたいね。

質問：男性が暗に意味しているのはどういうことか。

選択肢の訳

（A）彼は女性の決断を完全に支持している。　（B）得るものよりもリスクが大きい。

（C）もう少し考えたい。　（D）女性はもうそれほど若くない。

　　解説　　推測や予測を必要とする設問。男性の Changing careers at your age can be a bit risky... という発言から女性がそれほど若くないことが想像できる。

スクリプト・訳

W： I heard from Jack that you'll be quitting at the end of the month.

M： Man, he has a big mouth. I told him not to say anything to anyone.

Q： What does the man mean?

女性： 今月末であなたがやめるってジャックから聞いたんだけど。

男性： あー、おしゃべりな奴だな。誰にも言うなって言っといたのに。

質問： 男性が意味しているのはどういうことか。

選択肢の訳

（A）ジャックは秘密を守れない。　　（B）ジャックは無礼な人間だ。

（C）ジャックはあまりにも大きな声で話す。

（D）ジャックは転職しようとしている。

　解説　　イディオムに関する設問。big mouth は（1）大口をたたく人、（2）おしゃべりな人の意味。直後に「誰にも言わないでと言った（のに）」とあることから、（2）の意味で使っていることがわかる。

語彙・表現Check！

□ have a big mouth　おしゃべり、秘密を守れない　□ change jobs　転職する

Part B	Questions 9-12	18

スクリプト

Listen to a conversation between two students.

M： (1)So, let's go over the stuff that Professor Daniels said is going to be on our quiz tomorrow.

W： (1)Sounds good to me. Let's start with his discussion of Clovis culture.

M： (2)Okay. According to my notes, the culture was named due to the discovery of several artifacts at an archaeological dig site near Clovis, New Mexico in the 1930s.　　　┈┈Q9のキー┈

W： (2)That's right. The artifacts included several Clovis points that were thought to be used as the tips of spears or other projectiles.

M： (3)What was so special about them again?┈┈Q10のキー┈┈┈┈┈┈┈

W： (3)They were sharpened on both edges which made them more deadly, and this was considered to be a significant technological achievement for the time.

M：(4)What time period are we talking about?

W：(4)Well, that's still open to discussion, but Professor Daniels said the most reliable current estimates have them first appearing in North America between 13,500 and 13,000 years ago.

M：(5)I seem to remember that they were fond of hunting woolly mammoths.

W：(5)Yeah, that's true. They also hunted other large and small game and foraged for edible plants as well. ┌──── Q11のキー

M：(6)Professor Daniels said that the predominant theory up until the 1990s was the Clovis people were the first human inhabitants in the Americas but that this theory is now being questioned.

W：(6)Yeah, it seems that recent evidence is suggesting that other cultures may have predated the arrival of the Clovis people to the North and South American continents. ┌──── Q12のキー ────┐

M：(7)Let's go over that evidence to make sure we've got it down for the quiz.

訳

2人の学生の会話を聞いてください。

男性：(1)じゃ、ダニエルズ教授が明日の小テストに出るって言ってたところを復習しようよ。

女性：(1)いいわね。まずクロービスの文化の議論から始めましょう。

男性：(2)そうだね。僕のノートには、1930年代にニューメキシコのクロービス近郊にある考古学の発掘現場からいくつかの人工物が見つかって、このことが文化の名前の由来だってあるよ。

女性：(2)その通りよ。発掘された人工物の中には、槍や飛び道具の先に使われたと思われる、槍先形ポイントがいくつか含まれていたのね。

男性：(3)それにはどういう特別な意味合いがあったんだっけ？

女性：(3)致命傷を与えるように両端が尖らせてあって、このことが当時としては大きな技術的達成だと考えられたのね。

男性：(4)当時というのはいつのことになるの？

女性：(4)ええ、それは議論の余地があるんだけど、ダニエルズ教授によれば、現在、最も信頼できる推定では、13,500年から13,000年前に初めて北米に現れたということだわ。

男性：(5)彼らはケナガマンモスの狩猟を好んでいたんだったよね。

女性：(5)ええ、その通りよ。それに大小の獲物の狩りもしていたし、食べられる植物の採集もしていたわね。

男性： (6)1990年代まで最も有力だった説では、クロービスがアメリカに最初に住んだ人間というものだったけど、現在、この説には疑問が出てきている、とダニエルズ教授は言っていたよね。

女性： (6)ええ、最近出てきた証拠では、南北アメリカ大陸にはクロービスよりも先に他の文化が来ていたことを示唆するものが出てきているようね。

男性： (7)小テストでちゃんと答えられるように、その証拠について確認しておこうよ。

語彙・表現Check！

☐ stuff〔名〕（漠然と）もの、資料、問題　☐ quiz〔名〕小テスト
☐ artifact〔名〕人工物　☐ archaeological〔形〕考古学の
☐ dig site〔名〕発掘現場 ←Check!　☐ point〔名〕ポイント、先
☐ tip〔名〕先端、頂点　☐ spear〔名〕槍　☐ projectile〔名〕発射物、飛び道具
☐ edge〔名〕刃先、尖った先　☐ deadly〔形〕致命傷となる
☐ significant〔形〕かなりの、著しい ←Check!　☐ technological〔形〕技術的な ←Check!
☐ achievement〔名〕達成 ←Check!　☐ period〔名〕時期 ←Check!
☐ reliable〔形〕信頼できる ←Check!　☐ estimate〔名〕推定、見積もり ←Check!
☐ predominant〔形〕最も有力な、最も顕著な ←Check!
☐ theory〔名〕学説、理論 ←Check!　☐ evidence〔名〕証拠 ←Check!
☐ culture〔名〕文化 ←Check!

9. ■ 正解 ■ （D）　　🔊 19

質問　Where did the name for the Clovis culture come from?

訳　クロービス文化の名前はどこから来たのか。

（A）発見された人工物に使われていた材料から。

（B）発掘地を担当していた考古学者の名前から。

（C）彼らが生きていた考古学上の時代から。

（D）発掘地近くの町の名前から。

■ 解説 ■　詳細についての設問。固有名詞（人名や地名など）に注意して情報を把握する。男性の発言（2）の部分で、名前を付けられた理由が「クロービス近くの考古学の発掘地で人工物が発見されたこと」とあることから（D）が正解。

10.　正解　(C)　🔊 19

質問　Why were Clovis points significant?
訳　槍先形ポイントはなぜ重要なのか。
(A) 飛び道具に使われたから。
(B) 最初の発見の中に存在していた唯一の人工物だったから。
(C) 両端が尖っていたから。
(D) 時代のはるか先を進んでいたから。

　解説　詳細についての設問。「疑問文」に注意（対話の中で「疑問文」→「答え」のやりとりには重要な情報が含まれていることが多い）。男性の発言(3)、女性の発言(3) の部分で「クロービスの尖った道具について何が特別なのか」という質問に対して、「両端が尖っている」と答えていることから (C) が正解。

11.　正解　(A)　🔊 19

質問　What long accepted theory has recently come under question?
訳　長く受け入れられていたのに、最近疑問が出てきた説とは何か。
(A) クロービスがアメリカ大陸に最初に住んだ人間だった。
(B) クロービスよりも他の種族が先に北米に到着した。
(C) クロービスは南北アメリカ大陸に存在した最初の文化のうちの1つだった。
(D) クロービスはもともと南米に定住した。

　解説　詳細についての設問。男性の発言 (6) の部分で、設問の long accepted theory が predominant theory up until the 1990s に合致し、その内容が the Clovis people were the first human inhabitants ... になる。これが this theory is now being questioned の内容なので (A) が正解。

12.　正解　(A)　🔊 19

質問　What will the students probably do next?
訳　学生たちはおそらく次に何をするか。
(A) クロービスよりも前に南北アメリカ大陸にやって来ていた文化があることを示唆

する最近の証拠を調べる。

(B) 明日の小テストに出る質問を見直す。

(C) クロービスが南北アメリカ大陸に最初に到着した人たちであるという有力な説を確認しておく。

(D) クロービスの人たちが食料を得るために何を狩猟したり採集したりしたのかを調べる。

解説 詳細についての設問。女性が発言 (6) で other cultures may have predated the arrival of the Clovis people という証拠が最近出てきたことに言及すると、男性が Let's go over that evidence と述べているので、(A) が 2 人の発言に合致する。

Part C　　　Questions 13–16　　　　　　　　　　　　20

スクリプト

Listen to a talk given by a tour guide.

[1] (1)Welcome to The Sullivan Doll Museum. (2)As our name would imply, this facility is obviously dedicated to the preservation of dolls. (3)We have over 2,000 pieces on site with the vast majority coming from private donors. (4)Our dolls range in age from the late 18th century to the present and are of the homemade variety as well as the types found in toy stores.　　　⌐----Q14のキー

[2] (1)In addition to providing a facility for the public to view dolls from different time periods, we also have touring exhibitions that have successfully traveled up and down the east coast of the United States. (2)Furthermore, we offer educational programs to area schools. (3)We feel that, especially with young children, our dolls provide an excellent opportunity for the teaching of history.

[3] (1)Here, we also have local artisans hold special doll-making workshops where children can create their own traditional dolls from the late 18th and early 19th centuries. (2)A schedule and brief description of these types of events is posted in the main lobby.　　⌐----Q15のキー　　　　　⌐----Q16のキー

[4] (1)This museum is a non-profit organization, and so, depends entirely on donations for its ability to keep its doors open to the public. (2)At the end of your tour, we will stop at the gift shop where we offer many commemorative items for sale, as well as coffee, tea and snacks. (3)If you are interested in making a donation at that time, there is a specially-marked box near the cash register.

[5] (1)Thank you for listening and we hope you enjoy your visit here at The Sullivan Doll Museum.

訳

ツアーガイドの案内を聞いてください。

[1] (1)サリバン人形博物館にようこそ。(2)名前から想像できると思いますが、この施設は言うまでもなく人形の保存に力を注いでいます。(3)大半が個人から寄贈を受けた2,000体を超える人形を揃えております。(4)18世紀後半から現代にいたる人形があり、おもちゃ屋さんで売られている種類のものもあれば、手作業で作られたものもあります。

[2] (1)さまざまな時代の人形を施設で公開しているだけでなく、合衆国東海岸各地をまわる巡回展示も行い、好評を得ております。(2)さらに、地域の学校に教育プログラムも提供しています。(3)特に小さな子供たちにとって、歴史を教えるのに素晴らしいチャンスを人形は与えてくれると思います。

[3] (1)ここでは地元の職人さんに人形作りの特別教室を開いてもらい、子供たちが18世紀後半から19世紀前半の伝統的人形を自分で作れるようにしています。(2)この種のイベントの日程と簡単な説明をメインロビーに掲示しています。

[4] (1)この博物館は非営利組織であり、人形の公開を続けていくためにすべてを寄付に頼っています。(2)ツアーの終わりに、ギフトショップに立ち寄ります。ショップではコーヒー、紅茶、軽食とともに、記念品もいろいろと販売しています。(3)その時に寄付をしていただける方のために、レジの近くに専用のボックスを用意しています。

[5] (1)お聞きいただきありがとうございました。どうぞサリバン人形博物館をお楽しみください。

語彙・表現Check！

[1] □ facility〔名〕施設 ←Check! □ obviously〔副〕明らかに ←Check!
　 □ dedicated to ～　～に捧げられた　□ preservation〔名〕保存
　 □ majority〔名〕大多数 ←Check! □ donor〔名〕寄付者
　 □ range〔動〕及ぶ ←Check!

[2] □ touring exhibition〔名〕巡回展示 ←Check! □ area〔名〕地域 ←Check!

[3] □ artisan〔名〕職人　□ create〔動〕作る、生み出す ←Check!
　 □ traditional〔形〕伝統的な、従来の ←Check! □ schedule〔名〕日程 ←Check!
　 □ brief〔形〕簡単な ←Check! □ post〔動〕掲示する

[4] □ non-profit organization〔名〕非営利団体（NPO）　□ donation〔名〕寄付
　 □ commemorative〔形〕記念の　□ item〔名〕品物 ←Check!

---

13. **正解** （D） 🔊)) 21

質問 What is the purpose of the talk?
訳 この案内の目的は何か。
(A) なぜ人形がこの博物館に保存されているのかを説明する。
(B) この博物館でどのように人形が保管されているのかを理解するための枠組みを提供する。
(C) アメリカでの人形作りの歴史を説明する。
(D) 博物館の機能の概要を説明する。

解説 基本情報についての設問。冒頭で博物館の概要と巡回展示について述べた後で、イベントの案内や日程をどうやって確認するのか説明している。博物館について全般的な案内をしているので、最も一般的な内容の（D）が正解。

---

14. **正解** （A） 🔊)) 21

質問 Where did the museum get most of its dolls?
訳 人形の大半をこの博物館はどのように手に入れたか。
(A) 個人の寄付から。
(B) おもちゃ屋から。
(C) 個人から人形を購入した。
(D) 人形を手作業で作った。

解説 詳細についての設問。[1] 第 3 文の 2,000 pieces とは、直前の [1] 第 2 文の dolls のこと。the vast majority（[1] 第 3 文）は the vast majority of the pieces(dolls) の下線部が略されていて「人形の大多数」の意味（＝設問の most of its dolls）。その続きの from private donors の部分が（A）と合致する。

質問 According to the speaker, how can people learn more about the doll-making workshops?

訳 ガイドによると、どのようにすれば人形制作工房についてもっと知ることができるか。

(A) ギフトショップに張り出されたリストから。

(B) ツアーガイドとの話から。

(C) メインロビーのスケジュールから。

(D) ウェブサイトをチェックして。

解説 詳細についての設問。[3] 第 1 文でdoll-making workshops の紹介があり、[3] 第 2 文で A schedule ... of these types of events is posted in the main lobby の部分が (C) と合致する (these types of events が設問の doll-making workshops を指す)。

16. 正解 (D) 21

質問 According to the speaker, how can guests make contributions to the museum?

訳 ガイドによると、来場者は博物館にどのように寄付を行うことができるか。

(A) ツアーガイドに直接寄付を渡すことによって。

(B) ギフトショップのレジにお金を入れることによって。

(C) ギフトショップの記念品を売ることによって。

(D) 特別な箱にお金を入れることによって。

解説 詳細についての設問。[4] 第 3 文の a specially-marked box near the cash register が (D) の special box に合致する。

Section 2   Structure & Written Expression

1. ┃正解┃ (A)

訳 多くの種族間で、紛争解決のために暴力ではなく、動物あるいは他の産物で支払うことのできる罰金を科すという明確なシステムが用いられている。

┃解説┃ 主語（主部）の欠落の問題。文頭の Among many tribes「多くの種族の間で」は前置詞句、空所の後の payable in animals or other produce「動物や他の産物で支払うことのできる」は形容詞句。空所に述部 is in use の主部になる（単数形の）名詞（句）が来る必要がある。名詞句を含む（A）と（D）のうち、（A）は「明確な罰金制度（a definite system of fines）が使われている（is in use）」で意味が成り立つが、（D）では「よいシステムの定義（the definition of a fine system）が使われている（is in use）」となり文の意味が成り立たない。したがって正解は（A）。（B）は複数形、（C）は形容詞句であることから不適。

2. ┃正解┃ (A)

訳 大企業における野心のある若者の昇進の可能性は、その部署の業績に依存することが知られている。

┃解説┃ 動詞の欠落の問題。文の主語は chances（複数形）なので、be 動詞は is ではなく are（主語と動詞の呼応）。述部は「…することが知られている」を表す be known to do ... を入れることで文意が成立するので正解は（A）。

3. ┃正解┃ (D)

訳 家父長的な支配は、全くの善意であっても、結果としては総じて害がある。

┃解説┃ 補語の欠落の問題。文の主語 Paternalistic control の述部として is の後に空所があり、「家父長的な支配は総じて害がある」という文。「害がある」という時、be 動詞の後は形容詞（harmful）を用い、形容詞を修飾する副詞は形容詞の前（generally harmful）に置く。したがって、正解は（D）。

4. 　正解　（C）

訳 コロンブスの航海に資金を提供し、スペインは新たに発見された土地の内陸部を調査する指導的役割を果たした。

解説 完全文の前に空所がある問題。前半（コンマの前）の「コロンブスの航海に資金を提供する（finance）」、後半の「スペインが指導的役割を果たした」という 2 つの部分から成り立っている。前半と後半をコンマだけでつないでいるので、前半を分詞構文にすることによって後半の主文とつながる（C）が正解。（A）のように主語を入れると接続詞が必要になる。（B）のように過去分詞にすると受身の意味を表すので文意に合わない。（D）のように分詞構文に意味上の主語を置くのは、主節の主語と分詞構文の主語が違う場合。この文では It = Spain なので不適。

5. 　正解　（C）

訳 人間が使用する、主たる直接的な熱エネルギー源は木材や石炭、ガス、石油といった燃料の燃焼により確保される。

解説 完全文の文中に空所がある問題。文の主語は The... source ... で、述部動詞は空所の後の is なので、下線部には The ... source ... を後ろから修飾する形の（C）の used by man が正解。（A）のように is used... とすると、空所の後の is と動詞が重なることになり不適。（B）、（D）は man who が is the burning とつながり、man who is the burning ... の部分が「燃焼である人間」（人間＝燃焼）になってしまい不適。

Written Expression　Questions 6–13

6. 　正解　（A）competitive → competition

訳 自然淘汰とは競争によって機能するものであるから、その同じ土地に住んでいる別の種とのみ関係してそれぞれの土地に住んでいる種は選択され価値を高めていく。

解説 品詞・語意の問題。competitive（競争的な）は形容詞だが、その直前にあるby（～によって）は前置詞なので、基本的に後ろに名詞を取る。よって形容詞ではなく、名詞形である competition（競争）にしておく必要がある。

7. **正解** (A) It had not been for → Had it not been for

訳 金属の価格を上げるアメリカの需要がなかったら、トヨタは、4,000人以上の雇用を可能にするような利益を得ることはできなかっただろう。

解説 語順を問う問題（仮定法における条件節から if を省略した場合）。Had it not been for は If there had not been の変形で、（過去の時点で）「もし～がなかったら」という意味の仮定法過去完了である。したがって、正しくは、Had it not been for the U.S. demand である。

8. **正解** (B) musical improvising → musical improvisation

訳 安く購入できる楽器の入手しやすさとライブ演奏の需要とニューオリンズのアフリカ系アメリカ人たちの即興演奏に大いに影響を受けた音楽様式であるジャズは、主にニューオリンズと、規模は小さいものの他のアメリカの大都市で発達した。

解説 並列の問題。musical（音楽の）は形容詞でその直前の the は冠詞なので後ろには名詞が来なければならない。improvising は動詞 improvise の動名詞。名詞形 improvisation にする。

9. **正解** (B) accomplishing → accomplished

訳 具体的なことはほとんど何も達成されなかったが、その訪問は、アメリカ・カナダの経済関係が果たす中心的な役割を確固たるものにした。

解説 能動態か受動態かを問う問題。正しくは、Bを accomplished という過去分詞にし、文の前半を受動態にする。hardly は「ほとんど～ない」という否定の意味を表す副詞。cement は日本語でも「セメント」と言うが、ここでは、「固める」という動詞として使っている。

10. **正解** (C) how → when

訳 現在の民主化運動のピークは、全国の労働者がゼネストに入る来週にやってくるだろう。

解説 関係詞の問題。next week の後は、next week がどのような時であるかを説明する節となっているので、how ではなく関係詞としての when が正しい。

関係詞に関わりなく、how は副詞、what は名詞あるいは形容詞として用いられることに注意しておこう。

11. **正解** (C) for → of

訳 地方に住むインドの女性達は、近代化された国々における女性の自立について衛星テレビを通して学んできた。

解説 前置詞の問題。「女性のための自立」ではなく「女性の自立」という意味にしなければならないので、the independence of women が正解。be independent of ～は「～から自立、独立する」という意味でよく用いられる。

12. **正解** (D) as → than

訳 貧しい国々が気候に与えている損害に比べて、より深刻な損害を地球の温暖化が貧しい国々に与えているということはあまり認識されていない。

解説 比較のくずれの問題。先にmore ～という比較級があるので、後には as ではなく than が続く。as ～ as、比較級 ～ than のようにペアで用いられる比較の表現がくずれていないかどうかを確認する。

13. **正解** (C) they → it

訳 議論と言われているものは普通、気候変動は現実ではないと信じる人達と、それが地球上の生命を絶滅させるであろうと信じる人達との間での大声での怒鳴り合いである。

解説 代名詞が指しているものを問う問題。「気候変動は現実ではないと信じる人達とそれが地球上の生命を絶滅させるであろうと信じる人達との間」という部分における「それ」が指すのは climate change「気候変動」であるから、that 以下、主語は they ではなくて it が正解。

Section 3   Reading Comprehension

パッセージ

[1] (1)Among her many accomplishments, Elizabeth Blackwell is perhaps most recognized for being the first fully accredited female physician in the United States. (2)After being rejected by sixteen medical schools, Geneva College (now Hobart College) accepted her application in 1847. (3)At the time, Geneva College had a reputation as a very liberal college and the faculty put the question of her acceptance to a student vote. (4)According to legend, the students thought her application a **hoax** and voted her in as a joke. (5)Regardless, she **suffered** the criticism and prejudice of some of her professors and classmates and graduated at the top of her class two years later as the first woman to earn her medical degree in America.   ┌---- Q2のキー   ┌---- Q5のキー   ┌---- Q6のキー

[2] (1)Her trials, however, did not end there as she found it extremely difficult to find a hospital that was willing to let her practice. (2)Eventually she found one in Pennsylvania that reluctantly allowed her to continue to work towards becoming a surgeon. (3)She left for Paris a few months later, but no hospitals were willing to admit her because of her gender. (4)Left with few options, she enrolled at La Maternite, a midwifery school of high repute. (5)Unfortunately, when treating an ill infant, her left eye became severely infected and was eventually removed. (6)This injury dashed her dreams of becoming a surgeon but did nothing to **dampen** her hopes of becoming a practicing physician. ┌---- Q9のキー

[3] (1)After traveling to England to receive further training, she returned to New York City and eventually founded, together with her younger sister Dr. Emily Blackwell, the New York Infirmary for Indigent Women and Children in 1857.

[4] (1)In spite of continuous prejudice and hardship, the two sisters founded the Women's Medical College in 1868, which was the first of its type in the United States. (2)It also became one of the first U.S. medical schools to require four years of study. (3)One of its more famous graduates was Rebecca Cole who was the first black woman in the U.S. to become a doctor.

[5] (1)While the college closed in 1899 due, **ironically**, to competition, the hospital still operates on East 15th Street in New York City under the name the New York Infirmary-Strang Clinic.

訳

[1] (1)彼女の多くの業績の中でも、エリザベス・ブラックウェルは、おそらくアメリカで正式に公認された最初の女性の医師となったことで最もよく知られている。(2)16の医大から入学を拒否されたが、ジェニーバ大学（今のホバート大学）が1847年に彼女の入学を許可した。(3)当時、ジェニーバ大学は非常に自由な大学として知られ、彼女を受け入れるかどうかという問題を大学は学生の投票にゆだねた。(4)言い伝えられるところによると、学生たちは彼女の入学願書をいたずらだと考え、冗談で彼女の入学を認めた。(5)彼女は教授やクラスメートの偏見や非難に苦しんだが、2年後クラスの主席で卒業し、アメリカで女性として初めて医学学位を取得した。

[2] (1)しかしながら、彼女の試練はここで終わらなかった。というのは、彼女に進んで臨床医としての仕事をさせてくれる病院を見つけるのは極めて困難だったからだ。(2)彼女はなんとか、しぶしぶながらも彼女が外科医を目指して働き続けることを認める病院をペンシルベニア州で見つけた。(3)数カ月後、彼女はパリに向かった。しかし、性別のために彼女を受け入れる病院はなかった。(4)他に選択肢がなかったので、彼女は、評判の良い助産術の学校ラ・マタニテに入学した。(5)運の悪いことに、病気の幼児を治療中、彼女は左目にひどい感染を負い、結果的に目を摘出してしまった。(6)この損傷は外科医になるという彼女の夢を砕いたが、臨床内科医になるという希望はいささかも失わなかった。

[3] (1)英国へ渡ってさらに研修を積み、その後、彼女はニューヨーク市にもどって1857年にニューヨーク低所得者女性小児病院を妹のエミリ・ブラックウェル博士とともに最終的に開設した。

[4] (1)絶え間なく続く偏見や困難にもかかわらず、2人の姉妹は1868年にアメリカで初めての女子医科大学を創設した。(2)それはまた、アメリカで初めて4年間の在籍を必要とする大学の1つとなった。(3)その大学の、より有名な卒業生の一人はアメリカで初めての黒人女性医師となったレベッカ・コールだった。

[5] (1)皮肉にも、競争が激しくなり1899年に大学は閉学したが、病院はニューヨーク市東15番街でニューヨーク病院／ストラング・クリニックという名で現在も開業している。

語彙・表現Check!

[1] □ accredited〔形〕公認された　□ reject〔動〕拒否する ←*Check!*

　　□ medical〔形〕医療の ←*Check!*　□ liberal〔形〕自由な、リベラルな ←*Check!*

[2] □ eventually〔副〕最終的に ←*Check!*　□ reluctantly〔副〕しぶしぶ ←*Check!*

　　□ gender〔名〕ジェンダー、性 ←*Check!*　□ option〔名〕選択肢 ←*Check!*

　　□ midwifery school〔名〕助産術の学校　□ remove〔動〕取り除く ←*Check!*

　　□ injury〔名〕怪我、損傷 ←*Check!*　□ practicing physician〔名〕臨床内科医

---

1. ■正解■ (A)

訳 パッセージの本題は何か。
(A) 医療界における先駆者の功績の説明
(B) エリザベス・ブラックウェルの生涯のまとめ
(C) 初期の女性医師たちによる業績の概要
(D) 19世紀の女性医師たちが直面した障害の説明

■解説■ 文章全体に関わる設問。冒頭でエリザベス・ブラックウェルが the first fully accredited female physician in the United States であると述べられ、始終彼女が医学生や医師として成し遂げたことに焦点が当てられているので、(A) が合致する。

---

2. ■正解■ (A)

訳 筆者は、エリザベス・ブラックウェルの医学部への最終的な入学許可について、どのように記述しているか。
(A) 偶然　(B) 相応しくない　(C) 迅速　(D) すべての人に支持された

■解説■ 文章の詳細に関わる設問。[1] 第 3 文で、入学許可を学生の投票に託すことになり、次の文で、「冗談で彼女の入学を認めた」、とあることから、彼女の入学許可は accidental「偶然」の結果ということになる。

---

3. ■正解■ (A)

訳 8行目の "hoax" に最も意味が近いのは
(A) 偽造　(B) 自明なこと　(C) パロディ　(D) 本物の記事

■解説■ 語句に関する設問。hoax は「偽造、悪ふざけ、でっち上げ」で fabrication の「作りごと、でっち上げ」が合致する。[1] 第 4 文に、thought her application a hoax「彼女の出願を hoax と考え」voted her in as a joke.「冗談で投票した」とあり、彼女の出願は冗談で投票する対象であることから hoax の意味を推測することができる。

4. ■正解■ （B）

訳 8行目の "suffered" に最も意味が近いのは
(A) 泣いた　(B) 耐えた　(C) 聞いた　(D) 戦った

■解説■ 語句に関する設問。suffer は「経験する、被る、我慢する」の意味で endure が同意語になる。[1] 第 5 文「criticism（非難）や prejudice（偏見）に suffer する」から「耐える、受ける」といった意味が推測できる。

5. ■正解■ （D）

訳 次のうち、卒業後のエリザベス・ブラックウェルの仕事の機会について正しく述べられているのはどれか。
(A) 彼女は仕事を見つけることができなかった。
(B) 彼女の教授は彼女を強く推薦した。
(C) 彼女はクラスで主席だったので、多くの選択肢があった。
(D) 最初の勤め口を見つけるのは困難だった。

■解説■ 文章の詳細に関わる設問。[2] 第 1 文の a hospital that was willing to let her practice「彼女に医療を実践させる病院」が （D） の first position に対応し、she found it ... difficult to find の部分も （D） と合致する。

┌─────────┐
│ 他の選択肢 │
└─────────┘

(A) [2] 第 1 文で仕事を見つけることを extremely difficult としているが、後に Eventually she found one とあるから、「難しかったが見つかった」ことになり、was unable が矛盾する。

(B) 「教授が彼女を推薦（recommend）した」との記述はない。[1] 第 5 文に she suffered the criticism and prejudice of some of her professors とあるように、教授は彼女に偏見を向けた存在として取り上げられているので、「推薦」とは矛盾する。

(C) [1] 第 5 文に graduated at the top「トップで卒業した」とあるが、[2] 第 1 文の found it extremely difficult to find の部分からも「就職口が多かった」とは考えられないし、第4文に Left with few options「ほとんど選択肢が残されていなかった」とあり、many options「多くの選択肢（ここでは就職口の選択肢）」の部分に矛盾する。

6. ■正解■ （A）

訳　次のうち、彼女がパリで経験した傷について正しいものはどれか。
（A）子どもを治療していて被害にあった。
（B）その結果彼女は失明した。
（C）それがきっかけで彼女は外科医になる決心をした。
（D）長期にわたる重要な影響はなかった。

■解説■　文章の詳細に関わる設問。[2] 第 5 文 when treating an ill infant, her left eye became severely infected「左目を感染し」の部分が設問の injury に当たり、「幼児の治療中に」が（A）の working with a baby に当たる。

┌─────────┐
│ 他の選択肢 │
└─────────┘
（B）[2] 第 5 文 her left eye became ... was ... removed から、見えなくなったのは左目だった。
（C）[2] 第 6 文 This injury dashed her dreams of becoming a surgeon...「外科医になる夢は打ち砕かれた」とある部分に矛盾する。
（D）（C）で確認した通り、外科医になる夢がかなわなくなったわけだから significant「重大な」影響があったことになる。

7. ■正解■ （C）

訳　21行目の "dampen" に最も意味が近いのは
（A）台無しにする　（B）持ち上げる　（C）減らす　（D）湿らせる

■解説■　語句に関する設問。dampen は「湿らせる、（希望を）くじく」。（C）の diminish「（希望を）減じる」が合致する。[2] 第 6 文 This injury ... did nothing to dampen her hopes of becoming a practicing physician「怪我が医師になろうとする希望を dampen しなかった」とあり、[3] 以降にエリザベスが研鑽を続け、病院を設立したことが述べられていることからも、希望がくじかれ

なかったことがわかる。

■他の選択肢■

(A) shatter「こなごなにつぶす」も「(希望を)打ち砕く」という比喩で使えるが、dampen「(希望を)くじく、減じる」の同意語としては強すぎる。

(B) dampen her hopes は「希望を減じる」に対して raise her hopes は「希望を高める」で、正反対の意味になる。

(D) 「湿らせる」だが、比喩的に「希望をくじく」の意味では使えない。

---

8. ■正解■ (C)

訳 33行目で筆者が "ironically" と言ったのはなぜか。

(A) 当時、広がっていた社会通念を強調するため

(B) 大学閉学についての予想できる原因を特定するため

(C) 大学が閉学したのは偏見のためではなく女性の社会進出のためであることを示すため

(D) 結果的に大学を存続できなくした差別を明らかにするため

■解説■ 推論を必要とする設問。女性差別と闘いながらブラックウェル姉妹が設立した the Women's Medical College が(偏見によってではなく)競争によって閉校した([5] 第 1 文)ことを指して、「皮肉にも」と言っている。「競争によって」とは「女性のための学校が増えた(つまり女性に対する偏見が少なくなっていった)」ということだから、「偏見と闘って作った学校が、偏見の減少が原因で閉校する」ことが皮肉ということ。「女性に対する偏見の減少」が(C)の social progress for women「女性のための社会の進歩」に当たる。

■他の選択肢■

(A) 「当時広がっていた社会通念」が何を指すのかが不明。

(B) predictable「予想できる」の部分がironically に反する。「皮肉にも」というためには、何らかの点で「予想に反する」内容が必要。

(D) To reveal the eventual discrimination that ran the school out of business「学校を存続できなくした差別(→ 差別が学校を閉鎖に追い込んだ)」が、[5] 第 1 文... the college closed ... due ... to competition「競争によって学校は閉校した」の部分に矛盾する。

正解 （B）

訳 以下の記述のうち、エリザベス・ブラックウェルについて正しくないものはどれ
か。

（A） 彼女はアメリカで初めての女性のための医科大学の共同設立者であった。

（B） 彼女は外科医になった。

（C） 彼女はパリで働いていた。

（D） 彼女は医科大学を卒業した。

解説 文章の詳細に関わる設問。[2] 第 5 文で左目を失ったこと、[2] 第
6 文で外科医になる夢が砕かれた、とあるところから、（B）が正解。

他の選択肢

（A） [4] 第 1 文に、姉妹で米国初の女子医学校を設立したことが述べられている。

（C） [2] 第 3 文以降にパリでの記述がある。

（D） [1] 第 5 文の... earn her medical degree「学位をとった」… から卒業したことがわかる。

10. **正解** （C）

訳 筆者が、ブラックウェルの病院設立に関する経験について述べているのはパッセ
ージのどこか。

（A） 12–13行目

（B） 14–15行目

（C） 23–26行目

（D） 33–35行目

解説 文章の詳細に関わる設問。[3] の「小児病院を設立した」という内
容が設問の establishing hospitals に相当する。

リスニング問題の復習

単語のポイント

次のフレーズの空欄に適切な単語を入れなさい。

① 職業斡旋を提供している　　　　　provide a（　　　）placement service

② 承認をほのめかす　　　　　　　　（　　　）approval

③ その場所を発掘する　　　　　　　excavate the（　　　）

④ 二国の関係における著しい悪化
　a（　　　）deterioration in relations between the two countries

⑤ 技術上の困難に直面する　　　　　face a（　　　）challenge

⑥ 目覚ましい達成　　　　　　　　　an amazing（　　　）

⑦ 同じ時期　　　　　　　　　　　　the corresponding（　　　）

⑧ 信頼できる治療を受けるために入院している
　be hospitalized to receive a（　　　）remedy

⑨ おおざっぱな見積もり　　　　　　crude（　　　）

⑩ 軟体動物の最も目立つ特徴　　　　a（　　　）feature of the mollusk

⑪ その理論を無視する　　　　　　　disregard the（　　　）

⑫ 十分な証拠を提供する　　　　　　provide ample（　　　）

⑬ 古代の文化の遺物　　　　　　　　artifacts from ancient（　　　）

⑭ 古い施設をリフォームする　　　renovate older（　　　）

⑮ 明らかに間違っている　　　　　（　　　）false

⑯ 絶対的多数　　　　　　　　　　an absolute（　　　）

⑰ 多様な種類の飲料製品　　　　　a wide（　　　）of beverage products

⑱ 特別な展示　　　　　　　　　　a special（　　　）

⑲ 田舎にある山小屋　　　　　　　a lodge in a rural（　　　）

⑳ 摩擦を生む　　　　　　　　　　（　　　）friction

㉑ 従来のやり方にとってかわる　　replace the（　　　）methods

㉒ 面接の日程を調整する　　　　　（　　　）an interview

㉓ 簡潔な説明　　　　　　　　　　a（　　　）description

㉔ 贅沢品を購入する　　　　　　　buy luxury（　　　）

㉕ 授業に登録する　　　　　　　　（　　　）for classes

正解　① job　② imply　③ site［→ dig site〔名〕発掘現場］　④ significant
⑤ technological　⑥ achievement　⑦ period　⑧ reliable　⑨ estimates
⑩ predominant　⑪ theory　⑫ evidence　⑬ cultures　⑭ facilities　⑮ obviously
⑯ majority　⑰ range［→〔動〕及ぶ］　⑱ exhibition　⑲ area　⑳ create
㉑ traditional　㉒ schedule［→〔名〕日程］　㉓ brief　㉔ items
㉕ register［→〔名〕レジ、登録］

単語のポイント

次のフレーズの空欄に適切な単語を入れなさい。

① 彼からの批判を拒否する　　　（　　　）his criticism

② 医療の進歩　　　　　　　　（　　　）advances

③ リベラルアーツへの脅威　　a menace to the（　　　）arts

④ 最終的な目標　　　　　　　the（　　　）aim

⑤ しぶしぶと事実を認める　　（　　　）admit the truth

⑥ 教育におけるジェンダー格差　the（　　　）gap in education

⑦ 限られた数の選択肢　　　　a finite set of（　　　）

⑧ 負担を取り除く　　　　　　（　　　）the burden

⑨ その兵士に重大な怪我を負わせる
　inflict serious（　　　）on the soldier

⑩ 緊急の調査が必要だ　　　　（　　　）an urgent investigation

正解　① reject　② medical　③ liberal
④ eventual〔→ eventually〔副〕最終的に〕　⑤ reluctantly　⑥ gender
⑦ options　⑧ remove　⑨ injuries　⑩ require

● **Among her many accomplishments**, Elizabeth Blackwell is perhaps most **recognized for** being the first fully accredited female physician in the United States. (彼女の多くの業績の中でも、エリザベス・ブラックウェルは、おそらくアメリカで正式に公認された最初の女性の医師となったことで最もよく知られている。)

解説　among + 複数形は「～の中で、～のうちの一つ」という意味で最上級と相性がよい。また、recognize A for B [A を B が理由で認識する] という語法も重要。ここの for は「理由」を表す。なお、後ろが being (動名詞) になっているのは for が前置詞であるため。

● One of its more famous graduates was Rebecca Cole who was **the first** black woman in the U.S. **to become** a doctor. (その大学の、より有名な卒業生の一人はアメリカで初めての黒人女性医師となったレベッカ・コールだった。)

解説　the first X to do で「～する最初の X」という意味。the last X to do にするともちろん「～する最後の X」という意味になるが、これは「絶対に～しない X」という意味でも用いられる。

毎日ミニ模試
TOEFL ITP テスト

Day 2

Day 1

Day 2

Day 3

Day 4

Day 5

Day 6

Day 7

Part A   Questions 1–8   22–29

1. (A) The woman is being indecisive.
   (B) The woman is unintelligent.
   (C) The woman is doing it on purpose.
   (D) The woman should move the sofa herself.

2. (A) She intends to proceed with her plan.
   (B) She doesn't want to force the issue with the man.
   (C) She thinks the man has a valid point.
   (D) She believes that she is very different from the man.

3. (A) He wants the woman to summarize the movie.
   (B) He agrees with the woman's opinion about the movie.
   (C) He thought the movie was good.
   (D) He doesn't like the woman's opinion.

4. (A) Attending the meeting would be a mistake.
   (B) Mr. Tompkins got really mad at one of their coworkers last week.
   (C) Ian caused Mr. Tompkins to become sick.
   (D) The man should be able to skip the meeting.

5. (A) They have waited a long time to purchase the sofa.
   (B) They have put the sofa together without using the manual properly.
   (C) They are having a hard time putting together a piece of furniture.
   (D) They confused the front of the sofa with the back.

6. (A) The man should be careful not to break anything else.
   (B) The man should tell his parents as soon as possible.
   (C) The man ought to apologize for totaling the car.
   (D) It would be better for the man's parents to find out later.

7. (A) Alan is the marrying type.
   (B) He's surprised at the news.
   (C) He didn't know that Jill and Alan were even dating.
   (D) He expected they would get married.

8. (A) Jack got into a car accident.
   (B) Jack is usually punctual.
   (C) Jack must've overslept.
   (D) Jack is not very likeable.

Part B   **Questions 9–12**   30-31

9. (A) To find out if he'd be interested in applying for a new position.
   (B) To offer him a new job.
   (C) To learn about his work history.
   (D) To discuss his current financial aid situation.

10. (A) To appeal to the student body.
    (B) To replace existing employees.
    (C) To save money by hiring part-time workers.
    (D) To remedy a current shortage of employees.

11. (A) That his schedule is already too full.
    (B) That he may not be qualified for the position.
    (C) That he would have to quit his other part-time job.
    (D) That the new position has too many responsibilities.

12. (A) Check his schedule.
    (B) Wait for the woman's phone call.
    (C) Fill out an application form.
    (D) Go to the interview.

13. (A) A description of how plankton are classified.
    (B) A description of the marine habitat of plankton.
    (C) A description of an important oceanic organism.
    (D) A description of the food chain found in oceans.

14. (A) Megaplankton.
    (B) Bacterioplankton.
    (C) Phytoplankton.
    (D) Zooplankton.

15. (A) Water temperature.
    (B) Availability of light.
    (C) Quality of the water.
    (D) Nutrient content.

16. (A) Plankton absorb a significant amount of carbon dioxide from the atmosphere.
    (B) Carbon dioxide initiates photosynthesis in phytoplankton.
    (C) Phytoplankton release carbon dioxide into the air.
    (D) Atmospheric carbon dioxide is absorbed by zooplankton.

Structure   Questions 1–5   Time: 3 minutes

1. Alexander Calder, ------, has created the mobile, a system of balanced
    shapes hung from branches of wire and string and allowed to move freely.
    (A) was recognized as a highly individual artist
    (B) recognized as a highly individual artist
    (C) he was recognized as a highly individual artist
    (D) who recognized as a highly individual artist

2. ------ numerous exceptions, the tendency among even the most primitive
    people is toward monogamy.
    (A) However
    (B) Despite
    (C) Instead
    (D) Though

3. Although Eisenhower was extremely popular and was re-elected in 1956,
    running against Stevenson again, the government was beset with a
    number of domestic problems, ------ increasingly controversial.
    (A) it became
    (B) that became
    (C) they became
    (D) which became

4. The bat ------, and catches insects on the wing or feeds on luscious fruits.
    (A) has his forelimbs adapted to flying
    (B) with his forelimbs adapted to flying
    (C) who has adapted his forelimbs to fly
    (D) adapting his forelimbs to flying

5. Water does not exist pure in ------ always contains a varying amount of
    dissolved substances.

    (A) which nature

    (B) nature, but

    (C) nature, it

    (D) regard to

Written Expression   **Questions 6–13**   Time: 5 minutes

---

6. Once a mistake has been identified, one must ensure that steps are taken
    ‾‾‾‾   ‾‾‾‾‾‾‾‾
     A   B

    to rectify whatever caused said mistake in the first place so that it does
                              ‾‾‾‾‾‾‾‾‾‾‾
                                   C

    not recur again.
        ‾‾‾‾‾‾‾‾‾‾‾
            D

7. Since the axis of the earth's rotation is inclined 23° 28' to the plane of the
    ‾‾‾‾‾   ‾‾‾‾‾‾‾‾‾‾‾
     A   B

    ecliptic, the two hemispheres will become alternate warmer and cooler
                                  ‾‾‾   ‾‾‾‾‾‾‾‾‾
                                   C   D

    than each other.

8. A ceasefire seems to be holding in Philippines after the president
    ‾‾‾‾‾‾‾‾‾   ‾‾‾‾‾‾‾‾‾‾‾‾‾‾‾
        A   B

    declared a national state of emergency.
    ‾‾‾‾‾‾‾‾   ‾‾
        C   D

9. The Copernican view of the solar system had been stated, restating,
                                                                  A
    fought, and insisted on; a chain of brilliant telescopic discoveries had
                            B   C
    made it popular and accessible to all men of any intelligence.
                                                 D

10. Bringing from the African wilds to constitute the laboring class of a
    A
    pioneering society in the new world, the heathen slaves had to be trained
                                                                 B
    to meet the needs of their environment.
       C   D

11. Government officials say their chronicle shortage of skills severely
                                  A   B
    hampers efforts to launch new programs.
    C   D

12. Rather of hitting back with superior products, the company hid behind
    A   B   C
    politicians who appeared to help it in the short term.
                                     D

13. Toward 1832 it became convenient for middle class Englishmen to
    A   B
    confiscate most of property which the aristocracy had invested in
               C   D
    parliamentary boroughs.

The word "crocodile" comes from the Ancient Greek meaning "lizard." However, crocodiles are far from being your typical lizard. To start off with, they have a four-chambered heart, a diaphragm-like
Line   muscle, and a cerebral cortex—all of which are unique or extremely
(5)   rare in the reptile world.

As one would imagine, they are supremely adapted to excel as aquatic predators. Their bodies are streamlined, and they swim with their feet tucked in so as to reduce drag in the water. They have webbed feet, which allow them to make quick turns in the
(10)   water and initiate movement. They are also extremely fast over short distances both in and out of the water. They do not use their speed to run down their prey, like a Cheetah does, but rather they wait in ambush and quickly rush out to attack unsuspecting mammals, or the like. What makes them most feared though may be the immense
(15)   force that they generate with their bite. The bite of a great white shark, hyena, or even a tiger doesn't come close to the incredible power generated by a crocodile's jaws. Ironically, the muscles responsible for opening their jaws are extremely weak which makes it easy for crocodile handlers to bind them shut.

(20)   The crocodile also possesses some other notable characteristics. Lacking sweat glands, crocodiles release heat through their mouths and can, at times, be seen panting like a dog. They swallow stones either to provide ballast when swimming or to crush food in their stomachs in a way similar to birds which swallow
(25)   pebbles. The gender of crocodiles is not determined genetically since their embryos lack sex chromosomes; instead, sex is determined by temperature.

Although crocodile meat is purportedly tasty, crocodiles are hunted in various countries mainly for their skin. This skin is tanned
(30)   and used in the manufacture of leather goods, such as wallets, belts,

shoes, boots, purses and briefcases. As a result, certain species of crocodile are protected in different parts of the world.

1. What is the best title for the passage?
   (A) An Unusual and Dangerous Reptile
   (B) The Habitat of the Crocodile
   (C) Aquatic Predators throughout the World
   (D) The Crocodile: An Endangered Species

2. The word "they" in line 7 refers to
   (A) predators
   (B) lizards
   (C) crocodiles
   (D) reptiles

3. The word "drag" in line 8 is closest in meaning to
   (A) streamlining
   (B) resistance
   (C) smoothness
   (D) moisture

4. Which of the following in NOT an adaptation beneficial to crocodiles being aquatic predators?
   (A) Foot position during swimming
   (B) Speed
   (C) Streamlined body type
   (D) Clawed feet

5. The phrase "run down" in line 12 is closest in meaning to
   (A) pursue
   (B) dilapidate
   (C) compete with
   (D) destroy

6. Why does the author mention the "Cheetah" in line 12?
   (A) Because it is another predator with similar hunting techniques
   (B) To show an example of a creature that uses its speed in a different way
   (C) Because it lives in a similar climate to the crocodile
   (D) Because it is very fast, like the crocodile

7. The word "ambush" in line 13 is closest in meaning to
   (A) fear
   (B) attack
   (C) vegetation
   (D) hiding

8. How do crocodiles release heat?
   (A) By submerging themselves in cool water
   (B) Through sweating
   (C) By panting
   (D) By staying motionless

9. What role does temperature play in the life of crocodiles?
   (A) It regulates the swallowing of stones.
   (B) It helps to establish gender.
   (C) Higher temperatures encourage increased hunting activity.
   (D) It determines habitat.

10. According to the passage, what dangers do crocodiles face?
    (A) Other predators competing for food
    (B) Loss of habitat
    (C) Overheating
    (D) Being hunted by humans

THIS IS THE END OF THE TEST.

正解一覧

Section 1 Listening Comprehension
Part A
1.（A）　2.（A）　3.（B）　4.（B）　5.（C）　6.（B）　7.（B）　8.（B）
Part B
9.（A）　10.（A）　11.（B）　12.（C）
Part C
13.（C）　14.（B）　15.（B）　16.（A）

Section 2 Structure & Written Expression
Structure
1.（B）　2.（B）　3.（D）　4.（A）　5.（B）
Written Expression
6.（D）　7.（D）　8.（B）　9.（A）　10.（A）　11.（A）　12.（A）　13.（C）

Section 3 Reading Comprehension
1.（A）　2.（C）　3.（B）　4.（D）　5.（A）　6.（B）　7.（D）　8.（C）　9.（B）　10.（D）

Section 1　Listening Comprehension

Part A	Questions 1-8

1.　正解　(A)

 22

スクリプト・訳

W： Actually, I think the sofa looks better next to the bookcase. I promise that this is the last time I'll ask you to move it.

M： That's what you said last time. Can't you make up your mind?

Q： What does the man mean?

女性： やっぱりソファは本棚の隣のほうがいいと思うの。動かしてって言うのはこれで最後にするから。約束する。

男性： 前にもそう言ったよ。決められないの？

質問： 男性が意味しているのはどういうことか。

選択肢の訳

(A) 女性が優柔不断である。

(B) 女性が知的でない。

(C) 女性がわざとそうしている。

(D) 女性が自分でソファを動かすべきだ。

解説　追加情報を聞き取る設問。Can't you make up your mind?「決心できないの？」は決断力のなさにあきれて言っているので indecisive「優柔不断な」が正解。

語彙・表現Check！

☐ make up one's mind　決心する

☐ indecisive〔形〕優柔不断な

スクリプト・訳

M： You intend on painting the front door blue? If I were you, I wouldn't do that.

W： Well, it's a good thing that I'm not you, isn't it?

Q： What does the woman imply?

男性： 玄関のドアをペンキで青に塗るつもりなの？　僕ならそうはしないね。

女性： まあ、私があなたじゃなくて良かったわね。

質問： 女性は何を暗に意味しているか。

選択肢の訳

(A) 彼女は自分の計画を続行するつもりだ。

(B) 彼女は無理に男性と問題を起こしたくない。

(C) 彼女は男性の言うことに一理あると考えている。

(D) 彼女は自分が男性と非常に異なると信じている。

　　解説　　推測や予測を必要とする設問。painting the front door blue「玄関のドアをペンキで青に塗る」ことについて、自分ならやらないと述べて男性は異を唱えている。女性の I'm not you（私はあなたじゃない）という発言から、あくまで彼女は男性と異なる意見を持っていて意志を変える気がないことがわかる。

語彙・表現Check！

　□ intend〔動〕意図する

3. 　正解　(B)　　　　　　　　　　　　　　　24

スクリプト・訳

W： I can't believe how bad that movie was.

M： Tell me about it!

Q： What does the man mean?

女性： あの映画があんなにひどいとは信じられないわ。

男性： 同感だね。

質問： 男性は何を意味しているか。

選択肢の訳

(A) 彼は女性にその映画の内容を簡単に説明してほしいと思っている。

(B) 彼はその映画に対する彼女の意見に同意している。

(C) 彼はその映画が良かったと思った。

(D) 彼は女性の意見が気に入らない。

Day2

解答・解説

解説 イディオムに関する設問。Tell me about it は典型的な同意を表す表現。会話の続きは聞けないので、男性の口調から意味を推測するのは難しいだろう。会話表現は積極的に覚えるようにしよう。

語彙・表現Check！

□ Tell me about it　同感です

4. **正解** (B)　🔊)) 25

スクリプト・訳

M：I don't feel like going to tomorrow's staff meeting. I think I'm going to blow it off.

W：I wouldn't if I were you. Don't you remember last week when Ian did the same thing and Mr. Tompkins had a fit?

Q：What does the woman mean?

男性：明日のスタッフ会議行きたくないよ。サボっちゃおうかな。

女性：私ならそんなことしないわ。先週イアンが同じことしてトンプキンスさんが「爆発」したの覚えてないの？

質問：女性が意味しているのはどういうことか。

選択肢の訳

(A) 会議に出るのは間違いだ。

(B) トンプキンスさんが先週同僚の一人に本当に腹を立てていた。

(C) イアンがトンプキンスさんを病気にした。

(D) 男性は会議を欠席することができるはずだ。

解説 追加情報を聞き取る設問。女性の発言の最後の a fit には「一時的爆発、興奮、発作」と複数の意味があるが、ここでは「一時的爆発 → 怒り」を表している。(B) の mad at ... 「…に怒る」が合致する。

語彙・表現Check！

□ blow it off〔動〕サボる

□ I wouldn't if I were you.　もし私（があなた）だったら、そんなことはしない。

□ have a fit　ものすごく怒る、興奮する、発作を起こす

5. ■ 正解 ■ (C)　　　　　　　　　　　　　　🔊 26

スクリプト・訳

M： Here. Let's try this piece over that one there. At this rate, this is going to take us forever.

W： I wouldn't have insisted on buying this sofa had I known that we wouldn't be able to make heads or tails of the instruction manual.

Q： What's the problem?

男性： ここだよ。この部分をあそこのあの部分の上に乗せてみよう。このペースだと僕たち永遠に時間がかかりそうだね。

女性： 取扱説明書がさっぱり理解できないとわかってたら、このソファを買おうとは言わなかったんだけどね。

質問： 問題は何か。

選択肢の訳

(A) 彼らはソファを買うのに長い期間待った。

(B) 彼らは説明書をきちんと利用せずにソファを組み立てた。

(C) 彼らは家具を組み立てるのに苦労している。

(D) 彼らはソファの前面と後ろ側の区別がつかなかった。

■ 解説 ■　基本情報についての設問。男性の this is going to take us forever「僕たち永遠に時間がかかりそうだね」という発言から今取り組んでいることで苦労していることがわかり、女性の発言からはソファを買ったことが推測される。ソファを買ったものの困っているようなので、(C) が合致する。

語彙・表現Check！

　□ rate〔名〕ペース　□ insist on〔動〕言い張る

　□ not … make heads or tails of ～　全く～が理解できない

　□ instruction manual〔名〕取扱説明書

スクリプト・訳

M： I'm really up a creek. I borrowed my parents' car without asking and dented the bumper when I accidentally backed into a tree.

W： Well, if they haven't found out on their own yet, I think it's better if you break the news to them directly.

Q： What does the woman mean?

男性： 本当に困っているんだ。黙って親の車を借りて、間違ってバックで木にぶつけてバンパーをへこませちゃったんだ。

女性： そう、まだご両親に見つかっていないんだったら、自分から直接言ったほうがいいと思うわよ。

質問： 女性が意味しているのはどういうことか。

選択肢の訳

（A） 他の何も壊さないように気をつけるべきだ。

（B） できるだけ早く男性は両親に言うべきだ。

（C） 車をめちゃくちゃにしてしまったことを男性は謝るべきだ。

（D） 親が後で見つけるほうが良いだろう。

解説 話者の意思や考えを聞き取る設問。it's better if you break the news to them directly から、女性は男性から話すべきだと言っている。

語彙・表現Check！

□ up a creek 〔副〕ひどく困って　□ dent 〔動〕へこませる

□ on one's own 〔副〕自分で

スクリプト・訳

W： Did you hear? Jill and Alan got engaged!

M： You must be joking. Alan's the last person I'd expect to settle down.

Q： What does the man mean?

女性： 聞いた？　ジルとアランが婚約したんですって！

男性： 冗談だろう。アランは「身を固める」ような奴じゃないよ。

質問： 男性が意味しているのはどういうことか。

選択肢の訳

(A) アランは結婚に向くタイプである。

(B) 彼はその知らせに驚いている。

(C) ジルとアランが付き合っていることすら彼は知らなかった。

(D) 彼らが結婚するだろうと彼は予測していた。

■■■**解説**■■■　追加情報を聞き取る設問。男性の You must be joking.「冗談だろう」the last person I'd expect to settle down.「身を固めると私が予測する最後の人」→「身を固めそうにない人」からアランが結婚することに男性が驚いていることがわかる。

語彙・表現Check！

□ get engaged 〔動〕婚約する

□ You must be joking.　冗談を言っているに違いない → 冗談だろう

□ settle down 〔動〕身を固める → 結婚する

□ the marrying type　結婚する（結婚向きの）タイプ

スクリプト・訳

W： Where's Jack? It's already 9:30 and he's nowhere in sight.

M： That's not like him at all. Maybe he got stuck in traffic.

Q： What does the man imply?

女性： ジャックはどこ？　もう9時半なんだけど姿が見えないわ。

男性： 彼らしくないな。ひょっとしたら渋滞に巻き込まれたのかも。

質問： 男性が暗に言っているのはどういうことか。

選択肢の訳

（A）ジャックが交通事故に巻き込まれた。

（B）ジャックはいつもは時間に正確だ。

（C）ジャックは寝過ごしたに違いない。

（D）ジャックはあまり好感の持てる人ではない。

解説　推測や予測を必要とする設問。約束の時間が過ぎているのにジャックが来ていないことに対する男性の発言の That's not like him ...「彼らしくない」は、「遅れることが彼らしくない」→「彼は普通は遅れない」となり（B）が正解。

語彙・表現Check！

☐ S be like ～（人）　Sが～（人）に似つかわしい、～らしい

☐ get stuck in traffic　交通渋滞に巻き込まれる　☐ punctual〔副〕時間に正確な

スクリプト

Listen to a conversation between the head of the Financial Aid Department and a student.

W： (1)Hi, Kevin. I don't know what your part-time job situation is right now, but I'd like to talk to you about a job opportunity here in the Financial Aid Department.   ⌐----Q9のキー

M： (1)To tell you the truth, I'm still looking for something for the coming semester. Would it be for a clerical position?

W： (2)Actually, we're creating a new position this year called the Financial Aid Peer Advisor and we're looking for four upperclassmen or graduate students to fill it.

M： (2)I've never heard of that job before. What would a Financial Aid Peer Advisor do?

W： (3)You'd be working directly with students to perform some of the less demanding tasks of our fulltime Financial Aid Advisors. We're trying to appeal to the students by allowing them to interact with responsible students their own age.   ⌐----Q10のキー

M： (3)It sounds really interesting, but a little bit challenging. Are you sure I'm right for the job?   ⌐----Q11のキー

W： (4)I wouldn't have asked you if I thought you weren't qualified. Of course, I can't guarantee that you'd get one of the positions; I can only guarantee an interview.

M： (4)I understand. What do I need to do?   ⌐----Q12のキー

W： (5)You first need to fill out this application form and come to an interview next week. We still have to figure out what day we'll be holding the interviews, but I'll contact you when we decide.

M： (5)Wow, thanks for considering me. After all of the financial aid that I've received as a student, it'll be nice to be able to put that 'experience' to work.

訳

学資援助課長と学生の会話を聞いてください。

女性： (1)ケビン、こんにちは。あなたのアルバイトが今どうなってるか知らないけど、学資援助課のアルバイトのことで話があるの。

男性： (1)実は、来期に何をするかはまだ探しているところなんですが、それは事務の仕事なんですか？

女性： (2)正確には、学資援助パートナーアドバイザーっていう今年できた新しいポジシ

ョンで、上級生か大学院生でアドバイザーをしてくれる人を4人探しているんです。

男性： (2)その仕事は初めて聞きました。学資援助パートナーアドバイザーって何をするんですか。

女性： (3)学生と直接対応して、フルタイムの学資援助アドバイザーのする難しい仕事のうち比較的簡単なところをしてもらいます。同年代で信頼できる学生が対応することで、学生たちに関心を持ってもらおうと思っています。

男性： (3)とても興味深いのですが、ちょっと難しそうですね。僕はその仕事をするのにふさわしいでしょうか。

女性： (4)そう思ってなかったらお話していません。もちろん、仕事につけるかどうかは保証できません。約束できるのは面接までです。

男性： (4)なるほど。何をしたらいいですか。

女性： (5)まずこの応募用紙に記入して、来週面接に来てください。いつ面接するか日程はまだわかっていません。決まったら連絡します。

男性： (5)声をかけてくださってありがとうございます。僕自身も学資援助を受けたので、その「経験」を仕事に活かせたらいいですね。

語彙・表現Check！

- □ financial〔形〕金銭上の、財政上の ←*Check!*　□ aid〔名〕援助 ←*Check!*
- □ clerical〔形〕事務職の　□ peer〔名〕同等のもの、仲間、同輩
- □ demanding〔形〕厳しい、難しい　□ task〔名〕仕事、課題 ←*Check!*
- □ responsible〔形〕責任感のある、信頼できる
- □ challenging〔形〕やりがいのある、難しい ←*Check!*
- □ qualified〔形〕資格のある、適任の　□ guarantee〔動〕保証する ←*Check!*
- □ application form〔名〕応募用紙、応募フォーム

質問 Why does the woman want to talk to the man?

訳 なぜ女性は男性と話したかったのか。

（A）彼が新しいポジションに関心があるかどうかを調べるため。

（B）彼に新しい仕事を提供するため。

（C）彼の職歴を知るため。

（D）彼の現在の学資援助状況について話し合うため。

解説 基本情報についての設問。女性の発言（1）のI'd like to talk to you about a job opportunity here ...「仕事の機会について話したい」から予測できる問題。その後で女性が仕事の内容を説明していること、また女性の発言（4）の interview（面接）、女性の発言（5）の application form（応募書類）もヒントになる。

質問 Why did the Financial Aid Department create this new position?

訳 なぜ学資援助課はこの新しいポジションをつくったのか。

（A）学生たちの関心を引くため。　（B）現在の人員を入れ替えるため。

（C）アルバイトを雇って節約するため。（D）現在の人員不足を解消するため。

解説 詳細についての設問。女性の発言（3）に出てくる students their own age「同年代の学生」が、設問の new position （＝ Financial Aid Peer Advisor）のこと（their own age「同じ年の」、peer「（年齢など）同等の者、同輩」）。つまり、We're trying to appeal to the students by allowing them to interact with responsible students their own age. の下線部が new position をつくることなので、その理由（目的）としては、（A）の「学生を惹きつける（appeal）こと」が合致する。

質問 What concern does the man have?

訳 男性が心配していることは何か。

（A）スケジュールがすでに詰まりすぎていること。

（B）そのポジションに自分が適任でないかもしれないということ。

（C）他のアルバイトをやめなければならないこと。

（D）新しいポジションは責任が多すぎること。

解説 詳細についての設問。... Are you sure I'm right for the job?［男性の発言（3）］と尋ねていることから不安（concern）を持っていることを読み取る（right for the job = qualified for the position「その職にふさわしい、適任である」）。

他の選択肢

（A）男性の発言（1）のI'm still looking for something for the coming semester.（この something は仕事、アルバイト）から、スケジュールが一杯とは考えられない。

（C）I'm still looking for something for the coming semester.「探している」［男性の発言（1）］と言っているだけで、「他のアルバイトをやめなければならない」という発言はない。

（D）a little bit challenging「少し難しい」［男性の発言（3）］と言っているが、「責任が多すぎる」とまでは言っていない。

12. **正解** （C） 31

質問 What will the man probably do next?

訳 男性はおそらく次に何をするか。

（A）自分のスケジュールを確認する。　（B）女性の電話を待つ。

（C）応募用紙に記入する。　（D）面接に行く。

解説 詳細についての設問。You first need to fill out this application form and ...［女性の発言（5）］から最初にするのは（C）。

他の選択肢

（A）発言の中にスケジュールの確認は出てきていない。

（B）女性の発言（5）で I'll contact you と言っていることから女性が電話をすることは予測できるが、最初の部分の You first need to fill out this application form から「応募書類に記入」が先になる。

（D）女性の発言（5）から面接の日時はまだ決まっていないことがわかる。

スクリプト

Listen to part of a lecture in a marine biology class.　　┌──── Q13のキー

[1] (1)Today, we're going to talk about one of the most significant links of the food chain in the world's oceans: plankton. (2)Plankton does not refer to a single species or even a single genus of creature, but is actually a term used to describe an ecological classification of drifting organisms that inhabit the upper layers of oceans, seas, or even lakes. (3)For our purposes we will be focusing on the plankton found in oceans.　　┌──── Q14のキー

[2] (1)Plankton include organisms over a wide range of sizes and types. (2)Generally speaking, plankton are divided into three functional groups: bacterioplankton, phytoplankton, and zooplankton. (3)As the names imply, each group is made up of different types of organisms. (4)The bacterioplankton are made up of bacterial organisms and play the role of remineralizing organic material. (5)The phytoplankton are made up of plant life and live nearest the surface of the water where light is most abundant. (6)The zooplankton are made up of animal life forms and contain the eggs and larvae of larger animals, such as fish and crustaceans.　　Q15のキー ┄┄┄┄┐

[3] (1)Plankton populations vary based on several different factors. (2)The primary factor affecting population in a given area is the availability of light. (3)Solar energy is an indispensable element driving the production cycle of plankton populations. (4)Secondary to light, is nutrient availability. (5)While not as important as light, nutrient content of the water plays an essential role in contributing to the growth and health of a plankton population.　　┌──── Q16のキー

[4] (1)Besides playing an important role in the oceans' food chains, plankton also remove a significant amount of carbon dioxide from the atmosphere. (2)Phytoplankton fix carbon via photosynthesis which is then absorbed in the plankton food web through the grazing of zooplankton. (3)Eventually, the majority of this carbon settles to the bottom of the ocean, making the oceans the largest carbon sink on the planet.

訳

海洋生物学の講義の一部を聞いてください。

[1] (1)世界の海における食物連鎖で、最も重要な関連要素であるプランクトンについて今日は見ていきましょう。(2)プランクトンは単一の「種」でもなければ、単一の

「属」ですらありません。外洋から湖にいたるまで、さまざまな水域の上層に漂う生物の生態的分類を言う用語なのです。(3)この講義の趣旨に合わせて、外洋に生息するプランクトンについて取り上げます。

[2] (1)プランクトンには、形も大きさもさまざまなものがあります。(2)一般的にプランクトンは機能によって3つのタイプに分けられます。バクテリオプランクトン、植物プランクトン、動物プランクトンの3つです。(3)名前が示しているように、それぞれのタイプは異なった生物です。(4)バクテリオプランクトンはバクテリアで、有機物への鉱物成分の補給をする役割を担っています。(5)植物プランクトンは植物で、光が十分に得られる海面に最も近い所に生息します。(6)動物プランクトンは動物で、魚や甲殻類といった比較的大きな動物の卵や幼虫も含みます。

[3] (1)プランクトンの個体数はさまざまな要因によって変化します。(2)ある地域における個体数に影響を与える主要な要因は光がどの程度得られるかです(3)太陽エネルギーがプランクトンの繁殖サイクルに不可欠な要素です。(4)光の次に重要なのは栄養がどの程度得られるかです。(5)光ほど重要ではないものの、水に含まれる栄養素は、プランクトンの個体数の増加や健康に極めて重要な要因となります。

[4] (1)プランクトンは海の食物連鎖に重要な役割を果たしているだけでなく、かなりの量の二酸化炭素を大気から取り除いています。(2)炭素は、光合成を通じて植物プランクトンに固定され、ついで動物プランクトンに食べられるというプランクトンの食物連鎖の中で吸収されます。(3)プランクトンに吸収された炭素の大半は最終的に海の底に沈んでいきます。こうして海は地球最大のカーボンシンク（炭素吸収源）となっています。

語彙・表現Check！

[1]□ link〔名〕関連づけるもの、結合させるもの ←Check!
　　□ food chain〔名〕食物連鎖　□ genus〔名〕生物分類上の「属」
　　□ layer〔名〕層 ←Check!　□ focus〔動〕焦点を置く ←Check!
[2]□ functional〔形〕機能の ←Check!
　　□ bacterioplankton〔名〕バクテリオプランクトン
　　□ phytoplankton〔名〕植物プランクトン　□ zooplankton〔名〕動物プランクトン
　　□ role〔名〕役割 ←Check!　□ remineralize〔動〕鉱物成分を補給する
　　□ larvae（larva の複数形）〔名〕幼虫　□ crustacean〔名〕甲殻類
[3]□ population〔名〕人口、個体数　□ vary〔動〕変化する、異なる ←Check!
　　□ factor〔名〕要因 ←Check!　□ primary〔形〕主要な、一番の ←Check!
　　□ affect〔動〕影響を与える ←Check!
　　□ availability〔名〕利用できる可能性 ←Check!
　　□ energy〔名〕エネルギー ←Check!　□ element〔名〕要素 ←Check!

□ production〔名〕繁殖、生産　□ cycle〔名〕サイクル、循環 ←*Check!*
□ nutrient〔名〕栄養素　□ content〔名〕含有量
□ contribute〔動〕一因となる、寄与する ←*Check!*
[4] □ via〔前〕～を通して、介して ←*Check!*　□ photosynthesis〔名〕光合成
□ carbon sink〔名〕カーボンシンク（炭素を吸収する場所、装置）

---

13. ■正解■ （C） 🔊) 33

質問　What is the lecture mainly about?

訳　講義は主に何についてか。

(A) どのようにプランクトンが分類されるのかの説明。

(B) プランクトンの海洋生息環境の説明。

(C) 重要な海洋生物の説明。

(D) 海で見られる食物連鎖の説明。

■解説■　基本情報についての設問。冒頭で one of the most significant links of the food chain in the world's oceans（[1] 第 1 文）「世界の海における食物連鎖で、最も重要な構成要素」であるプランクトンについて見ていく、と述べられている。プランクトンについての一般的な説明として（C）が合致する。

---

14. ■正解■ （B） 🔊) 33

質問　Which functional group of plankton is responsible for remineralizing organic material?

訳　機能から見てプランクトンのどのグループが有機物の鉱物補給を担っているか。

(A) 巨大プランクトン。

(B) バクテリオプランクトン。

(C) 植物プランクトン。

(D) 動物プランクトン。

■解説■　詳細についての設問。The bacterioplankton ... play the role of remineralizing organic material（[2] 第 4 文）の play the role of ...「…の役割を果たす」と、設問の is responsible for remineralizing organic material の is responsible for ...「…を担う」の部分が同義なので（B）Bacterioplankton が正解。

15. 正解 (B) 33

質問 What is the primary factor affecting plankton population?

訳 プランクトンの個体数に影響を与える主要因は何か。

(A) 水温。

(B) 光の量。

(C) 水の質。

(D) 含まれる栄養。

解説 詳細についての設問。The primary factor affecting population ... is the availability of light（［3］第 2 文）から（B）が正解。

16. 正解 (A) 33

質問 What is the relationship between plankton and carbon dioxide?

訳 プランクトンと二酸化炭素の関係はどういうものか。

(A) プランクトンはかなりの量の二酸化炭素を大気から吸収する。

(B) 二酸化炭素は植物プランクトンの光合成を始めさせる。

(C) 植物プランクトンは空気中に二酸化炭素を放出する。

(D) 大気中の二酸化炭素は動物プランクトンによって吸収される。

解説 詳細についての設問。remove a significant amount of carbon dioxide from the atmosphere（［4］第 1 文）と（A）の absorb ... from the atmosphere は同じことになる。

Section 2 Structure & Written Expression

Structure Questions 1–5

1. 正解 (B)

訳 アレキサンダー・コールダーは、非常に個性的な芸術家として認められており、多重に枝分かれしたワイヤーと紐に吊るされ、自由に動かせる均衡のとれた形を体系化したものである、モビールを創り出した。

解説 完全文の文中に空所がある問題。文頭の Alexander Calder が主語(S)、空所の後 has created the mobile が動詞(V)という関係を見抜き、[S, _____, V ...] のように SV の間に空所が割り込む形になっていることを確認する。空所には S を説明する形として過去分詞で始まる(B)が正解。

2. 正解 (B)

訳 無数の例外が存在するにせよ、最も未開な人間達でさえも一夫一婦制へと向かう傾向にある。

解説 完全文の前に空所がある問題。空所の後が名詞句になっているので、空所には前置詞が必要となり、(B)の Despite が正解。(A)の However は副詞、(C)の Instead も副詞(Instead of ～で前置詞)、(D)は接続詞。

3. 正解 (D)

訳 アイゼンハワーは大変に人気があり、再度スティーブンソンと争い、1956年に大統領に再選したが、政権は多くの国内問題に見舞われ、それらの問題は次第に大きくなっていった。

解説 完全文の後に空所がある問題。直前にある名詞(domestic problems)を指して説明する形なので、空所には関係詞で始まる(D)が入る。(B) that became の that も関係詞だが、コンマの後に関係代名詞 that は使えないので(B)は不適。

4. ■正解■ （A）

訳 コウモリは飛ぶのに適した前肢を持ち、飛びながら昆虫を捕らえ、甘い果物をエサにしている。

■解説■ 動詞の欠落の問題。空所には The bat を主語とする述部が来るので（A）が正解（空所の後に and catches とあるところから and の前にも述部動詞が来る）。（B）は前置詞 with、（C）は関係詞 who、（D）は分詞 adapting が来ていることから、どれも主語 The bat を受ける述部動詞になることができないため不適。

5. ■正解■ （B）

訳 純水は自然界には存在せず、水は常にさまざまな量の融解物質を含んでいる。

■解説■ 完全文の後に空所がある問題。空所の前に前置詞があることから名詞が必要であり、空所の後に always contain と動詞が続くことから接続表現が必要。この 2 点から nature（名詞）、but（接続詞）のある（B）が正解。（A）のように which を入れると前の先行詞の役割を果たす名詞が必要になるので不適。（C）は文と文をつなぐ接続詞がないので不適。（D）を入れると、空所の前の in と結びつき、in regard to ～「～に関して」という前置詞句ができあがり、後に名詞（句）が必要になるが、空所の後が always contains と動詞になっているため不適。

Written Expression　　Questions 6-13

6. ■正解■ （D）recur again → recur

訳 一旦間違いが特定されたら、再発しないように最初に前述の間違いを引き起こしたものを何であっても修正するための対策が必ず取られるようにすべきだ。

■解説■ リダンダントの問題。動詞 recur は occur again の意味なので、意味的に重複する again は不要。

正解 （D）alternate → alternately

訳 地球の地軸は黄道の平面に対して23.28度傾いているため、両半球は交互に互いより暖かくなったり、寒くなったりするものである。

解説 品詞・語意の問題。この文は、「地球の両半球はかわるがわる暖かくなったり、寒くなったりする」という意味で、warmer and cooler という形容詞を修飾するためには、alternate という形容詞ではなく、alternately という副詞にしなければならない。

8. **正解** （B）in Philippines → in the Philippines

訳 大統領が国家緊急事態宣言を発令してから、フィリピンでは停戦が続いているように思われる。

解説 冠詞の問題。フィリピンは多くの群島から構成されているので、the が必要。通常、Sicily、Manhattan のように島の名前は無冠詞であるが、「～諸島；～群島；～列島」は、the Hawaiian Islands や the Hebrides のように the をつけて複数形にする。

9. **正解** （A）restating → restated

訳 太陽系についてのコペルニクスの見解は明言され、繰り返され、反論され、主張されてきた。一連の望遠鏡による偉大な発見によって、その見解はあらゆる知識人達にとって評判がよく、理解されるものとなった。

解説 並列の問題。The Copernican view of the solar system had been stated, restated, fought, and insisted on というように、stated、restated、fought、insisted on はすべて、had been につながる受身の過去分詞である。

10. **正解** （A）Bringing → Brought

訳 新世界のさきがけとなる社会で労働者階級を構築するためにアフリカの荒野から連れてこられて、その未開の奴隷達は彼らの住んでいる環境が要求するニーズを満たすために訓練されなければならなかった。

解説 分詞構文の問題。the heathen slaves（未開の奴隷）という主節の主

語と、bring（連れてくる）は受身の関係なので、brought という過去分詞が正解。接続詞を補うと After (Because) they were brought from the African wilds to constitute the laboring class of a pioneering society in the new world, ... となる。分詞構文にするためには、接続詞 after と主語の they を省略し、bring を過去分詞の brought とする。

11. ■正解■ （A） chronicle → chronic

訳 政府の職員によると、慢性的な技能の欠如が、新しいプログラムを立ち上げようとする努力の深刻な障害になっている。

■解説■ 品詞・語意の問題。ここでは「慢性的な欠如」という意味にしなければいけない。chronicle は「年代記」という意味の名詞である。「慢性的な」という意味にしたければ、chronic という形容詞にしなければいけない。

12. ■正解■ （A） Rather of → Rather than

訳 より優れた製品で巻き返す代わりに、その企業は、短期間で自分達を救済してくれそうな政治家の裏に隠れた。

■解説■ イディオムの問題。Rather of ではなく Rather than。もしくは、Instead of でも可。

13. ■正解■ （C） most of → most of the

訳 1832年頃、上流階級の人々が選挙区に支出した財産のほとんどを没収することが、中産階級のイギリス人達の利便になった。

■解説■ most と most of の違いについての問題。most は代名詞で、of は「～のうちの」という限定された枠組みを表しているので、後には必ず the や所有格がついた名詞が続く必要がある。したがって most of the property が正解。Most students の most は形容詞の用法で、一般的に「ほとんどの生徒は」という意味であるのに対し、most of the students は特定の、例えば「このクラスの生徒達のほとんど」という意味になることに注意。

Section 3　Reading Comprehension

パッセージ

[1] (1)The word "crocodile" comes from the Ancient Greek meaning "lizard." (2)However, crocodiles are far from being your typical lizard. (3)To start off with, they have a four-chambered heart, a diaphragm-like muscle, and a cerebral cortex—all of which are unique or extremely rare in the reptile world. ----Q6のキー

[2] (1)As one would imagine, they are supremely adapted to excel as aquatic predators. (2)Their bodies are streamlined, and **they** swim with their feet tucked in so as to reduce **drag** in the water. (3)They have webbed feet, which allow them to make quick turns in the water and initiate movement. (4)They are also extremely fast over short distances both in and out of the water. (5)They do not use their speed to **run down** their prey, like a **Cheetah** does, but rather they wait in **ambush** and quickly rush out to attack unsuspecting mammals, or the like. (6)What makes them most feared though may be the immense force that they generate with their bite. (7)The bite of a great white shark, hyena, or even a tiger doesn't come close to the incredible power generated by a crocodile's jaws. (8) Ironically, the muscles responsible for opening their jaws are extremely weak which makes it easy for crocodile handlers to bind them shut. ----Q8のキー

[3] (1)The crocodile also possesses some other notable characteristics. (2)Lacking sweat glands, crocodiles release heat through their mouths and can, at times, be seen panting like a dog. (3)They swallow stones either to provide ballast when swimming or to crush food in their stomachs in a way similar to birds which swallow pebbles. (4)The gender of crocodiles is not determined genetically since their embryos lack sex chromosomes; instead, sex is determined by temperature.

[4] (1)Although crocodile meat is purportedly tasty, crocodiles are hunted in various countries mainly for their skin. (2)This skin is tanned and used in the manufacture of leather goods, such as wallets, belts, shoes, boots, purses and briefcases. (3)As a result, certain species of crocodile are protected in different parts of the world. ----Q9のキー　　----Q10のキー

訳

[1] (1)「クロコダイル」という言葉は、「トカゲ」を意味する古代ギリシャ語からきている。(2)しかし、クロコダイルはよく知られているトカゲとは大きく違う。(3)まず

はじめに、クロコダイルは四室からなる心臓、横隔膜のような筋肉、そして大脳皮質を持つ—これらはクロコダイル固有であり、爬虫類の中では極めて珍しい。

[2] (1)想像できるように、クロコダイルは水生捕食動物として素晴らしくよく順応した。(2)体は流線型で、泳ぐ時は、水の抵抗を抑えるために足を折りたたむ。(3)水かきのある足を持ち、そのおかげで水の中でも素早く向きを変え行動することができる。(4)また、陸上でも水中でも短距離を移動するのが極めて速い。(5)クロコダイルは、チーターのように獲物を追いかけて捕まえるためにそのスピードを利用するのではなく、むしろ待ち伏せして、警戒心のない哺乳類やその種の動物を急激に襲う。(6)しかし、彼らが最も恐れられているのは、噛む時に発揮される途方もない力だろう。(7)ホオジロザメやハイエナ、トラの噛む力でさえ、クロコダイルの顎が生み出す力に比べると取るに足りないものである。(8)皮肉なことに、クロコダイルの口を開ける時の筋肉は非常に弱く、そのために、クロコダイルの飼育係が顎を縛ることは容易である。

[3] (1)クロコダイルには他にも目につく特徴がある。(2)汗腺が少ないので、熱を口から放出し、時には、犬のように喘ぐことがある。(3)石を飲み込むことがあるが、それは泳いでいる時に錘の役目を果たしたり、鳥が小石を飲み込むのと同じように、胃の中の食物を消化する役目を果たす。(4)クロコダイルの胎児には性別染色体が欠けているので、クロコダイルの性別は遺伝的には決定されない。代わりに、体温によって決定される。

[4] (1)クロコダイルの肉は美味だと言われているが、多くの国では主にその皮のために捕獲されている。(2)皮はなめされ、財布、ベルト、靴、ブーツ、小銭入れ、ブリーフケースといった皮製品の製造に用いられる。(3)その結果、クロコダイルのいくつかの種は、世界のさまざまな地域で保護されている。

語彙・表現Check！

[1] □ lizard〔名〕とかげ　□ four-chambered heart〔名〕四室からなる心臓
　□ diaphragm〔名〕横隔膜　□ cerebral cortex〔名〕大脳皮質
　□ unique〔形〕固有の、独特な ←Check!

[2] □ adapt〔動〕順応する、適応する ←Check!
　□ webbed feet〔名〕水かきのある足　□ initiate〔動〕始める、起こす ←Check!
　□ prey〔名〕餌食　□ generate〔動〕発揮する、生み出す ←Check!

[3] □ sweat glands〔名〕汗腺　□ release〔動〕放出する ←Check!
　□ ballast〔名〕錘　□ similar〔形〕同様の、似たような ←Check!
　□ embryo〔名〕胎児；幼虫　□ chromosome〔名〕染色体

131

1. 正解 (A)

訳 パッセージのタイトルとして最も適当なものはどれか。
(A) 危険で珍しい爬虫類　　(B) クロコダイルの生息地
(C) 世界の水生捕食動物　　(D) クロコダイル：絶滅種

解説 文章全体に関わる設問。パッセージ全体の主題をとらえる問題である。クロコダイルの生息地についても触れられているし、クロコダイルが水生捕食動物であることも事実である。しかし、パッセージ全体の主旨は、クロコダイルが珍しい種類の爬虫類であり、時には危険でもありうるということである。したがって、(A) が正解。

他の選択肢

(D) パッセージの最後で "certain species of crocodile are protected in different parts of the world" という記述があるが、クロコダイルが絶滅の危機に瀕しているとまでは述べていない。

2. 正解 (C)

訳 7行目の "they" が指すのは
(A) 捕食動物　　(B) トカゲ　　(C) クロコダイル　　(D) 爬虫類

解説 語句に関する設問。前の節の Their bodies の Their や前文の主語の they と同じ名詞を指していると考えられる。文脈から判断してパッセージ全体のトピックである crocodiles が当てはまる。

3. 正解 (B)

訳 8行目の "drag" に最も意味が近いのは
(A) 流線形　　(B) 抵抗　　(C) なめらかさ　　(D) 湿気

解説 語句に関する設問。クロコダイルは両足を折りたたんで泳ぐが、それは水の抵抗をできるだけ受けないようにするためである。to reduce drag in the water の drag に一番意味が近いのは resistance である。

（A）streamlining は「流線形の」という意味。

（C）smoothness は「なめらかさ」という意味なので、意味的に反対である。

---

4. **正解** （D）

訳 次のうち、水生捕食動物としてのクロコダイルに役に立たない適性はどれか。
（A）泳いでいる時の足の位置 　（B）速さ
（C）流線形の体 　（D）爪のある足

解説 文章の詳細に関わる設問。水生捕食動物として役に立たない適性はどれかという問いである。（A）「泳いでいる時の足の位置」、（B）「速さ」、（C）「流線形をした体型」、すべて水生捕食動物としての有利な適性である。しかし、（D）「爪のある足」は、水生捕食動物として役に立つかどうかという問題以前に、パッセージ中にその記述がない。したがって、（D）が正解。

---

5. **正解** （A）

訳 12行目の "run down" に最も意味が近いのは
（A）追い求める 　（B）荒廃させる 　（C）競争する 　（D）破壊する

解説 語句に関する設問。このrun down は「追いかけてつかまえる」という意味である。したがって、（A）pursue が正解。

---

6. **正解** （B）

訳 12行目に筆者が「チーター」に言及したのはなぜか。
（A）それが同じような捕獲技術を持つ別種の捕食動物だから
（B）動きの速さを異なる方法で利用する動物の例を示すため
（C）それがクロコダイルと同じような気候の中で生息しているから
（D）それがクロコダイルのように非常に速く移動するから

解説 推論を必要とする設問。チーターもクロコダイルも動きが速いが、速

さの使い方が違う。チーターの場合は、逃げる獲物を追いかける時にその威力が発揮されるのに対して、クロコダイルの場合は、警戒心のない獲物を待ち伏せして急激に襲う時に、その威力を発揮する。つまり、クロコダイルとは異なる理由で速く動ける生物の例を挙げているのである。

---

7. ■正解■ (D)

訳 13行目の "ambush" に最も意味が近いのは
(A) 恐怖　(B) 攻撃　(C) 植物　(D) 隠れること

■解説■ 語句に関する設問。ambush は「待ち伏せ」するという意味であるから、「隠れている」hiding が意味的に最も近い。

---

8. ■正解■ (C)

訳 クロコダイルはどのように放熱するか。
(A) 水の中にもぐることによって　(B) 汗をかくことによって
(C) 喘ぐことによって　(D) じっとしていることによって

■解説■ 文章の詳細に関わる設問。[3] の第 2 文に crocodiles release heat through their mouths and can, at times, be seen panting like a dog とあるので、(C) が正解。

■他の選択肢■
(A) 冷たい水の中にもぐるのは、一般論としては正しいが、クロコダイルが特にこの方法で熱を放出するわけではない。
(B) [3] 第 2 文冒頭に Lacking sweat glands とあるので、「汗をかくことを通して」ではない。
(D) 「じっとしていることによって」というのも一般論としては正しいが、特にクロコダイルの方法というわけではない。

9. 　正解　（B）

訳　クロコダイルの生活に体温はどのような役割を果たすか。

(A) 石を飲み込む調整をする。

(B) 性別を決定するのに役立つ。

(C) 体温が高くなると捕食活動がより活発になる。

(D) 生息地を決定する。

解説　文章の詳細に関わる設問。[3] の第 4 文に sex is determined by temperature とあるので、「性別の決定に役立つ」が正解。

他の選択肢

(A) 石を飲み込むのは泳ぐ時の錘の役目をさせるため、もしくは、消化を助けるためであって体温とは関係がない。

10. 　正解　（D）

訳　パッセージによると、どのような危険にクロコダイルは直面しているか。

(A) 他の捕食動物が餌をねらっている　　(B) 生息地が失われている

(C) 気温が高くなり過ぎている　　(D) 人間に捕獲されている

解説　文章の詳細に関わる設問。[4] の第 1 文に crocodiles are hunted in various countries mainly for their skin、第 3 文に certain species of crocodile are protected in different parts of the world とあるので、人間による捕獲という危険に直面していることがわかる。

他の選択肢

(A) 他の捕獲動物と餌を争っているという記述はない。

(B) 皮のために人間に捕獲される危険はあるが、そのために生息地を失っているというわけではない。

(C) パッセージのどこにも overheating についての記述はない。

リスニング問題の復習

|||||||||||**単語のポイント**

次のフレーズの空欄に適切な単語を入れなさい。

① 混沌とした財政状況　　　　　　chaotic（　　　）conditions

② 望遠鏡に頼らずに　　　　　　　without the（　　　）of a telescope

③ 難しい課題をやりとげる　　　　accomplish a difficult（　　　）

④ 困難な問題に直面する　　　　　face（　　　）problems

⑤ 成功を保証する　　　　　　　　（　　　）success

⑥ 二つの現象の間に関連性を見出そうと努力する
　　strive to discover the（　　　）between the two phenomena

⑦ 灰の層　　　　　　　　　　　　a（　　　）of ash

⑧ その民族間の対立に焦点をあてる
　　（　　　）on the racial confrontations

⑨ 体の機能　　　　　　　　　　　bodily（　　　）

⑩ 決定的な役割をはたす　　　　　play a crucial（　　　）

⑪ 割合が異なる　　　　　　　　　（　　　）in proportion

⑫ 生命の多様性に影響を与える要因　（　　　）affecting biodiversity

⑬ 教師の一番の目標　　　　　　　a teacher's（　　　）goal

⑭ 頻繁に気温に影響を受ける

be frequently (　　　　) by the temperature

⑮ 限られた燃料の使用可能量　　the limited（　　　）of fuels

⑯ エネルギーを保存する　　　　conserve（　　　）

⑰ 放射性の要素　　　　　　　　radioactive（　　　）

⑱ 悪循環をつくりだす　　　　　create a vicious（　　　）

⑲ 窒素の形成に寄与する　　　　（　　　）to the creation of nitrogen

⑳ インターネットを介して交流する

socialize（　　　）the Internet

正解　① financial　② aid　③ task　④ challenging　⑤ guarantee　⑥ link
⑦ layer　⑧ focus　⑨ functions［→ functional〔形〕機能の］　⑩ role　⑪ vary
⑫ factors　⑬ primary　⑭ affected　⑮ availability　⑯ energy　⑰ elements
⑱ cycle　⑲ contribute　⑳ via

リーディング問題の復習

|||||||||| **単語のポイント**

次のフレーズの空欄に適切な単語を入れなさい。

① 独特な生産方法　　　　　　　a（　　　）method of production

② すぐに水中での生活に適応する　immediately（　　　）to aquatic life

③ 連鎖反応を起こす　　　　　　（　　　）chain reactions

④ 電気を生み出す　　　　　　　（　　　）electricity

⑤ 産卵する　　　　　　　　　（　　　）the spawn

⑥ 似たような患者のグループ　　（　　　）groups of patients

正解　① unique　② adapt　③ initiate　④ generate　⑤ release　⑥ similar

||||||||||| **文法のポイント**

● **As** one would imagine, they are supremely adapted to excel as aquatic predators.（想像できるように、クロコダイルは水生捕食動物として素晴らしくよく順応した。）

解説　この as は接続詞。接続詞の as には「〜なので」、「〜のとき」、「〜のように」など様々な意味がある。

● **What makes them most feared** though may be the immense force that they generate with their bite.（しかし、彼らが最も恐れられているのは、噛むときに発揮される途方もない力だろう。）

解説　what makes A B［A を B にするもの］という形は重要。この構文は、［A に関する説明］＋ This is what makes A B. といった形や、What makes A B is ＋［A に関する説明］という形で使われる。

毎日ミニ模試
TOEFL ITP テスト

Day3

1. (A) The man's wife is able to repair appliances.
   (B) The man's wife is good at finding bargains.
   (C) The man's wife often breaks their appliances.
   (D) The man's wife buys expensive appliances.

2. (A) She can help the man shortly.
   (B) The man should ask the head of the tech department.
   (C) Carl is the one to ask.
   (D) She's an expert, but she's really busy right now.

3. (A) She is an excellent baker.
   (B) She is a very kind person.
   (C) She should become a professional chef.
   (D) She is the second best baker they know.

4. (A) She doesn't think that the man should buy a new car.
   (B) She thinks it's wrong to buy new cars.
   (C) She believes that the man currently has the wrong car.
   (D) She doesn't think the man understands the problem his car has.

5. (A) They need to economize.
   (B) The woman needs to get a new job.
   (C) It is essential that the woman buy things.
   (D) They don't need to make any adjustments.

6. (A) She didn't have to take the test.
   (B) The test was difficult, but she passed.
   (C) The test was easy for her.
   (D) She thinks she failed, too.

7. (A) He is stubborn.
   (B) He is dedicated.
   (C) He is hardworking.
   (D) He is decisive.

8. (A) Buy books from the university book store at discounted prices.
   (B) Take their used books to the university book store.
   (C) Grab as many used books from the university book store.
   (D) Look at the selection of discounted books being offered by the book store.

Part B   **Questions 9–12**   42-43

---

9. (A) To renew her parking permit.
   (B) To find out if she's able to park on campus.
   (C) To learn about parking costs.
   (D) To find out which parking lot would be best for her.

10. (A) Regardless of age, all students living on campus are guaranteed spots if they want one.
    (B) There are more than enough spaces to go around.
    (C) Teachers must also enter the lottery.
    (D) Freshmen rarely get parking spaces.

11. (A) She is an upperclassman.
    (B) She lives on campus.
    (C) She recently received her driver's license.
    (D) She is a sophomore.

12. (A) Buy a lottery ticket.
    (B) Look into off-campus parking options.
    (C) Register for the parking space lottery.
    (D) Get her parking permit.

13. (A) It will rain soon.
    (B) It is completely unpredictable today.
    (C) Although it's not raining now, the weather forecast says otherwise.
    (D) According to the weather report, it should be clear all day.

14. (A) Lunch.
    (B) Gloves.
    (C) Jumpsuits.
    (D) Garbage bags.

15. (A) 4.5 hours.
    (B) 5 hours.
    (C) 6 hours.
    (D) 7 hours.

16. (A) Leave it alone.
    (B) Call the coordinator for advice.
    (C) Try to force it into a bag.
    (D) If possible, drag it to the side of the road and tag it.

Structure   Questions 1–5

1. If the earth did not rotate on its axis, ------- producing a low-pressure-region along the equatorial belt.
   (A) the heated air over the equator
   (B) the heated air over the equator will be
   (C) the heated air over the equator would rise,
   (D) the heated air over the equator would raise,

2. The business of the Federal Government is so complex that even a perpetual session of Congress could not handle all of it ------- some provision were made for a separation of duties.
   (A) despite
   (B) however
   (C) which
   (D) unless

3. There are several fibers obtained from minerals, ------- are asbestos and glass.
   (A) the two most important of which
   (B) the two most important which
   (C) their two most important
   (D) which two most important

4. Men whose beliefs are ------- group together, naturally turn for guidance to leaders whose views represent their own.
   (A) identical natural
   (B) identical naturally
   (C) identified naturally with
   (D) the naturally identical

Day 3

5. Religious and political factors played an important part in ------ the English to the New World.
   (A) bringing
   (B) coming
   (C) cause
   (D) to allow

Written Expression   **Questions 6–13**   Time: 5 minutes

---

6. When the Japanese determined adopting Western ways, they did not
    A
   model their civilization on that of any one European country.
    B C D

7. Chaucer stands, in date, midway among King Alfred and Alfred
    A
   Tennyson, but his English differs vastly more from the former's than from
    B C D
   the latter's.

8. The extensive social safety nets that have been established across the
    A
   industrialized world cushions the pain felt by many.
    B C D

9. If they had spent less time lobbying for government protection and more
    A
   on improving their products, they fare better.
    B C D

10. Columbus believed, and so believed Spain and Portugal, that he had found
     A B
    a shorter route than Diaz and Da Gama found.
     C D

11. Some <u>scientists</u> say there are <u>genetic elements</u> in the virus <u>what</u> date
        A   B   C
    back to an Oregon <u>pig</u> farm in 1985.
                       D

12. The Jamaica Bay Nature Center is a wildlife <u>refuge in</u> New York, which
                                                    A
    <u>is composed of</u> open water <u>and</u> intertidal salt marshes and serves as a
         B   C
    <u>safe sanctuary</u> for birds.
         D

13. <u>Even though</u> it has virtually no money <u>to train</u> health workers, the
        A   B
    government remains <u>deep</u> reluctant to allow <u>uneducated</u> villagers.
                        C   D

Questions 1–10

Formerly known as Burj Dubai, Burj Khalifa is now the tallest man-made structure ever built. Standing 828 m (2,717 ft), it officially opened on January 4, 2010 in Dubai, United Arab Emirates *Line* to considerable fanfare. It dwarfs the previously tallest standing *(5)* man-made structure, the KVLY-TV Mast in North Dakota, USA which stands a mere 629 m from base to tip. Until 1991, the tallest structure had been the Warsaw Radio Mast in Poland, which collapsed due to human error during a maintenance procedure.

The footprint of Burj Khalifa is 3-lobed and is based on the *(10)* flower Hymenocallis, according to the design architect Adrian Smith. The entire structure is composed of three elements surrounding a central core. Naturally, as the tower moves upward, the cross-section decreases until it finishes in a spire.

The building is an engineering marvel and the amount of *(15)* work and materials that went into its creation is staggering to behold. Approximately 4,000 metric tons of structural steel went into the spire alone. The principal structural system contains 110,000 metric tons of concrete and 55,000 metric tons of steel rebar. The total construction time reached 22 million man-hours.

(20) The composition, mixing and pouring of the concrete were of utmost importance. Since the concrete needed to withstand both tremendous pressure (from the weight of the building) and extremely hot temperatures, special measures were taken. It was decided that the concrete would not be poured during the day, but instead in the *(25)* nighttime during the summer with its cooler temperatures and higher humidity. Additionally, ice was added to the mixture to provide further cooling properties. All of these steps were taken to allow the concrete to set more slowly and evenly in an effort to avoid cracking which would have been a line crushing blow to the entire *(30)* undertaking.

The completion of this tower, however, is not the end of development in this area. Burj Khalifa is but the centerpiece in a gigantic mixed-use development project. When finally completed, it will include 30,000 homes, 19 residential towers, 9 hotels, a mall, a

(35)   park, and a huge man-made lake.

1. The word "dwarfs" in line 4 is closest in meaning to
    (A) conquers
    (B) is much taller than
    (C) stands by
    (D) shrinks

2. According to the passage, where is the second tallest standing man-made structure currently located?
    (A) Dubai
    (B) Poland
    (C) North Dakota
    (D) United Arab Emirates

3. Which of the following is true of the appearance of Burj Khalifa as described in paragraph 2?
    (A) The spire is wider than the base.
    (B) The core surrounds three elements.
    (C) It tapers as you move upward.
    (D) The entire structure is shaped like a flower.

4. The word "marvel" in line 14 is closest in meaning to
    (A) look
    (B) made of glass
    (C) design
    (D) great accomplishment

5. The phrase "staggering to behold" in line 15 is closest in meaning to
    (A) exaggerated
    (B) stunning
    (C) easily seen
    (D) hard to handle

6. The word "tremendous" in line 22 is closest in meaning to
    (A) immense
    (B) standard
    (C) shaking
    (D) insignificant

7. Which of the following is a danger associated with incorrectly using concrete?
   (A) Slow setting
   (B) Insufficient ice
   (C) Cracking
   (D) Crushing blows

8. The word "it" in line 33 refers to
   (A) centerpiece
   (B) Burj Khalifa
   (C) the tower
   (D) gigantic mixed-use development project

9. According to the passage, what can be inferred about the pouring of concrete?
   (A) The summer months are too hot for the concrete to form a stable mixture.
   (B) Ice is necessary when pouring concrete in order to increase humidity.
   (C) Both temperature and moisture are important in creating a stable product.
   (D) The colder the concrete, the more likely it will crack because of pressure.

10. With which of the following statements would the author LEAST likely agree?
    (A) The base of the building has a three-lobed shape.
    (B) The tower contains a large amount of steel and concrete.
    (C) The tower is the final piece of an immense development project.
    (D) The opening of the tower was a popular event.

THIS IS THE END OF THE TEST.

正解一覧

Section 1 Listening Comprehension

Part A

1. (B) 2. (C) 3. (A) 4. (A) 5. (A) 6. (C) 7. (A) 8. (B)

Part B

9. (B) 10. (A) 11. (D) 12. (C)

Part C

13. (C) 14. (C) 15. (C) 16. (D)

Section 2 Structure & Written Expression

Structure

1. (C) 2. (D) 3. (A) 4. (B) 5. (A)

Written Expression

6. (A) 7. (A) 8. (C) 9. (D) 10. (C) 11. (C) 12. (D) 13. (C)

Section 3 Reading Comprehension

1. (B) 2. (C) 3. (C) 4. (D) 5. (B) 6. (A) 7. (C) 8. (D) 9. (C) 10. (C)

Section 1　　Listening Comprehension

1.　■正解■　(B)　　　　　　　　　　　　　　　　　　　　　　 34

スクリプト・訳

M： Our refrigerator completely died the other day and my wife found a great deal that saved us over $100.

W： Didn't she save you a bunch of money on a washer and dryer a couple of months ago, too? It seems like she really has a knack for that sort of thing.

Q： What does the woman mean?

男性： 先日、うちの冷蔵庫が完全に動かなくなっちゃったんだけど、妻が100ドル以上安く買ってきたよ。

女性： 2、3カ月前にも洗濯機と乾燥機を随分安く買ってなかったっけ？　奥さんはそういうことに才覚があるみたいね。

質問： 女性が意味しているのはどういうことか。

選択肢の訳

(A) 男性の妻は家電製品の修理ができる。

(B) 男性の妻は買い得品を見つけるのがうまい。

(C) 男性の妻はよく家電製品を壊す。

(D) 男性の妻は高価な家電製品を買う。

■解説■　追加情報を聞き取る設問。my wife found a great deal の deal は「商取引」で、「良い商取引を見つけた」→「お買い得品を買った」ということになる。この男性の発言に対して、女性が最後に、she really has a knack for that sort of thing「奥さんはそういったことについての才覚がある」と言っていることから（B）が正解。

語彙・表現Check！

□ deal〔名〕商取引　□ save〔動〕節約する　□ a bunch of　たくさんの

□ a couple of　2～3の、一対の ←Check!　□ knack〔名〕要領、才覚、コツ

スクリプト・訳

M : Hey, Debbie. Can you help me? I'm having some problems with my Internet connection.

W : That's not really my area of expertise. You should ask Carl. He's kind of the unofficial tech expert around here.

Q : What does the woman mean?

男性：やあ、デビー。助けてくれないかい？　インターネットの接続がちょっとうまくいかなくてね。

女性：その分野はあまり得意じゃないのよ。カールに頼んでみたら。彼がここでは「機械の専門家」よ。

質問：女性が意味しているのはどういうことか。

選択肢の訳

(A) 彼女は男性をすぐに助けることができる。

(B) 男性は技術部門の長に尋ねるべきだ。

(C) カールに頼むべきだ。

(D) 彼女は専門家だが、今は非常に忙しい。

解説　追加情報を聞き取る設問。女性の発言の You should ask Carl. の部分から正解は (C)。(B) は紛らわしい内容だが、女性の発言に「Carl は unofficial」とあるので、正式なポジションではないことがわかり、head of the tech department が矛盾している。

語彙・表現Check！

☐ Internet connection〔名〕インターネット接続

☐ expertise〔名〕専門（知識・技術）←*Check!*　☐ unofficial〔形〕公式ではない

☐ expert〔名〕専門家 ←*Check!*　☐ shortly〔副〕すぐに

スクリプト・訳

W : Have you tried Marcia's cheesecake? It's out of this world.

M : When it comes to baking, she's second to none.

Q : What is their opinion of Marcia?

女性： マーシャのチーズケーキ食べてみたことある？　とびきりおいしいわよ。

男性： ケーキ作りで彼女に勝てる人はいないからね。

質問： 彼らはマーシャのことをどう思っているか。

選択肢の訳

（A）彼女はケーキ作りがとても上手だ。

（B）彼女はとても親切な人だ。

（C）彼女はプロの料理人になるべきだ。

（D）彼女は彼らが知っている中で2番目に上手にケーキを作る。

■■解説■■　イディオムに関する設問。女性がマーシャのチーズケーキを out of this world「この世のものではない → 天下一品で、とても素晴らしい」と言っていること、男性も baking「（パンやケーキを）焼くこと」についてマーシャを second to none「誰に対しても2番目にならない → 誰にも負けない」と言っていることから、（A）が正解。

語彙・表現Check！

☐ out of this world　天下一品の、とても素晴らしい

☐ when it comes to　〜ということになると

☐ second to none　誰に対しても2番手ではない、誰にも引けを取らない

4.　**■正解■**　（A）　🔊)) 37

スクリプト・訳

M： I'm thinking of getting a new car.

W： Really? Why would you do that? What's wrong with the one you have now?

Q： What does the woman imply?

男性： 新しい車を手に入れようと思うんだ。

女性： 本当に？　何でそんなことするの？　今の車の何が問題なの？

質問： 女性は暗に何を意味しているか。

選択肢の訳

（A）彼女は男性が新しい車を買うべきだと思っていない。

（B）彼女は新しい車を数台買うのは間違っていると考えている。

（C）彼女は男性が現在間違った車を所有していると信じている。

（D）彼女は男性が彼の車の問題を理解していると考えていない。

解説 推測や予測を必要とする設問。新しい車を買おうとしている、と言う男性の発言に Really? と述べていることからも、女性が男性の考えに賛同していないことがわかる。また、その後の文のWhat's wrong ...?「何が問題なの？」には、単純な疑問文ではなく反語的に「何の問題もないはずだ」という含みがある。

語彙・表現Check！

□ what's wrong with ～?　～の何が問題ですか

5. **正解** （A） 38

スクリプト・訳

W：Since I lost my job, I don't think we're going to be able to survive the economic crisis on your salary alone.

M：We'll just have to tighten our belts and only buy the essentials.

Q：What does the man mean?

女性：私が失業しちゃって、あなたの給料だけでは今の経済危機を乗り切れないと思うの。

男性：財布のひもを締めて、必需品だけ買うようにしないといけないね。

質問：男性が意味しているのはどういうことか。

選択肢の訳

（A）節約する必要がある。

（B）女性が新しい職につく必要がある。

（C）女性が買い物をすることが肝要だ。

（D）何も変える必要はない。

解説 イディオムに関する設問。男性の発言の tighten one's belts「ベルトを締める → 切り詰めた生活をする」と only buy the essentials「絶対必要なものだけを買う」という部分から、節約することを主張している。

語彙・表現Check！

□ survive〔動〕乗り切る、生き残る ←*Check!*　□ economic〔形〕経済の ←*Check!*

□ tighten one's belt(s)　倹約する　□ essential〔名〕必需品

□ economize〔動〕節約する、倹約する

スクリプト・訳

M： That test was impossible. I bet everyone failed.

W： Really? I thought it was a breeze.

Q： What does the woman mean?

男性： あの試験はありえないよ。みんな落第だったと思うよ。

女性： そう？　私は「軽い」と思ったけど。

質問： 女性が意味しているのはどういうことか。

選択肢の訳

（A） 彼女は試験を受ける必要はなかった。

（B） 試験は難しかったが、合格点を取れた。

（C） 試験は彼女にとって楽だった。

（D） 彼女は自分も落第したと思っている。

解説　追加情報を聞き取る設問。breeze「そよ風」が簡単なことのたとえで使われているので（C）が正解。

語彙・表現Check！

□ I bet　きっと〜だ（と思う）　□ breeze〔名〕そよ風、簡単なこと、朝飯前

スクリプト・訳

W： Man, I hate having to work with Rick. He's so pigheaded—everything has to be done his way and he never listens to anyone else.

M： You don't have to tell me. I worked with him on the Bentley project last year. I know exactly what he's like.

Q： What is the man's opinion of Rick?

女性： もう、リックと仕事するなんて勘弁してほしいわ。強情で何でも自分のやり方しか許さないし、人の言うことなんか聞かないんだから。

男性： 言わなくてもわかってるよ。僕も去年ベントレーのプロジェクトで彼と仕事したからね。彼の事はよく知ってるよ。

質問： 男性はリックのことをどう思っているか。

選択肢の訳

（A）彼は強情だ。

（B）彼はひたむきだ。

（C）彼は勤勉だ。

（D）彼は決断力がある。

解説 話者の意思や考えを聞き取る設問。女性の発言の pigheaded が stubborn の同意語「頑固な」である。pigheaded の後に出てくる内容「自分のやり方を通す」「人の言うことを聞かない」も「頑固さ」を表す。この女性の発言に対して男性が You don't have to tell me.「言う必要はない → わかっている」ということで女性と同じ意見ということになる。

語彙・表現Check！

□ pigheaded〔形〕強情な　□ do one's way　自分のやり方をする

□ dedicated〔形〕献身的な、ひたむきな

スクリプト・訳

W： It says here that the university book store is buying back used books and paying 50% more than usual. But, for today only.

M： Really? What are we waiting for? Grab as many as you can.

Q： What will the students probably do next?

女性： 大学の本屋さんが中古の本を買い取って通常より50パーセント多く支払うって書いてあるわ。でも、今日だけなんだって。

男性： 本当に？ こうしてはいられないね。できるだけたくさん持っていきなよ。

質問： 生徒たちはおそらく次に何をするか。

選択肢の訳

（A） 割引の値段で大学の本屋の本を買う。

（B） 自分たちの中古の本を大学の本屋へ持っていく。

（C） 大学の本屋の中古の本をできるだけたくさん持っていく。

（D） 本屋が提供している割引された本のラインナップを見る。

解説 推測や予測を必要とする設問。女性の発言に重要な情報が含まれているが、古本を今日だけ高い値段で売ることができるということがわかればよい。男性は What are we waiting for? と言っているが「何も待っている必要はない」というのが真意だ。急いで自分たちの本を売ろうとしているので（B）が正解。

語彙・表現Check !

□ grab〔動〕つかむ、素早く持ってくる

スクリプト

Listen to a conversation about campus parking options.

M：(1)Good afternoon, Department of Transportation Services. How may I help you?

W：(1)Hi, I am calling to clear up some questions I have about parking my car on or around campus.　　　　　　　　⌐---- Q9のキー

M：(2)I should be able to help you. What questions do you have?

W：(2)Well, first off, I'd like to know who is eligible for on-campus parking.

M：(3)Well, besides, of course, faculty and staff, all students living on campus as well as the majority of students who commute to school.　　⌐---- Q10のキー

W：(3)What do you mean by 'majority of students who commute'?

M：(4)All graduate students and upperclassmen are guaranteed spaces in at least one of the lots. However, freshmen and sophomores are given spots only if any are still available.

W：(4)How is that distribution of spots determined?

M：(5)Well, all interested underclassmen need to register for a lottery. If the number of available remaining spaces is larger than the total number of sophomore applicants, then all sophomores are guaranteed spots and the rest of the spots will be determined by a lottery for only the freshman applicants.

W：(5)So, if there are more sophomore applicants than parking spaces, there won't even be a freshman lottery, right?

M：(6)Exactly. But that's never happened in the 8 years that I've been working here.

W：(6)Well, I didn't have a car my first year here, but it looks like I should be able to get a spot this year at least.　　　　　　　⌐---- Q11のキー

M：(7)Good luck. You can register at any time before the end of the month.

W：(7)Sounds good. I'll get right on that. Thanks for your help.
　　　　　　⌐----Q12のキー

訳

大学構内の駐車場割り当てについての会話を聞いてください。

男性：(1)こんにちは、交通施設課です。いかがなさいましたか？

女性：(1)ええ、キャンパス内やキャンパス周辺での駐車について伺いたくて、電話させていただきました。

男性：(2)私どもで承ります。どのようなことでしょうか？

女性：(2)まず、キャンパスで車を止める資格が誰にあるのかを知りたいのですが。

男性：(3)はい、教員、職員はもちろんですが、キャンパス内に居住している学生全員と、

学校に通学している学生の大部分です。

女性： (3)「通学している学生の大部分」とはどういうことですか。

男性： (4)大学院生と3年生、4年生は全員に少なくとも1カ所が保証されますが、1年生、2年生はスペースが余っている場合に割り当てがあります。

女性： (4)場所の割り振りはどうやって決まるのですか。

男性： (5)1、2年生の希望者は抽選に申し込んでいただきます。残りのスペースが2年生の応募者の数を上回っている場合は、2年生には全員スペースが割り当てられ、さらに残ったスペースを1年生の応募者に抽選で割り振ります。

女性： (5)では、駐車スペースより2年生の数が上回った場合は1年生は抽選もないということですね。

男性： (6)その通りです。でも、私が勤務している8年前から、そういったことは一度もありません。

女性： (6)1年目は車を持っていませんでしたが、少なくとも今年は駐車スペースがもらえそうですね。

男性： (7)うまくいくといいですね。今月中ならいつでも申し込みできます。

女性： (7)わかりました。すぐに申し込みます。ありがとうございました。

語彙・表現Check！

□ transportation〔名〕交通 ←Check! □ first off　第1に

□ eligible〔形〕資格のある　□ faculty〔名〕教授陣

□ graduate student〔名〕大学院生　□ upperclassman〔名〕上級生（3、4年生）

□ freshman〔名〕1年生　□ sophomore〔名〕2年生

□ available〔形〕得られる、利用できる ←Check!

□ register for a lottery　抽選に申し込む　□ get right on 〜　〜にすぐに取りかかる

質問　Why does the woman call the man?

訳　なぜ女性は男性に電話しているのか。

（A）駐車許可を更新するため。

（B）彼女がキャンパスで駐車できるかどうかを調べるため。

（C）駐車費用を知るため。

（D）どの駐車場が自分にとって最善かを調べるため。

解説　基本情報についての設問。女性が電話した理由を問う問題。女性の発言（1）のparking ... campus「キャンパス内や周辺での駐車」、女性の発言（2）の who is eligible for on-campus parking「キャンパス内で駐車をする資格がある（→ 駐車できる）のは誰か」から（B）が正解。

他の選択肢

（A）まだ駐車できるかどうかは確定していない段階だから、「駐車許可（parking permit）を更新する（renew）」話題は出ていない。

（C）費用（cost）に関する話は出てきていない。

（D）（女性は 2 年生なので）駐車できそうだという話で終わっていた。まだ駐車場（parking lot）がどこになるかといった話題は出てこない。

質問　What is true of on-campus parking?

訳　キャンパスの駐車について当てはまるのはどれか。

（A）年齢に関わらず、キャンパス在住の全学生は希望すればスペースが保証される。

（B）全員に行きわたる以上のスペースがある。

（C）教員も抽選に参加しなければならない。

（D）1年生が駐車スペースを得られることはまずない。

解説　詳細についての設問。who is eligible for on-campus parking［女性の発言（2）］の質問に対して all students living on campus［男性の発言（3）］と答えていることからキャンパスに住んでいるものは全員（学年、年齢に関わりなく）ということになり、正解は（A）となる。

質問 What can be inferred about the woman?

訳 女性について推測できることは何か。

(A) 彼女は上級生（3 年生か4 年生）である。

(B) 彼女はキャンパス在住である。

(C) 彼女は運転免許を最近取った。

(D) 彼女は2 年生である。

解説 詳細についての設問。Well, I didn't have a car my first year here, but it looks. ... this year「1 年目は車がなかったけど、今年は…」［女性の発言 (6)］から女性は 2 年生（sophomore）だと推測できる。

他の選択肢

(B) ... all students living on campus ［男性の発言（3）］からキャンパスに住む学生は無条件で（学年に関わらず）駐車スペースがもらえることがわかる。it looks like I should be able to get a spot this year at least「今年は駐車スペースがもらえそうだ」［女性の発言 (6)］と確実にもらえるわけではない発言をしているから、キャンパスに住んでいないと考える。

(C) 免許証を取った時期についての言及はなかった。

12. 正解 (C) 43

質問 What will the woman probably do next?

訳 この後おそらく女性がすることは何か。

(A) くじを買う。

(B) キャンパス外に駐車する選択肢を探る。

(C) 駐車スペースの抽選に申し込む。

(D) 駐車許可証を手に入れる。

解説 詳細についての設問。You can register ...「申し込む」［男性の発言 (7)］に答えて I'll get right on that.「すぐにそれをします」［女性の発言（7）］と言っており、この that は直前の register を指すことになるので、(C) が正解。

スクリプト

Listen to an event coordinator address a group of volunteers.　　　　┌---- Q13のキー

[1]　(1)Wow. It looks like we got a really good turnout today. (2)Hopefully, the weather will continue to cooperate despite today's forecast. (3)My name is Ray Kinsella and I'll be coordinating this particular group in today's Neighborhood Beautification Project.

[2]　(1)Our group is responsible for picking up litter and trash that never made it into a garbage can. (2)We will be working in groups of three, so pick a couple of buddies before we set out. (3)You will be provided with gloves, bags, and pointed sticks for skewering small pieces of trash. (4)For those of you who don't want to get your clothes dirty, we have jumpsuits available on request. (5)We don't have enough of those to go around, so they'll be distributed on a first-come, first-served basis.　　　┌---- Q14のキー　　　　　　　┌---- Q15のキー

[3]　(1)We will work two 3-hour shifts—one before lunch and one after lunch with optional 5-minute breaks every hour. (2)Incidentally, lunch will be one hour long and some of the local restaurants have been kind enough to provide simple lunches for everyone involved at absolutely no charge.

[4]　(1)Each group of 3 will receive a map with their area of responsibility clearly marked. (2)When collecting the trash, put full bags by the side of the road that is marked in red on your map and we'll come along later in a truck to pick them up. (3)If you find something that doesn't fit in a bag, if possible, please drag it to the side of the road and tie one of these bright orange tags around it so we know to pick it up along with the bags.　　　　　　┌---- Q16のキー

[5]　(1)If you run out of bags, tags, or encounter any problems, please call either myself or any of the other coordinators at the numbers listed at the bottom of your map. (2)Oh, I almost forgot, when making your groups of 3, please make sure that at least one of you has a cell phone. (3)Okay, thanks again for coming today and let's get this show on the road.

訳

イベントコーディネーターがボランティアグループに話しているところを聞いてください。

[1]　(1)わぁ！ 今日は本当にたくさんの人に来ていただいたようですね。(2)願わくば、予報が外れて、天気が私達に味方してくれるといいのですが。(3)私の名前はレイ・キ

ンセラです。私が、今日の近隣美化プロジェクトの、このグループのコーディネーターです。

[2] ⑴私達の担当は、ゴミ箱に入れられなかったゴミ、ガラクタを拾うことです。⑵3人一組で動きますので、出発前にグループを作ってください。⑶手袋、袋、小さなゴミを突いて拾う先の尖った棒を支給します。⑷服が汚れると困る人は申し出てください。つなぎの作業服があります。⑸全員に行き渡る分は用意していませんので、早い者勝ちです。

[3] ⑴作業は3時間を2回、昼食をはさんで行います。1時間に5分の休憩を取っていただいて構いません。⑵ついでながら、昼食時間は1時間で、地元のレストランの中には、まったく無料で参加者に簡単な昼食を提供してくれるところもあります。

[4] ⑴3人一組で1グループにつき担当区域を明示した地図を渡します。⑵ゴミを集めて、一杯になった袋は地図上で赤い印のある道路脇の所に置いておいてください。後で私達がトラックで集めます。⑶もし袋に収まらないものがあった場合、可能であれば道路脇に除けておいて、わかるようにこの明るいオレンジ色のタグ（札）をつけてください。袋と一緒に後で集めます。

[5] ⑴袋やタグがなくなったり、何か問題があった場合は、地図の下に記載されている番号で私か他のコーディネーターに電話をください。⑵あっと、忘れるところでした。グループの3人の中に少なくとも一人は携帯電話を持っている人を入れておいてください。⑶今日は参加くださりありがとうございます。それでは開始しましょう。

語彙・表現Check！

[1] □ turnout〔名〕出席者数、集まり、人出
　　□ cooperate〔動〕協力する ←*Check!*
　　□ despite〔前〕～にもかかわらず ←*Check!*
　　□ coordinate〔動〕調整する、取りまとめる ←*Check!*
　　□ beautification〔名〕美化（beautify ＜ beauty ＜ beautiful）

[2] □ litter〔名〕（散らかった）ゴミ　□ trash〔名〕いらなくなったもの、ゴミ
　　□ skewer〔動〕串に刺す　□ jumpsuit〔名〕つなぎ、作業服
　　□ on request〔副〕要求に応じて　□ go around〔動〕行き渡る
　　□ distribute〔動〕分配する、分布させる ←*Check!*
　　□ first-come, first-served　早い者勝ち、先着順

[3] □ shift〔名〕交代、転換 ←*Check!*
　　□ incidentally〔副〕ところで、ちなみに、偶然に ←*Check!*
　　□ involved〔形〕関わっている、関与している ←*Check!*
　　□ charge〔名〕対価、料金

---

13. ■**正解**■ **(C)**　　　　　　　　　　　　　　　　🔊)) 45

質問　What does the speaker imply about the weather?

訳　コーディネーターは天気について暗に何を言っているか。

(A) まもなく雨が降る。

(B) 今日はまったく予想できない。

(C) 今は降っていないが、天気予報では雨となっている。

(D) 天気予報によると一日中晴れである。

■**解説**■　詳細についての設問。the weather ... cooperate「天気が協力する」
（[1] 第 2 文）とはボランティアの作業のために「雨が降らない」ことを言って
おり、despite today's forecast「今日の予報にも関わらず」、つまり天気予報で
は「雨が降る」と言っていることになる。[1] 第 2 文で will continue to cooperate
と言っているから（A）の will ... soon の部分が合致しない。

---

14. ■**正解**■ **(C)**　　　　　　　　　　　　　　　　🔊)) 45

質問　What item is in limited supply for the volunteers?

訳　ボランティアに支給されるもので数に限りがあるものはどれか。

(A) 昼食。

(B) 手袋。

(C) （つなぎの）作業着。

(D) ゴミ袋。

■**解説**■　詳細についての設問。[2] 第 5 文の those は [2] 第 4 文の
jumpsuits のことで、[2] 第 5 文、don't have enough of those(= jumpsuits) to
go around（go around「行き渡る」）から「十分にはない」→「数に限りがある
(limited)」ということになり（C）が正解となる。

質問　According to the schedule, what is the maximum length of time that a volunteer would spend picking up trash?

訳　スケジュールによると、ゴミを拾うのにボランティアが費やす時間は最長でどれぐらいか。

(A) 4.5 時間。

(B) 5 時間。

(C) 6 時間。

(D) 7 時間。

■解説■　詳細についての設問。two 3-hour shifts（[3] 第 1 文）から単純な計算で 2 × 3 ＝ 6 時間である。with optional 5-minute breaks every hour「1 時間に 5 分の休憩」で 5 分 × 6 で 30 分になるが、optional「任意」なので休憩は「取っても、取らなくても」いいことになる。設問は、maximum「最大で」だから休憩の 30 分は除外してよいので、やはり「6 時間」で正解。

16. ■正解■ (D)　　　　　　　　　　　　　　　 45

質問　What should volunteers do if they encounter any large pieces of trash?

訳　大きなゴミを見つけた場合、ボランティアはどうするか。

(A) 放っておく。

(B) コーディネーターに電話してアドバイスを求める。

(C) 無理にでも袋に詰める。

(D) できれば道路脇に寄せておいてタグをつける。

■解説■　詳細についての設問。something that doesn't fit in a bag「袋に収まらないもの」が設問 large pieces of trash「大きなゴミ」に当たる。[4] 第 3 文の後半の drag it to the side of the road ... の部分と (D) が合致する。

Section 2　Structure & Written Expression

1. 正解 (C)

訳　仮に地球が自転していないなら、赤道上で熱せられた空気が上昇を続け、気圧の
低い地域が赤道に沿って生み出されるであろう。

解説　SV の欠落の問題。空所の前に If 節があることから、空所以降で主文
の SV 〜の形が必要。名詞句 (the heated air over the equator) が主語、would
rise が述部動詞になっている (C) が正解。(A) のように名詞 (句) のみでは、
空所の後の producing (〜 ing 形) だけ (＝前に be 動詞がない) で述部動詞に
なることができないので不適。(B) のように [名詞句 + will be] であれば空所
の後の producing と組み合わせて述部動詞の形 (will be producing) として成
立するが、前の If 節が仮定法過去形になっていることから、助動詞 will を使っ
ている (＝would になっていない) ところが不適。(D) は raise が他動詞なの
で、後に目的語がないところが不適。

2. 正解 (D)

訳　連邦政府の仕事は非常に複雑なため、職務を分離するために何らかの準備をしな
い限り、年中議会を開いても全てを処理することはできない。

解説　完全文の後に空所がある問題。空所の後にも完全な文 (SV 〜から始
まり必要な要素 [補語や目的語] が揃っている形) があることから空所には接続
詞が必要。選択肢の中で接続詞は unless だけなので、(D) が正解。

3. 正解 (A)

訳　鉱物から得られる繊維がいくつか存在するが、それらの中で最も重要な2つが石綿
と繊維ガラスである。

解説　完全文の後に空所がある問題。(A) の the two most important of
which の which が fibers (＝先行詞) を指し、the two most important of
which(= fibers) を主語として空所の後の動詞 are につながる。この部分以降が
「その (＝繊維の) うち、最も重要なものの 2 つが石綿と繊維ガラスである」と

いう意味で成立し、正解となる。(B) と (D) の which では、前にある fibers obtained from minerals とつながらない。(C) は [SV 〜 , SV 〜] となり、「文と文をコンマだけで (接続詞や関係詞なしで) つなげてはならない」というルールに反するので不適。

4. **正解** (B)

訳 信念を同じくする人々は自然に団結し、自分達自身の考えを代弁してくれる考えを持つ指導者に指導を求めるものである。

解説 補語の欠落の問題。関係詞節の中で whose beliefs を主語とする動詞 are の補語 identical (形容詞) があり、空所の後の group (動詞) に対する副詞 naturally のある (B) が正解 (Men [whose beliefs are identical] naturally group together 「[信念を同じくする] 人々は自然に団結する」)。

5. **正解** (A)

訳 イギリス人を新世界へと向かわせる際に、宗教的そして政治的な要因が重要な役割を果たした。

解説 動名詞を補う問題。空所は前置詞の後なので、動詞を続けるには動名詞の形にするため (C) と (D) は不適。後に the English to the New World と続くことから空所は他動詞が必要なので (A) が正解。(B) coming の come は自動詞なので不適。

Written Expression　Questions 6-13

6. **正解** (A) adopting → to adopt

訳 日本人が西洋のやり方を取り入れる決心をした時、日本人は、ヨーロッパにおける特定の国の文明をお手本にはしなかった。

解説 不定詞か動名詞かを問う問題。determine「決心する」という動詞は、decide「決定する」と同じく、to 不定詞を目的語に取るので、to adopt が正解。

7.　**正解**　(A) among → between

訳　チョーサーは年代的にはアルフレッド王とアルフレッド・テニスンの中間に位置
　　　しているが、彼の英語は後者より前者の英語と大幅に異なる。
　解説　betweenとamongの違いを問う問題。基本的に among は 3 つ以上の
ものの間、between は 2 つのものの間という意味で用いられる。文中では King
Alfred and Alfred Tennyson（アルフレッド王とアルフレッド・テニスン）と 2
者の間なので between が正解。

8.　**正解**　(C) cushions → cushion

訳　先進国において確立されている広範な社会的セーフティネットは、多くの人が感
　　　じている苦しみを緩和している。
　解説　主語と動詞の一致の問題。主部は The extensive social safety nets。
述部の動詞が cushion だとわかれば、主語との関係から三人称単数の s が不要
なことがわかる。

9.　**正解**　(D) fare → might [would/could] have fared

訳　政府の保護を求めて働きかけることにあまり時間を使わず、自分達の製品の質の
　　　向上のために時間をもっと使っていたら、彼らはもっとうまくいっていたかもし
　　　れない。
　解説　仮定法の動詞の形を問う問題。仮定法過去完了の主節の形は、[助動
詞の過去形 + have + 動詞の過去分詞] となるので、they fare better ではなく、
they might [would / could] have fared better となる。

10.　**正解**　(C) than → than the one

訳　ディアスとダ・ガマよりも短いルートを発見したとコロンブスは信じており、ス
　　　ペインとポルトガルもそうであった。
　解説　比較の対象についての問題。この場合は「コロンブスの発見したルー
ト」と「ディアスとダ・ガマが発見したルート」を比較しなければならないが、
文中では「コロンブスの発見したルート」と「ディアスとダ・ガマが発見した」

を比較しようとしていることになり、比較対象が一致していない。the route Diaz and Da Gama found となり、route は先出のため、the one とするのが正しい。

11.　正解　(C) what → that/which

訳　ある科学者達によると、そのウイルスには、1985年のオレゴン養豚場にまでさかのぼる遺伝子的要素があるそうだ。

解説　関係詞の問題。date back は genetic elements を修飾する関係節なので、what ではなく、that もしくは which で主格の関係代名詞を使う。what は先行詞も含む関係詞。

12.　正解　(D) safe sanctuary → sanctuary

訳　ジャマイカ湾自然センターはニューヨークの野生動物保護区で、開放水域と潮間帯の塩性沼沢からなり、鳥たちの保護区域として機能している。

解説　リダンダントの問題。sanctuary はもともと safe place の意味なので、意味的に重複する safe は不要。

13.　正解　(C) deep → deeply

訳　事実上政府には医療従事者を訓練するお金はないけれども、訓練を受けていない村人を認めることには政府は非常に後ろ向きである。

解説　品詞・語意の問題。「後ろ向きな；気がすすまない」という形容詞を修飾するのは副詞である。したがって、deep ではなく deeply が正解。deep は副詞として用いられることもあるが、その場合は程度などの抽象的な意味ではなく、We had snow two meters deep last winter. のように具体的な深さを意味することに注意。

Section 3　Reading Comprehension

パッセージ

┈┈ Q2のキー

[1] (1)Formerly known as Burj Dubai, Burj Khalifa is now the tallest manmade structure ever built. (2)Standing 828 m (2,717 ft), it officially opened on January 4, 2010 in Dubai, United Arab Emirates to considerable fanfare. (3)It **dwarfs** the previously tallest standing man-made structure, the KVLY-TV Mast in North Dakota, USA which stands a mere 629 m from base to tip. (4)Until 1991, the tallest structure had been the Warsaw Radio Mast in Poland, which collapsed due to human error during a maintenance procedure.

[2] (1)The footprint of Burj Khalifa is 3-lobed and is based on the flower Hymenocallis, according to the design architect Adrian Smith. (2)The entire structure is composed of three elements surrounding a central core. (3)Naturally, as the tower moves upward, the cross-section decreases until it finishes in a spire.

┈┈ Q3のキー

[3] (1)The building is an engineering **marvel** and the amount of work and materials that went into its creation is **staggering to behold**. (2)Approximately 4,000 metric tons of structural steel went into the spire alone. (3)The principal structural system contains 110,000 metric tons of concrete and 55,000 metric tons of steel rebar. (4)The total construction time reached 22 million man-hours.

┈┈ Q9のキー

[4] (1)The composition, mixing and pouring of the concrete were of utmost importance. (2)Since the concrete needed to withstand both **tremendous** pressure (from the weight of the building) and extremely hot temperatures, special measures were taken. (3)It was decided that the concrete would not be poured during the day, but instead in the nighttime during the summer with its cooler temperatures and higher humidity. (4)Additionally, ice was added to the mixture to provide further cooling properties. (5)All of these steps were taken to allow the concrete to set more slowly and evenly in an effort to avoid cracking which would have been a crushing blow to the entire undertaking.

┈┈ Q7のキー

[5] (1)The completion of this tower, however, is not the end of development in this area. (2)Burj Khalifa is but the centerpiece in a gigantic mixed-use development project. (3)When finally completed, **it** will include 30,000 homes, 19 residential towers, 9 hotels, a mall, a park, and a huge man-made lake.

┈┈ Q10のキー

訳

[1] ₍₁₎元はブルジュ・ドバイとして知られる、ブルジュ・ハリファは今までに建設された最も高い人工建造物である。₍₂₎高さ828メートル（2,717フィート）のビルは、アラブ首長国連邦のドバイに2010年1月4日に鳴りもの入りで正式にオープンした。₍₃₎このビルのせいで、土台から頂きまで629メートルのそれまで最も高い人工建造物だった米国ノースダコタ州のKVLYテレビ塔が小さく見える。₍₄₎1991年まで、最も高い建造物はポーランドのワルシャワ・ラジオ塔だったが、メンテナンス中に人為的なミスで倒壊した。

[2] ₍₁₎設計建築家のエイドリアン・スミス氏によると、ブルジュ・ハリファの土台は三小葉で、ヒメノカリスの花をベースにしている。₍₂₎建物全体の構造は、中心の核を取り囲むように3つの要素から構成されている。₍₃₎当然、ビルが上に伸びていくにつれて、断面積は減少していき、先端部が尖形になっている。

[3] ₍₁₎この建物は建築上の奇跡であり、その建設に注ぎ込まれた労働力と材料を考えると目がくらむようである。₍₂₎先端部分だけで、約4,000メートルトン建築鉄鋼が投入された。₍₃₎主要な建築部分には、110,000メートルトンのコンクリートと55,000メートルトンの鉄筋が含まれている。₍₄₎全建築時間の合計は、2,200万人時に達した。

[4] ₍₁₎コンクリートの配合、混錬、注入が極めて重要だった。₍₂₎コンクリートは（ビルの重量から生じる）途方もない圧力と極端に高い気温に耐える必要があったので、特殊な工法が用いられた。₍₃₎コンクリートの注入は昼間には行われず、気温が低く湿度の高い夏の夜間に行われた。₍₄₎さらに、冷却作用のために、コンクリートを練ったものに氷が加えられた。₍₅₎建設全体への壊滅的な原因となるひび割れを防ぐために、コンクリートがゆっくり均等に固まるようこういった手が講じられた。

[5] ₍₁₎しかしながら、ブルジュ・ハリファの完成がこの地域の開発の終わりではなく、₍₂₎巨大な多目的開発プロジェクトにおける中心部分に過ぎない。₍₃₎このプロジェクトが完成すると、その地域には、30,000戸の住宅、19棟の居住用マンション、9つのホテル、ショッピングモール、公園、巨大な人口湖が存在することになる。

語彙・表現Check！

[1]□ structure〔名〕建造物、構造 ←Check!
□ United Arab Emirates　アラブ首長国連邦
□ considerable〔形〕かなりの ←Check!
□ previously〔副〕以前に ←Check!　□ collapse〔動〕倒壊する ←Check!
□ human error　人為的ミス
□ maintenance〔名〕メンテナンス、維持 ←Check!
□ procedure〔名〕手順 ←Check!

171

[2] □ core〔名〕核 ←Check! □ section〔名〕断面、部分 ←Check!
□ spire〔名〕尖頂、尖った先端部
[3] □ creation〔名〕作り出すこと ←Check!
□ approximately〔副〕約、およそ ←Check!
□ principal〔形〕主要な ←Check!
□ construction〔名〕建築、建設 ←Check!
□ man-hour〔名〕人時（一人一時間当たりの仕事量）
[4] □ undertaking〔名〕事業、仕事 ←Check!
[5] □ project〔名〕プロジェクト、企画 ←Check!
□ residential〔形〕居住の ←Check!

1. 正解 (B)

訳 4行目の "dwarfs" に最も意味が近いのは
(A) ～を征服する
(B) ～よりかなり高い
(C) ～のそばに立つ
(D) ～を小さくする

解説 語句に関する設問。[1] 第 3 文、It (= Burj Khalifa, 828 m) dwarfs ... the KVLY-TV Mast ... a mere 629 m ... で、dwarfs の主語、It が指すもの（=ブルジュ・ハリファ、828 m）と、目的語（the KVLY-TV Mast、629 m）を確認し、828 m > 629 m から（B）が正解となる。dwarfs の意味は名詞では「小人」だが、動詞では「主語が目的語を小さく見せる」である。ここでは動詞で使われているから「(828 m の) ブルジュ・ハリファが (629 m の) KVLY テレビ塔を小さく見せる」という使い方。

他の選択肢
(A) conquers は「征服する」の意で、建築物であるブルジュ・ハリファが建築物である KVLY テレビ塔を「征服する」ことはできない。
(C) stands by は「そばに立つ」の意で、アラブ首長国連邦のドバイにあるブルジュ・ハリファが合衆国のノースダコタにある KVLY テレビ塔の「そばに立つ」とは言えない。
(D) shrinks は「縮める」の意で、KVLY テレビ塔を物理的に縮めることはできない。

2. 正解 (C)

訳 パッセージによると、世界で2番目に高い人口建造物はどこにあるか。
- (A) ドバイ
- (B) ポーランド
- (C) ノースダコタ
- (D) アラブ首長国連邦

解説 文章の詳細に関わる設問。[1] 第 3 文、It dwarfs the previously tallest standing man-made structure, the KVLY-TV Mast in North Dakota, USA ... から。現在、最も高いブルジュ・ハリファに対して previously tallest「以前最も高かった」とある KVLY テレビ塔が 2 番目に高いと考えられるので、所在地は North Dakota（USA）となる。

他の選択肢
- (A) Dubai はブルジュ・ハリファのある場所。
- (B) Poland はワルシャワ・ラジオ塔（1991 年まで最長で、倒壊した建物）のあった場所。
- (D) United Arab Emirates はブルジュ・ハリファのある場所。

3. 正解 (C)

訳 次のうち、パッセージの第2パラグラフで記述されているブルジュ・ハリファの外観に当てはまるものはどれか。
- (A) 先端部分は土台部分よりも幅が広い。
- (B) 中心が3つの要素を取り囲んでいる。
- (C) 高く上るにつれて細くなる。
- (D) 建物全体が花の形をしている。

解説 文章の詳細に関わる設問。[2] 第 3 文、..., as the tower moves upward, the cross-section decreases ....「タワーの上に行くにつれて、断面が小さくなっていく」の部分と（C）の「上に行くにつれて先細になる（tapers）」が合致している。

他の選択肢
- (A) spire は構造物の細い先端部を表すので、spire が base「土台部分」よりも広いとは考え

られない。

(B) [2] 第2文、... three elements surrounding a central core「中心を囲む3つの要素」に矛盾する。

(D) [2] 第1文、The footprint of Burj Khalifa ... is based on the flower Hymenocallis「ブルジュ・ハリファの土台がヒメノカリスの花をベースにしている」は「土台」についての記述であり、建物全体（entire structure）についての記述ではない。

4.　**正解**　（D）

訳　14行目の "marvel" に最も意味が近いのは
(A) 外観
(B) ガラスでできた
(C) デザイン
(D) 偉大な業績

解説　語句に関する設問。marvel は「驚異的なもの（人）」の意味から「偉大な業績」を表す（D）が正解。[1] でブルジュ・ハリファの世界一の巨大さを述べたうえで、The building (= Burj Khalifa) is an engineering marvel と「ブルジュ・ハリファは工学技術上の…」（[3] 第1文）とつながっているところから、…は「すごいもの」といった推測ができる。

5.　**正解**　（B）

訳　15行目の "staggering to behold" に最も意味が近いのは
(A) 誇張された
(B) 驚くような
(C) 容易に見かける
(D) 取り扱いが困難な

解説　語句に関する設問。staggering は「ふらつかせる、信じがたいほどの」behold は「見る」から staggering to behold「目もくらむような」で（B）stunning「驚くような」が合致する。[1] でブルジュ・ハリファの巨大さ、工学技術の驚異を取り上げたうえで、... the amount of work and materials that went into its (= Burj Khalifa's) creation「ブルジュ・ハリファの建築に注ぎ込まれた

労働力と材料」（[3] 第 1 文）について描写している言葉が staggering to behold だから、「多大である、莫大である」といった意味を推測し、「驚くほど（多い）」を表す（B）stunning を選択することができる。

6. ■正解■ （A）

訳 22行目の "tremendous" に最も意味が近いのは
(A) 途方もない
(B) 標準的な
(C) 震えている
(D) 取るに足りない

■解説■ 語句に関する設問。tremendous は「巨大な」の意味の immense の同意語。コンテキストからも tremendous pressure (from the weight of the building)（[4] 第 2 文）の括弧の中に注目し、建物（＝ブルジュ・ハリファ）の重さは極めて大きいはずなので、そこからの pressure も莫大なものになると推測できる。

7. ■正解■ （C）

訳 次のうち、コンクリートの誤った使用方法にともなう危険はどれか。
(A) 固まるのが遅いこと
(B) 不十分な氷
(C) ひび割れ
(D) 壊滅的な一撃

■解説■ 文章の詳細に関わる設問。設問の danger に関連するテキストの記述は、[4] 第 5 文のa crushing blow to the entire undertaking「建設事業全体への壊滅的な打撃」と考えられる。危険をもたらす a crushing blow となるのは同じ文の ... cracking which would have been a crushing blow ... から which の前にある cracking のことだとわかるので（C）が正解。

▎他の選択肢▎
(A) All of these steps were taken to allow the concrete to set more slowly ... から slow

setting は危険ではなく、「すべきこと」。

(B) [4] 第 4 文に ice が加えられることは述べられているが、量に関して「不十分」に関連する記述はない。

(D) crushing blow は「とどめの一撃」の意味。危険なのは「とどめの一撃」となる cracking「ひび割れ」。

8. ▮正解▮ (D)

訳 33行目の "it" が指すものはどれか。
(A) 中心部分
(B) ブルジュ・ハリファ
(C) 塔
(D) 巨大な多目的開発プロジェクト

▮解説▮ 語句に関する設問。[5] 第 3 文で、it は「3 万戸の住宅、19 棟の居住用マンション、9 つのホテル、ショッピングモール、公園、巨大な人口湖を含む」なので、it は 1 つの巨大なタワーであるブルジュ・ハイファではなく、開発プロジェクト全体と考えられる。また、第 1 ～ 2 文を見ていくと、this tower = Burj Khalifa = centerpiece だから、(A)、(B)、(C) のどれか 1 つが答えになることはないので、消去法でも (D) が正解になる。

9. ▮正解▮ (C)

訳 パッセージによると、コンクリートの注入について推測できることは何か。
(A) 夏の数カ月は暑すぎてコンクリートが安定した混合物にならない。
(B) 湿度を高めるためにコンクリートを注入する際に氷が必要だ。
(C) 安定した製品を作るのに気温と湿気が重要だ。
(D) コンクリートが冷たければ冷たいほど、圧力によってひび割れる可能性が高まる。

▮解説▮ 推論を必要とする設問。コンクリートについては [4] で説明されているが、第 2 文で特殊な工法が用いられたとある。続く第 3 文で、コンクリートの注入が行われたのが in the nighttime during the summer with its cooler temperatures and higher humidity だったとあるので、気温と湿度の両方が重要な条件なのだとわかる。

訳 次の内容のうち、筆者が最も同意しないであろうものはどれか。

（B）タワーには大量の鉄とコンクリートが使われている。

（C）タワーは巨大な開発プロジェクトの最終部分である。

解説 文章の詳細に関わる設問。設問に LEAST likely agree とあるところから、パッセージの内容に合致しない選択肢を選ぶ。[5] 第 1 文で「このタワーの完成がプロジェクトの終わりではない」から（C）のfinal piece が矛盾することになる。

（A）[2] 第 1 文の The footprint of Burj Khalifa is 3-lobed に合致する（base = footprint）。

（B）[3] 第 2 文の 4,000 metric tons of structural steel 、第 3 文の 110,000 metric tons of concrete and 55,000 metric tons of steel rebar. に合致する。

（D）[1] 第 2 文の it officially opened ... fanfareに合致する。fanfare が「ファンファーレ、派手な宣伝」だから華やかにオープニングが行われたことを示している。

リスニング問題の復習

||||||||||| **単語のポイント**

次のフレーズの空欄に適切な単語を入れなさい。

① 婚約したカップル　　　　　　an engaged（　　　　）

② 必要不可欠な専門知識　　　　the necessary（　　　　）

③ ダニの専門家　　　　　　　　an（　　　　）on mites

④ 災害から生き残る　　　　　　（　　　　）the disaster

⑤ 経済的な急成長を経験する　　experience an（　　　　）boom

⑥ 現代の交通手段の様式　　　　a contemporary mode of（　　　　）

⑦ 広く利用できる　　　　　　　widely（　　　　）

⑧ 全面的に協力する　　　　　　fully（　　　　）

⑨ あらゆる困難にもかかわらず　（　　　　）all the difficulties

⑩ 綿密に調整されたシステム　　a closely（　　　　）system

⑪ 均等に分布している　　　　　evenly（　　　　）

⑫ パラダイムの転換　　　　　　a paradigm（　　　　）

⑬ ガンの発生率　　　　　　　　an（　　　　）of cancer

⑭ 熾烈な競争に巻き込まれる　　be（　　　　）in fierce competition

⑮ 差別に遭遇する　　　　　　　（　　　）discrimination

① couple　② expertise　③ expert　④ survive　⑤ economic
⑥ transportation　⑦ available　⑧ cooperate　⑨ despite　⑩ coordinated
⑪ distributed　⑫ shift　⑬ incidence〔→ incidentally〔副〕偶然に〕
⑭ involved　⑮ encounter

リーディング問題の復習

|||||||||||| 単語のポイント

次のフレーズの空欄に適切な単語を入れなさい。

① 財政上の構造　　　　　　　the financial（　　　）

② とてつもない距離　　　　　（　　　）distances

③ 前の時代　　　　　　　　　a（　　　）era

④ 崩壊の危険にある　　　　　in danger of（　　　）

⑤ 匿名を保つ　　　　　　　　（　　　）the anonymity

⑥ 実行可能な手順　　　　　　a feasible（　　　）

⑦ アメーバの核　　　　　　　the（　　　）of an amoeba

⑧ 社会のある層　　　　　　　a（　　　）of the society

⑨ 新しい組織をつくること　　the（　　　）of a new organization

⑩ およそ一年　　　　　　　　（　　　）a year

⑪ 進化の主要な要因　　　　　the（　　　）agent of evolution

⑫ 建設中のビル　　　　　　　a building under（　　　）

⑬ 厳しい事業にもかかわらず　despite the arduous（　　　）

⑭ 研究プロジェクトを運営する　administer the research（　　　）

⑮ その住宅ホールの衛生状態　sanitation in the（　　　）hall

■正解■　① structure　② considerable　③ previous〔→ previously〔副〕以前は〕
④ collapsing　⑤ maintain〔→ maintenance〔名〕維持〕　⑥ procedure　⑦ core
⑧ section　⑨ creation　⑩ approximately　⑪ principal　⑫ construction
⑬ undertaking　⑭ project　⑮ residential

||||||||||| **文法のポイント**

● Naturally, as the tower moves upward, the cross-section decreases **until** it finishes in a spire. （そのタワーは当然、上に伸びていくにつれて、断面積は減少していき、先端部が尖形になっている。）

■解説■　until SV は「～するまでずっと」という意味だが、「やがて SV」という風に前から読むと楽であることもある。いずれにせよ、「そのあとに何があるか」を示す言葉である。

● Burj Khalifa is **but** the centerpiece in a gigantic mixed-use development project. （ブルジュ・ハリファは巨大な多目的開発プロジェクトにおける中心部分に過ぎない。）

■解説■　この but は副詞で only と同じ意味である。ただし、文語的な用法である。but は not A but B〔A ではなく B〕という表現（この場合の but は前置詞）からもわかるように「除外・例外」の意味がある。

Day4

毎日ミニ模試
TOEFL ITP テスト

Day 1

Day 2

Day 3

Day 4

Day 5

Day 6

Day 7

Part A   Questions 1–8   46-53

1. (A) She got up late because the rain kept her up the night before.
   (B) She didn't think that she could meet the man because of the bad weather.
   (C) She couldn't get up in time because she had been feeling sick.
   (D) She was feeling ill because she overslept.

2. (A) He thinks the woman should call and apologize soon.
   (B) The company might give the woman the job if she explains herself.
   (C) The woman ruined her own chances of getting a job at the company.
   (D) It will take a while for the company to make a decision on whether to give the woman the job or not.

3. (A) At a photography exhibition.
   (B) In a train station.
   (C) In a museum.
   (D) At a bus stop.

4. (A) She is being replaced.
   (B) She has to babysit her niece.
   (C) She is unhappy with having to show the intern around.
   (D) She is unable to take her vacation as scheduled.

5. (A) The man would get fired.
   (B) The man's current job is tiring.
   (C) The man should express his feelings to his boss.
   (D) The man could easily find another job.

6. (A) The woman has a good chance of having her request granted.
   (B) Professor Jones will decide on a case by case basis.
   (C) The woman definitely won't get an extension.
   (D) It depends on Professor Jones' mood.

7. (A) His job security is still uncertain.
   (B) He is tired of waiting.
   (C) He doesn't want to divulge his secrets.
   (D) No news is good news.

8. (A) That the woman should stop eating low-calorie snacks.
   (B) That the woman eliminate all types of snacks.
   (C) That the woman count calories.
   (D) That the woman eat healthier snacks.

9. (A) To tell her boss that she needs to completely rearrange her work schedule.
   (B) To see if he will approve of her class selections.
   (C) To complain about her tough schedule.
   (D) Because of an unavoidable clash between her work and school schedules.

10. (A) Because she works during the day.
    (B) Because, as a senior, she has very limited choices.
    (C) Because there is an elective class that she really wants to take.
    (D) Because she has heard that the teacher of that class is really good.

11. (A) She promised her boss that she wouldn't.
    (B) She enjoys the job.
    (C) She is saving up for a graduation present.
    (D) She needs the cash.

12. (A) Wednesday and Friday evenings.
    (B) Tuesday and Thursday evenings.
    (C) Friday evenings.
    (D) Thursday evenings.

13. (A) The differences between two causes of perspiration in humans.
    (B) The similarities that humans have with some animals in terms of perspiration.
    (C) A comparison of perspiration habits of different animals.
    (D) A description of human perspiration caused by increased ambient heat.

14. (A) Emotionally-induced sweating is generated in larger amounts.
    (B) Heat-induced sweating occurs in more areas of the body.
    (C) The length of time spent sweating is greater in heat-induced perspiration.
    (D) Heat-induced sweating is generated in more specific regions.

15. (A) By evaporation of the perspiration on the skin.
    (B) Through reduction in the core temperature.
    (C) Directly through sweating.
    (D) By increased physical activity.

16. (A) Their sweat contains large amounts of minerals.
    (B) They sweat much more than monkeys do.
    (C) They both produce sweat in their armpits.
    (D) They both possess very few sweat glands.

Day 4

Structure   Questions 1–5   Time: 3 minutes

1. Anyone who has come into contact with Krall must feel respect for this
    man, ------ he may harbor as to the results obtained.
    (A) any doubt
    (B) whatever doubts
    (C) however doubtful
    (D) even doubtful

2. Copies of Einstein's work ultimately reached the outside world and
    enabled people ------ gravitation.
    (A) learning more about
    (B) to learn more about
    (C) learned about more
    (D) learn about more

3. In their early youth our railroads were allowed to grow ------ spoiled,
    willful, untamed children.
    (A) up to
    (B) up with
    (C) up like
    (D) up as

4. Like the other planets—Saturn, Jupiter, and Uranus— ------ in a thick
    atmosphere, probably heavy with clouds.
    (A) is shrouded
    (B) are shrouded
    (C) Neptune is shrouded
    (D) Neptune are shrouded

5. The degree of kinship ------ for marriage varies greatly among different peoples.
   (A) is considered too close
   (B) which considered to be close
   (C) is considered to be close
   (D) which is considered too close

Written Expression   Questions 6–13

---

6. The cemetery is a <u>spiritual</u> transportation hub, <u>where</u> souls are <u>constantly</u>
                        A   B   C
   being dispatched, <u>capturing</u>, or recalled.
                        D

7. The <u>emergency</u> of Japan <u>shaped</u> the world <u>as much as</u> that of the U.S. <u>did</u>
            A   B   C   D
   in the late 19th century.

8. The establishment of new <u>system</u> could <u>amount to</u> the greatest upheaval
                              A   B
   in domestic politics <u>since</u> the army seized <u>power</u>.
                            C   D

9. The <u>discover</u> by Galileo of the isochronism of the pendulum, <u>followed</u> by
            A   B
   Huyghens's adaptation of that principle to clocks, <u>has</u> been one of the
                                                        C
   greatest aids <u>to</u> accurate observation.
                  D

10. <u>In</u> dealing with railway corporations, the Democratic platform <u>proposed</u>
    A   B

    concretely the valuation of railways, <u>taking</u> into consideration the physical
                                            C

    as well as <u>another</u> elements.
                D

11. The eruption of a volcano on Thera in 1613 BCE <u>on the present day island</u>
                                                     A

    of Santorini released an estimated 100 km³ of ejecta <u>into the atmosphere</u>
                                                           B

    darkening the sky <u>for estimated</u> two weeks and <u>creating</u> a two-year-long
                       C   D

    winter.

12. Psychology has now <u>reached</u> that stage in <u>its</u> development where <u>they</u>
                        A   B   C

    can be <u>of use</u> to humanity.
            D

13. Generations of African residents <u>have watched</u> their children <u>fall</u> <u>ill</u> each
                                      A   B   C

    rainy season, <u>lay</u> low by tuberculosis.
                   D

Questions 1–10

Vinegar is one of those fortunate accidental discoveries that mankind has benefited from throughout human history. For more than 10,000 years, people have used this "sour wine" in a variety of
Line ways. In around 5,000 BC, Babylonians used vinegar as both a
(5) preservative and a condiment. The ancient Greeks reportedly used it in the pickling of vegetables and meats, and it is mentioned several times in the Bible. Posca, a drink that was part of the Roman legionnaire's basic kit, was made of vinegar, water, and optionally honey. In the Civil War and World War I, vinegar was also used to
(10) treat scurvy and wounds, respectively.

Vinegar is an acidic liquid created from the oxidation of ethanol to produce acetic acid, vinegar's main ingredient. The ethanol can come from many different sources including wine, beer, cider, or fermented fruit juice. Vinegar is diluted in commercial use, with table
(15) vinegar having an acetic acid concentration of 4–8% by volume and pickling vinegar having a concentration of 18%. Although the production methods and types of vinegar have changed somewhat over the years, the basic chemistry behind its creation remains the same.

(20) While claims of its curative properties have not stood up well in controlled medical trials, vinegar continues to enjoy both culinary and non-culinary applications. As a condiment, vinegar is found in mayonnaise, mustard, ketchup, pickles, chutneys, and salad dressings. It is also used by itself atop fish and chips, French fries, and other
(25) similar dishes.

The acidic nature of vinegar gives it the ability to dissolve mineral deposits, which makes it an ideal cleaning agent for glass, tile, and coffeemakers. It can also be used as an eco-friendly herbicide since it is non-toxic and is not absorbed by the root systems of plants.
(30) Finally, it is extremely effective as a painkiller for most jellyfish

Day 4

stings, with the exception of those of the Portuguese Man-of-War for which it has the opposite effect.

Vinegar, with its indefinite shelf life and multifunctionality, has served mankind well for many millennia and will continue to do

(35) so for at least the foreseeable future.

1. Which of the following is a nickname for vinegar?
    (A) Posca
    (B) Preservative
    (C) Sour wine
    (D) Condiment

2. The word "diluted" in line 14 is closest in meaning to
    (A) highly concentrated
    (B) sold
    (C) made less concentrated
    (D) pickled

3. Which of the following is historically unchanged in the creation of vinegar?
    (A) Basic chemistry
    (B) Varieties
    (C) Ingredients
    (D) Production methods

4. What does the passage suggest is true of vinegar's reported medical benefits?
    (A) They have done well in clinical trials.
    (B) They have been used as the basis for development of new medicines.
    (C) They have not been proven to be true in medical trials.
    (D) They have yet to be tested.

5. The word "dissolve" in line 26 is closest in meaning to
    (A) destroy
    (B) break down
    (C) smooth out
    (D) accumulate

6. The word "those" in line 31 refers to
    (A) stings
    (B) painkillers
    (C) root systems
    (D) deposits

7. In line 31, a "Portuguese Man-of-War" is
   (A) a ship
   (B) a jellyfish
   (C) a plant
   (D) a vinegar

8. Popular uses of vinegar include all of the following EXCEPT
   (A) condiment
   (B) household cleaner
   (C) herbicide
   (D) universal painkiller

9. The word "foreseeable" in line 35 is closest in meaning to
   (A) definite
   (B) unlikely
   (C) permanent
   (D) probable

10. According to the passage, which of the following is true about vinegar?
    (A) It cleans glass effortlessly because it is non-toxic.
    (B) It is made of acid which can clean mineral deposits without harming plants.
    (C) It makes for an ideal cleaning agent because its acids break down mineral deposits effectively.
    (D) It has been proven to have medical properties effective in curing many ailments.

THIS IS THE END OF THE TEST.

正解一覧

Section 1 Listening Comprehension

Part A

1. (C)　2. (C)　3. (C)　4. (C)　5. (A)　6. (C)　7. (A)　8. (D)

Part B

9. (D)　10. (B)　11. (D)　12. (A)

Part C

13. (D)　14. (B)　15. (A)　16. (C)

Section 2 Structure & Written Expression

Structure

1. (B)　2. (B)　3. (C)　4. (C)　5. (D)

Written Expression

6. (D)　7. (A)　8. (A)　9. (A)　10. (D) 11. (C)　12. (C)　13. (D)

Section 3 Reading Comprehension

1. (C)　2. (C)　3. (A)　4. (C)　5. (B) 6. (A)　7. (B)　8. (D)　9. (D)　10. (C)

Section 1　Listening Comprehension

Part A　　　Questions 1–8

1.　**正解**　(C) 46

スクリプト・訳

M： Hey, what happened to you yesterday? We waited for you for over 20 minutes. So, we left without you.

W： Yeah, sorry about that. I was really under the weather the night before and I overslept.

Q： What does the woman mean?

男性： ねえ、昨日何かあったの？　20分以上も待ってたんだよ。来ないから君なしで行ったんだ。

女性： うん、ごめんなさい。前の晩に本当に体調が悪くて寝過ごしちゃったのよ。

質問： 女性が意味しているのはどういうことか。

選択肢の訳

(A) 彼女は前の晩に雨で眠れなかったので起きるのが遅くなった。

(B) 彼女は悪天候で男性に会うことができると思わなかった。

(C) 彼女は気分が悪かったので時間に間に合うように起きられなかった。

(D) 彼女は寝過ごしたので気分が悪かった。

解説　イディオムに関する設問。under the weather は「体調が悪い」の意味。体調が理由で overslept したのだから (C) が合致する。

語彙・表現Check !

　□ under the weather　体調が悪い　□ oversleep〔動〕寝過ごす

スクリプト・訳

W：I cannot believe what I just did at my latest job interview. Everything was going well until I criticized the company dress policy.

M：You totally shot yourself in the foot. Don't expect them to be calling you anytime soon.

Q：What does the man mean?

女性：最近の仕事の面接でついこないだしたことが自分でも信じられないわ。会社の服装規定を批判するまでは全てうまく行ってたのよ。

男性：完全に墓穴を掘ったね。すぐにでも電話があるなんて期待しちゃだめだよ。

質問：男性が意味しているのはどういうことか。

選択肢の訳

(A) 彼は女性がすぐに電話して謝るべきだと考えている。

(B) 女性が自分の意図をきちんと説明すればその会社は彼女に仕事をくれるかもしれない。

(C) 女性はその会社で仕事をもらう機会を自分でふいにした。

(D) その会社が女性に仕事を与えるべきかどうか決定するのにしばらく時間がかかるだろう。

解説　イディオムに関する設問。shoot oneself in the foot は「自ら災難を招く」の意味。女性は仕事の面接で失敗をしたと言っているが、男性はそれが女性自身の責任だと述べていることになる。

語彙・表現Check！

□ latest〔形〕最新の、最近の　　□ shoot oneself in the foot　自ら災難を招く

スクリプト・訳

M：What are you doing in here? I didn't know you were an art fan.

W：I'm just killing time waiting for my bus to arrive.

Q：Where does this conversation probably take place?

男性：ここで何してるの？　君が芸術に熱心だとは知らなかったよ。

女性：バスが来るまで、ただ時間をつぶしているだけよ。

質問： この会話が行われているのはおそらくどこか。

選択肢の訳

（A）写真展示会。

（B）駅。

（C）美術館。

（D）バスの停留所。

解説 推測や予測を必要とする設問。男性の発言 I didn't know you were an art fan. から「芸術」に関わる場所ということになるので（C）museum「美術館」が正解。

語彙・表現Check！

□ kill time　時間をつぶす

4. **正解** （C） 🔊 49

スクリプト・訳

M： What's the matter?

W： They hired a new intern for the summer and it's fallen upon me to show her the ropes. I'm not interested in "babysitting" someone with all the work of my own I've got to do.

Q： What's the woman's problem?

男性： どうかした？

女性： 会社が夏期のインターンを雇ったんだけど、彼女に仕事を教えてやってくれって言われてるの。自分の仕事がいろいろあるのに、人の「お守」なんかに興味はないわ。

質問： 女性の問題は何か。

選択肢の訳

（A）彼女に後任が来ている。

（B）彼女は姪のお守をしなければならない。

（C）彼女はインターンに（職場の）案内をしなければならないことが不満である。

（D）彼女は予定通り休暇を取ることができない。

解説 追加情報を聞き取る設問。女性は it's fallen upon me to show her (= the intern) the ropes と言っていて、it's fallen upon 人 to do ... は「to do する

ことが「人」に（責任として）ふりかかる」、show ... the ropes は「コツを教える」なので、（C）の show ... around「人を案内する → 仕事の手ほどきをする」に合致する。

5. ■正解■ （A）   50

スクリプト・訳

M： Someday I'm going to walk right into his office and tell my boss exactly how I feel.

W： I wouldn't do that if I were you. You'll never find a position as good as the one you've got now.

Q： What does the woman imply?

男性： いつか、上司のオフィスに乗りこんで行って、思っていることぶつけてやるんだ。

女性： 私だったらそんなことしないわ。今ほどいいポジションは見つからないわよ。

質問： 女性が暗に言っているのはどういうことか。

選択肢の訳

（A）男性が首になるだろう。

（B）男性の今の仕事はつまらない。

（C）男性は上司に自分の気持ちを伝えるべきだ。

（D）男性は簡単に別の仕事が見つかるだろう。

■解説■ 推測や予測を必要とする設問。上司と直談判しようとする男性に対して、女性は I wouldn't do that if I were you.「私ならそんなことをしない」と止め、さらに You'll never find a position as good ...「今ほどいいポジションは見つからない」。つまり「上司とぶつかると首になる（からそんなことやめておきなさい）」と言っていることになる。

☐ if I were you　もし私（があなた）だったら（相手にアドバイスをする時の定型表現）

6. ▌正解▐ （C） 🔊)) 51

スクリプト・訳

W： Do you think that Professor Jones will give me an extension on my term paper if I explain that I was really sick?

M： Fat chance. He said it had to be turned in by the 15th no matter what.

Q： What does the man mean?

女性： 本当に病気だったということを説明したら、ジョーンズ教授は期末レポートの期限を延長してくれるかな？

男性： 見込みはあまりないよ。教授は何があっても15日までに出せって言ってたし。

質問： 男性が意味しているのはどういうことか。

選択肢の訳

（A） 女性の願いが聞き入れられる可能性が高い。

（B） ジョーンズ教授はケースバイケースでものを決める。

（C） 女性はきっと延長を認められない。

（D） ジョーンズ教授の気分次第だ。

▌解説▐　追加情報を聞き取る設問。女性が「期間延長（extension）をもらえるかな？」と聞いているのに対して、男性が fat chance「見込み薄」と言っていること、さらに教授が期限について no matter what「何があっても」と言っていたという点から extension は得られそうにないということになる。

語彙・表現Check！

☐ extension〔名〕延長　☐ term paper〔名〕期末レポート

☐ fat chance〔名〕見込み薄　☐ no matter what　何があっても

スクリプト・訳

W： Any news on whether your position will survive the restructuring in your department?

M： We'll have to wait and see.

Q： What does the man mean?

女性： 部のリストラであなたのポジションが残るかどうかについて何か情報はある？

男性： 成り行きを見守るしかないね。

質問： 男性が意味しているのはどういうことか。

選択肢の訳

(A) 彼の職が保証されるかどうかはまだ不確かだ。

(B) 彼は待つのに疲れた。

(C) 彼は秘密をもらしたくない。

(D) 便りがないのは良い便り。

解説 追加情報を聞き取る設問。女性の質問で your position will survive the restructuring「ポジションがリストラを生き残れる」かどうかというのは「仕事がなくならない」かどうかを聞いていることになる。男性が「wait and see しなければならない」（wait and see は「成り行きを待つ、静観する」の意味）から「仕事がどうなるかわからない」ので (A) の uncertain が合致する。

語彙・表現Check！

☐ survive〔動〕～を切り抜ける　☐ restructuring〔名〕リストラ、再編 ←*Check!*

☐ wait and see　成り行きを見守る、静観する

☐ job security〔名〕職の安全・保障（失業しないこと）

☐ no news is good news　便りのないのは良い便り（ことわざ）

スクリプト・訳

W： My doctor says I need to lose some weight. You dropped a bunch of pounds last year, right? Any tips?

M： Yeah. The biggest thing for me was to cut down on high-calorie, sugary snacks between meals and replace them with healthy alternatives.

Q: What does the man suggest?

女性： 体重を落とせってお医者さんに言われているのよ。あなた去年随分やったでしょう。何かアドバイスない？

男性： うん、一番大きかったのは、カロリーの高い、糖分の多い間食をやめて、健康食に代えたことだよ。

質問： 男性が提案していることはどういうことか。

選択肢の訳

(A) 女性はカロリーの低い間食をやめるべきだ。

(B) 女性はあらゆる間食をやめるべきだ。

(C) 女性はカロリーを計算するべきだ。

(D) 女性はもっと健康的な間食にすべきだ。

解説 話者の意思や考えを聞き取る設問。男性が、... replace them with healthy alternatives（them = high-calorie, sugary snacks、alternatives = snacks）と言っている部分に合致する。

語彙・表現Check！

☐ a bunch of　たくさんの～　☐ tip〔名〕アドバイス、助言

☐ replace A with B　AをBに代える

☐ alternative〔名〕代用品、代わりとなるもの ←Check!

スクリプト

Listen to a conversation between a student and her employer.

M： (1)Hey Cindy, how's it going?

W： (1)Pretty good, Mr. Walker. I was wondering if you had a few moments to talk about something.

M： (2)I'm free now. What's on your mind?   ····· Q9のキー

W： (2)Well, as you may know, it's time for us to register for our spring classes, and I may have a bit of a scheduling conflict on either Thursdays or Fridays.

M： (3)You're currently scheduled to work here from 5 to 9 p.m. on both of those days as I recall.

W： (3)That's right. But I have to take a 200-level economics class before I graduate to satisfy a departmental requirement. Unfortunately, this being my last semester, my choices are somewhat limited. There are only two classes that I can take and one of them meets on Tuesday and Thursday evenings and the other on Wednesday and Friday evenings.   ····· Q10のキー

M： (4)And I suppose you need to see if you can change your work schedule here?

W： (4)That's right. But it doesn't matter to me which course I take, I would take the one that works best for you. I don't want to put you out since you guys have been so good to me in the past. But, I also don't want to reduce my total hours since I really need the money. I was really hoping to move one of my work days to another night.   ····· Q11のキー

M： (5)Well, I think you're in luck. It just so happens that one of your coworkers, Frank, needs to change from Wednesday nights to Thursday nights for a similar reason. I'll give him a call to make sure that he still wants to make that change, and then I'll give you a call to verify the switch.

W： (5)Oh great. That's a load off my mind. Thank you so much, Mr. Walker.

訳

学生と雇用者の会話を聞いてください。

男性： (1)やあ、シンディ、調子はどう？

女性： (1)とってもいい調子です。ウォーカーさん。ちょっとお話があるんですが、少しお時間よろしいですか？

男性： (2)今なら時間あるけど、どうかしたの？

女性： (2)ええ、ご存知のように、春の授業の登録をする時期なんですが、木曜日と金曜

日でスケジュールがぶつかっちゃうかもしれないんです。

男性： (3)今は、その2日間の午後5時から9時までここで働いてもらってたよね。

女性： (3)ええ、そうです。でも学部の必須科目を履修して卒業するのにレベル200の経済学の講義を取らないといけなくて。今期が私の最後のセメスターなんですが、選択できる授業がちょっと少なくて、取れるのが2つしかないんです。1つは火曜日と木曜日の夜で、もう1つが水曜日と金曜日の夜なんです。

男性： (4)ということは、ここでの仕事のスケジュールが変えられるかどうか知りたいってことだよね。

女性： (4)そうなんです。どちらの授業でも私は構わないので、仕事に都合のいいほうを取ります。皆さんにはこれまで良くしてもらっているので、迷惑はかけたくないと思っています。でも、お金もいるので合計時間は減らしたくないんです。仕事の1日を別の日に移してもらえると本当に助かるんですが。

男性： (5)そう、君は幸運だと思うよ。君と一緒に働いているフランクが同じような理由で、水曜の夜から木曜の夜に変わらないといけなくなっているんだ。彼に電話して、まだ変更したがっているかどうか確かめてから、君にも確認の電話をいれるよ。

女性： (5)あーよかった。ほっとしました。どうもありがとうございます、ウォーカーさん。

語彙・表現Check !

☐ how's it going? 調子はどう？　☐ what's on your mind? 何が気になっているの？

☐ register〔動〕登録する　☐ conflict〔名〕衝突、対立 ←*Check!*

☐ schedule〔動〕予定する ←*Check!*　☐ economics〔名〕経済学 ←*Check!*

☐ requirement〔名〕必須要件 ←*Check!*　☐ put ～ out〔動〕迷惑をかける

☐ verify〔動〕確認する

☐ a load off one's mind　ほっとすること、精神的重荷からの解放

質問 Why does the woman need to talk to the man?

訳 女性はなぜ男性と話す必要があったのか。

(A) 仕事のスケジュールを完全に変更する必要があることを（アルバイト先の）上司に伝えるため。

(B) クラスの選択を彼が認めてくれるかどうか確かめるため。

(C) 厳しいスケジュールの不平を言うため。

(D) 仕事と学校のスケジュールがどうしてもぶつかってしまうため。

■**解説**■ 基本情報についての設問。女性の発言 (2)、... to register for our spring classes, and I may have a bit of a scheduling conflict で「授業の登録でスケジュールがぶつかるかもしれない」と、女性の発言 (4) の最後の I was really hoping to move one of my work days「仕事の 1 日を動かしたい」から、仕事と学校のスケジュールが問題になっていることがわかる。(A) To tell her boss that she needs to completely rearrange her work「仕事のスケジュールを決め直す」の部分は女性の発言に合致するが、女性の発言 (4) の最後で move one of my work days「変えたいのは 1 日だけです」と言っているから completely が矛盾する。

質問 Why is the woman going to take evening classes?

訳 女性はなぜ夜のクラスを取るのか。

(A) 彼女が昼間に働いているため。

(B) 4年生なので（クラスの）選択が非常に限られているため。

(C) どうしても彼女が取りたい選択クラスがあるため。

(D) そのクラスの教師がとても良いと聞いたため。

■**解説**■ 詳細についての設問。女性の発言 (3) ... this being my last semester, my choices are somewhat limited. の部分が (B) と同じ内容である (last semester「最後の学期」 → senior「4 年生」)。

11. 正解 (D) 🔊 55

質問 According to the woman, why doesn't she want to reduce her working hours?

訳 女性によると、なぜ働く時間を減らしたくないのか。

(A) 彼女は上司に（仕事時間を減らさないと）約束した。

(B) 彼女は仕事を楽しんでいる。

(C) 彼女は卒業のプレゼントのために貯金をしている。

(D) 彼女は現金を必要としている。

解説 詳細についての設問。女性の発言 (4) の I also don't want to reduce my total hours since I really need the money. と合致する。ここで total hours はworking hours の合計であり、発言の money を (D) では cash と言い換えている。

12. 正解 (A) 🔊 55

質問 What will the woman's final work schedule look like?

訳 女性の最終的な仕事のスケジュールはどのようなものになるか。

(A) 水曜日と金曜日の夜。

(B) 火曜日と木曜日の夜。

(C) 金曜日の夜。

(D) 木曜日の夜。

解説 詳細についての設問。次の 3 つの発言内容を整理する。「[女性の発言 (2)] 現在、女性は Thursday と Friday に働いている。[女性の発言 (3)] クラスは Tuesday と Thursday か、Wednesday と Friday のどちらか。[男性の発言 (5)] Frank が Wednesday から Thursday に移動したがっている」したがって、Frank が仕事 Wednesday から Thursday に移動させれば Wednesday が空くので、女性は Thursday から Wednesday に移動し、もとの Friday と合わせて Wednesday と Friday に働くことになる。

スクリプト

Listen to part of a lecture in a biology class.　　　　　┄┄Q14のキー

[1]　(1)To round out our discussion of the skin, I'd like to finish today's class by briefly talking about perspiration, or sweating as it is more commonly called.

[2]　(1)As some of you already know, sweating is primarily triggered by two factors: physical heating and emotional distress. (2)Sweating caused by emotional distress occurs primarily in the palms of the hands, the soles of the feet and the forehead. (3)On the other hand, sweating generated by physical heating, through environmental temperature changes or physical exertion, occurs throughout the body. (4)It is the heat-induced type that we will focus our attention on today.

[3]　(1)The increases in perceived heat can occur in either the core of the body or in the skin itself. (2)Of the two, increases in core temperature produce a much stronger sweating response than do comparable increases in skin temperature. (3)Sweating itself causes a decrease in core temperature while it is the evaporation of the sweat on the skin that causes a decrease in surface temperature.　　　┄┄Q15のキー　　　　　┄┄Q16のキー

[4]　(1)Sweat consists primarily of water as well as a small concentration of minerals, lactate and urea. (2)It is excreted by the sweat glands. (3)Like humans, horses and primates, such as monkeys, possess armpits with sweat glands that generate sweat similarly to humans. (4)Dogs, on the other hand, have very few sweat glands and instead use panting to induce water evaporation in the oral cavity.

訳

生物学の講義の一部を聞いてください。

[1]　(1)皮膚についての解説のまとめとして、発汗、一般的に言えば「汗をかく」ということについて簡単に触れて、今日の授業を終わりにします。

[2]　(1)皆さんもすでに知っていると思いますが、体温の上昇と心理的な苦痛、という2つの要因で主に汗をかきます。(2)心理的苦痛による汗は主に手のひら、足の裏、額に出ます。(3)一方、周囲の温度変化や激しい運動で身体が熱を持った時の汗は身体全体に出ます。(4)今日取り上げるのは熱によって引き起こされるタイプの汗です。

[3]　(1)温度の上昇が感じられるのは身体の内部か、または皮膚自体です。(2)この2つのうち、核心温度（身体の内部の温度）の上昇のほうが、同じような皮膚の温度上昇よりもはるかに大量の汗を出します。(3)発汗そのものは核心温度の低下をもたらしますが、表面温度の低下は皮膚から汗が蒸発することによって起こります。

[4]　(1)汗は主に水分と、若干の濃度のミネラル、乳酸塩、尿素でできています。(2)汗は汗腺から排出されます。(3)人間と同じく、馬や猿などの霊長類は人間同様に汗を出す汗腺のある腋窩（えきか）があります。(4)一方、犬は汗腺が非常に少なく、その代わりに口腔から水分を蒸発させるために喘ぐわけです。

語彙・表現Check！

[1]　□ round out〔動〕まとめる　□ perspiration〔名〕汗、発汗

[2]　□ primarily〔副〕主に ←Check!

　　□ trigger〔動〕引き金となる、引き起こす ←Check!　□ distress〔名〕苦痛

　　□ palm〔名〕手のひら　□ sole〔名〕足の裏　□ forehead〔名〕額

　　□ physical〔形〕身体的な ←Check!

　　□ environmental〔形〕周囲の、環境上の ←Check!

　　□ occur〔動〕発生する、起こる ←Check!

　　□ heat-induced〔形〕熱によって引き起こされた ←Check!

[3]　□ perceived〔形〕認知された、認識された ←Check!

　　□ response〔名〕反応　←Check!

　　□ comparable〔形〕比較できる、同等の、類似する　□ evaporation〔名〕蒸発

[4]　□ consist〔動〕成る ←Check!　□ concentration〔名〕濃度

　　□ lactate〔名〕乳酸塩　□ urea〔名〕尿素　□ sweat gland〔名〕汗腺

　　□ armpit〔名〕腋窩（えきか）　□ pant〔動〕喘ぐ　□ cavity〔名〕空洞、腔

13. **正解** **(D)** 57

質問 What is the lecture mainly about?
訳 講義は主に何についてのものか。
(A) 人間の発汗の2つの原因の違い。
(B) 発汗に関して人間と一部の動物の類似点。
(C) 異なる動物の発汗の習性の比較。
(D) 周囲の熱の上昇によって引き起こされる人間の発汗の説明。

解説 基本情報についての設問。[2] 第 1 文で発汗の 2 つの原因について、[4] 第 3 文と第 4 文で動物の発汗について言及されているが、いずれも中心的な話題ではない。動物よりも人間の発汗のメカニズムに焦点が当てられていて、It is the heat-induced type that we will focus our attention on today（[2] 第 4 文）と述べているので、(D) が正解。

14. **正解** **(B)** 57

質問 What is the primary difference between emotionally-induced sweating and heat-induced sweating?
訳 心理的に引き起こされる発汗と熱によって引き起こされる発汗の主な違いは何か。
(A) 心理的に引き起こされる汗のほうが多い。
(B) 熱によって引き起こされる汗のほうが身体の広い部位で見られる。
(C) 汗をかく時間の長さは熱による発汗のほうが長い。
(D) 熱によって引き起こされる汗はより狭い範囲で起こる。

解説 詳細についての設問。[2] 第 2 文の Sweating caused by emotional distress が設問の emotionally-induced sweating に、[2] 第 3 文の sweating generated by physical heating が設問の heat-induced sweating に対応している。また、[2] 第 2 文では in the palms of the hands ... で 3 カ所、[2] 第 3 文では throughout the body と言っているところから heat-induced sweating のほうがより広い部位で起こることがわかる。

他の選択肢
(A) [3] 第 2 文から発汗量が多いのは core temperature「核心温度」の上昇による発汗。
(C) 時間の長さ（length of time）の比較はなかった。

（D）specific は「特定の、一定の」の意味で、specific regions「特定の部分（あまり広くない）」が［2］第 3 文の throughout the body「体中に」に矛盾する。

15. 正解 （A） 🔊 57

質問　How is the surface temperature of the body reduced?

訳　身体の表面温度はどのように下げられるか。

（A）皮膚の汗の蒸発によって。　　（B）核心温度の低下によって。

（C）汗を通じて直接的に。　　（D）より激しく身体活動をすることによって。

解説　詳細についての設問。while 以下の強調構文、it is the evaporation of the sweat on the skin that causes a decrease in surface temperature.（［3］第 3 文）で強調されている部分と（A）が合致する。（C）［3］第 3 文から surface temperature は発汗そのものによって直接（directly through sweating）下がるのではなく、汗の蒸発（evaporation of the sweat）によってである。

16. 正解 （C） 🔊 57

質問　What similarity do humans and horses share?

訳　人間と馬の類似点は何か。

（A）その汗は大量のミネラルを含む。　　（B）猿よりもはるかに多くの汗をかく。

（C）両者とも腋窩（えきか）から汗を出す。　　（D）両者とも汗腺が極めて少ない。

解説　詳細についての設問。like humans / similarly to humans を手掛かりにして［4］第 3 文に注目する。possess armpits with sweat glands that generate sweat と（C）が同じ内容である。

| 他の選択肢 |

（A）［4］第 1 文に「汗がミネラルを含む」という記述はあったが、少量（small concentration）である。そもそも［4］第 1 文は汗に関する一般的な記述で、人間と馬の類似性としてとらえているのではない。

（B）［4］第 3 文で猿も人間、馬と似通っているものとして取り上げられているので、more than で表されるような相違点はなかった。

（D）［4］第 4 文より。few sweat glands「汗腺が少ない」のは犬の特徴。

Section 2　Structure & Written Expression

1.　正解　(B)

訳　クラールと接したことがある人は誰でも、得られた結果にどんな疑念を持つにせ
　　よ、彼に対する敬意を感じるに違いない。
　解説　完全文の後に空所がある問題。空所以下は「どんな…でも」を表す譲
歩節（[whatever ... SV 〜]か[however ... SV 〜]）。V（harbor「〜を心に抱く」）
は他動詞なので目的語として名詞が必要になる。名詞の役割をはたす whatever
（+ 名詞）の形を持つ（B）が正解。

2.　正解　(B)

訳　アインシュタインの研究はついには外界にまで至り、それによって人々は引力に
　　ついてさらに知ることができた。
　解説　不定詞を補う問題。メインの動詞である enable の後にどのような形
で情報を追加するのかを考える。enable O to do（O が〜することを可能にする）
という形で使われるので、（B）が正解となる。（A）の learning は〜 ing なので
形のうえで不適。（C）と（D）は共に〜 ed と原形という形のうえで不適である
が、about more という語順のうえでも不適。

3.　正解　(C)

訳　黎明期において、我が国の鉄道は、甘やかされ、わがままで、手に負えない子供
　　のように成長していった。
　解説　前置詞を補う問題。鉄道黎明期の無軌道な発展を批判して、比喩的に
「…手に負えない子供のように（鉄道は）成長していった」と述べた文。「〜のよ
うに」の意味を表す時、後に名詞が来る場合は前置詞のlike（文が来る場合は接
続詞のas）を使うので、正解は（C）。

4. **正解** （C）

訳　土星や木星、天王星といった他の惑星と同様に、海王星は分厚い大気によって覆われていて、おそらく雲が立ち込めている。

解説　SV の欠落の問題。Like から空所前の Uranus ... までは前置詞句のフレーズになっているため、空所には SV ～の形が必要。したがって （A） と （B） は不適。主語は Neptune のみなので、動詞は単数形の主語を受ける is となり （C） が正解。

5. **正解** （D）

訳　結婚するには近過ぎると見なされる親類関係の程度は人種によって大きく異なる。

解説　完全文の文中に空所がある問題。The degree of kinship が文の主語で、空所の後の varies が文の動詞になっている。空所には主語の The degree of kinship を修飾する関係詞節 which is considered too close (for marriage) の （D） が正解。（A）、（C） は is があるので、後ろの varies と動詞が重複するため不適。（B） は which の後に is がなく、considered の後に必要な目的語 (consider 目的語 to do) がないため不適。

Written Expression　Questions 6-13

6. **正解** （D）capturing → captured

訳　墓地とは霊的な通信が行われる中継点である。霊は絶えずそこで解き放たれ、とらえられ、呼びおこされるのだ。

解説　並列の問題。ここでは、受動態の過去分詞が 3 つ並列関係で続かなければならない。つまり dispatched, captured, recalled となるので、capturing を captured にする。

7. 正解 (A) emergency → emergence

訳 日本の出現は、19世紀後半にアメリカがしたのと同じように、世界を形成した。

解説 意味のまぎらわしい単語の問題。emergency は「緊急事態」という意味。ここは emergence「出現」という意味にしなければいけない。

8. 正解 (A) system → systems

訳 新しい制度の導入は、軍が権力を掌握して以来最大の内政上の混乱に至る可能性がある。

解説 単数形か複数形かを問う問題。system は日本語的には「制度」という抽象名詞だが、英語では可算名詞である。したがって systems と複数形にもなる。通常 a がつかない knowledge や lunch といった名詞でも、前に形容詞がつくと a good knowledge、a late lunch のよう a がついたりすることがあるので、名詞が単数形で、前に形容詞がついており、冠詞がついていなければ疑ってみること。

9. 正解 (A) discover → discovery

訳 ガリレオによる振り子の等時性の発見は、ホイヘンスがその原理を振り子時計に応用することで実証され、正確な観察を行ううえで最も役に立つ補助の1つである。

解説 品詞・語意の問題。この文の主語は The discovery で discover ではない。discover は動詞。-ry は代表的な名詞の語尾の1つである。

10. 正解 (D) another → other

訳 鉄道会社に対応する際に、民主党の政治要綱は他の要素だけでなく物理的な要素を考慮に入れ、鉄道を査定することを具体的に提案した。

解説 another と other の違いを問う問題。形容詞の another は不特定単数名詞を指すので、elements という複数名詞は続かない。複数名詞が続く場合は other を使うのが正しい。

11. 正解 (C) for estimated → for an estimated

訳 現在のサントリーニ島での紀元前1613年のテラの火山噴火は推定で2週間100キロ立方メートルの噴出物を大気へと放出して空を暗転させ、2年間の冬をもたらした。

解説 欠落の問題。「推定で〜の（複数名詞）」は an estimated + 数詞 + 複数名詞で表す。この場合の不定冠詞 an は「1つ」の意味ではなく some のように不特定であることを示すために使われる。

12. 正解 (C) they → it

訳 心理学は今やその発展が人類の役に立つ段階にまで達している。

解説 代名詞が指しているものを問う問題。関係副詞節 where they can be of use to humanity の先行詞は stage「段階」である。したがって、「人類の役に立つ段階」に達しているのは psychology であり、can be of use to humanity の主語は they ではなく it が正解。

13. 正解 (D) lay → laid

訳 何世代にもわたってアフリカの住民は、雨季になる度に自分達の子供が結核にかかって病気になるのを見てきた。

解説 動詞の分詞の問題。lay low by tuberculosis の部分は their children を修飾している。したがって、その部分を省略せずに書くと their children [who are] laid low by tuberculosis fall ill each rainy season となるが、冗長であるため [laid] low by tuberculosis を最後に持ってきた構文となっている。

Section 3　Reading Comprehension

パッセージ

[1] ₍₁₎Vinegar is one of those fortunate accidental discoveries that mankind has benefited from throughout human history. ₍₂₎For more than 10,000 years, people have used this "sour wine" in a variety of ways. ₍₃₎In around 5,000 BC, Babylonians used vinegar as both a preservative and a condiment. ₍₄₎The ancient Greeks reportedly used it in the pickling of vegetables and meats, and it is mentioned several times in the Bible. ₍₅₎Posca, a drink that was part of the Roman legionnaire's basic kit, was made of vinegar, water, and optionally honey. ₍₆₎In the Civil War and World War I, vinegar was also used to treat scurvy and wounds, respectively. ⌐---- Q1のキー

[2] ₍₁₎Vinegar is an acidic liquid created from the oxidation of ethanol to produce acetic acid, vinegar's main ingredient. ₍₂₎The ethanol can come from many different sources including wine, beer, cider, or fermented fruit juice. ₍₃₎Vinegar is **diluted** in commercial use, with table vinegar having an acetic acid concentration of 4–8p% by volume and pickling vinegar having a concentration of 18%. ₍₄₎Although the production methods and types of vinegar have changed somewhat over the years, the basic chemistry behind its creation remains the same. ⌐---- Q3のキー　　　⌐---- Q4のキー

[3] ₍₁₎While claims of its curative properties have not stood up well in controlled medical trials, vinegar continues to enjoy both culinary and nonculinary applications. ₍₂₎As a condiment, vinegar is found in mayonnaise, mustard, ketchup, pickles, chutneys, and salad dressings. ₍₃₎It is also used by itself atop fish and chips, French fries, and other similar dishes. ⌐---- Q10のキー

[4] ₍₁₎The acidic nature of vinegar gives it the ability to **dissolve** mineral deposits, which makes it an ideal cleaning agent for glass, tile, and coffeemakers. ₍₂₎It can also be used as an eco-friendly herbicide since it is nontoxic and is not absorbed by the root systems of plants. ₍₃₎Finally, it is extremely effective as a painkiller for most jellyfish stings, with the exception of **those** of the **Portuguese Man-of-War** for which it has the opposite effect. ⌐---- Q8のキー

[5] ₍₁₎Vinegar, with its indefinite shelf life and multifunctionality, has served mankind well for many millennia and will continue to do so for at least the **foreseeable** future.

訳

[1] (1)酢は、幸運な偶然から生まれた発見の1つであり、人類がその歴史を通じて恩恵を受けてきた。(2)10,000年以上にわたって人々はこの「酸っぱいワイン」をさまざまに使ってきた。(3)紀元前5,000年頃、バビロニアの人々は酢を保存料と調味料の両方に使っていた。(4)伝えられるところでは、古代ギリシア人は野菜や肉のピクルスに使っていたらしく、聖書にも数度言及がある。(5)古代ローマ軍団兵の基本装備セットに入っている飲み物、ポスカは酢と水で作られており、はちみつが加えられることもあった。(6)南北戦争や第1次世界大戦では、酢がそれぞれ壊血病や傷の治療にも使われていた。

[2] (1)酢は酸性の液体で、エタノールを酸化させ、酢の主成分である酢酸を作る。(2)エタノールはさまざまなワインやビール、リンゴ酒、発酵させた果汁から得られる。(3)酢は薄めて市販され、食卓用の酢は酢酸の濃度4%から8%で、ピクルス用の酢は濃度が18%だ。(4)時代が進むにつれて、製法や酢の種類は変化するものの、酢の製造の土台にある基本的な化学的プロセスは変わらない。

[3] (1)酢が持っている病気に対する効能と言われているものは、実験室での治験ではあまり認められていないが、それでも料理用かどうかを問わず、酢は広く使われている。(2)調味料として酢はマヨネーズ、マスタード、ケチャップ、ピクルス、チャツネ、サラダのドレッシングに使われている。(3)また、フィッシュ・アンド・チップスやフレンチフライといった料理にも酢はそのまま使われる。

[4] (1)酢は酸性なので、沈着した鉱物を溶かす力がある。このため、ガラスやタイル、コーヒーメーカーの理想的な洗浄剤となる。(2)また、毒性がなく、植物の根の組織に吸収されることもないので、環境に優しい除草剤としても使える。(3)さらに電気クラゲを除くたいていのクラゲに刺された時の痛み止めとしても極めて有効だ（電気クラゲの場合は逆効果になる）。

[5] (1)酢は保存がきき、さまざまな用途があり、何千年にもわたって人間の役に立ってきた。このことは将来にわたって、少なくとも私達が考えられる時間の範囲では変わることはないだろう。

語彙・表現Check！

[1] □ benefit〔動〕恩恵を受ける、利益を得る ←*Check!*

　　□ preservative〔名〕保存料　□ condiment〔名〕調味料

　　□ legionnaire〔名〕軍団兵

　　□ the Civil War〔名〕南北戦争 ←*Check!*　□ scurvy〔名〕壊血病

[2] □ acidic〔形〕酸性の　□ acetic acid〔名〕酢酸

　　□ source〔名〕元、源 ←*Check!*　□ dilute〔動〕希釈する

　　□ concentration〔名〕濃度 ←*Check!*　□ volume〔名〕量、容積 ←*Check!*

　　□ method〔名〕方法 ←*Check!*　□ somewhat〔副〕幾分、少し ←*Check!*

　　□ chemistry〔名〕化学的反応、プロセス

[3] □ curative〔形〕治療の　□ properties〔名〕特性

　　□ controlled medical trial〔名〕管理された治験　□ culinary〔形〕料理の

[4] □ deposit〔名〕沈殿物、沈着物　□ herbicide〔名〕除草剤

　　□ sting〔名〕刺し傷

　　□ Portuguese Man-of-War〔名〕カツオノエボシ（一般に電気クラゲ）

[5] □ indefinite〔形〕不定の、限定されていない ←*Check!*

　　□ shelf life〔名〕保存期間、棚持ち

---

1. ■正解■ （C）

訳　酢の別名は次のどれか。

（A）ポスカ

（B）保存料

（C）酸っぱいワイン

（D）調味料

■解説■　文章の詳細に関わる設問。[1] 第 2 文、... used this "sour wine" で、this が第 1 文の vinegar を指し、sour wine を引用符（" "）で囲っていることから vinegar の別の呼び方として "sour wine" を使っていることがわかる。

■他の選択肢■

（A）[1] 第 5 文、Posca, ..., was made of vinegar ... から Posca は vinegar を原料として作られる飲み物のこと。

（B）（D）[1] 第 3 文、... used vinegar as both a preservative and a condiment から preservative と condiment は vinegar の用途であり、別名ではない。

2. 正解 (C)

訳 14行目の "diluted" に最も意味が近いのは
(A) 高濃度の
(B) 販売された
(C) 濃度が薄められた
(D) ピクルスにした

解説 語句に関する設問。dilute は「希釈する、薄める」の意味で (C) の made less concentrated「濃度を下げる」(concentrated「濃縮された」) が正解。[2] 第 3 文の with 以下に注目すると、「table vinegar の濃度 (concentration) が4%から8%…」と「濃度が薄められている」ことを示す記述がある。

3. 正解 (A)

訳 酢の製造において歴史的に変わっていないのは次のどれか。
(A) 基本的な化学的プロセス
(B) 種類
(C) 材料
(D) 製法

解説 文章の詳細に関わる設問。... the basic chemistry behind its creation remains the same. ([2] 第 4 文) に合致する。

4. 正解 (C)

訳 伝えられている酢の医学的利点としてパッセージが示唆しているものは何か。
(A) 治験で良い成績を収めている。
(B) 新しい薬の開発の主成分として使われてきた。
(C) 医学的な治験では事実であるとの証明はされていない。
(D) まだテストされていない。

解説 文章の詳細に関わる設問。While claims of its curative properties have not stood up well in controlled medical trials, ...（[3] 第 1 文）と合致する。設問の medical benefits（医学的利点）がパッセージの curative properties（病気を治す特性）に対応し、さらに、選択肢の not ... proven to be true「＝本当だと証明される」in medial trials がパッセージの not stood up「＝効力が認められる」in ... medical trials に対応する。

他の選択肢

(A) They have done well in clinical trials. は、[3] 第 1 文、have not stood up well in controlled medical trials, に矛盾する。

(B) development of new medicines「新薬の開発」に関する記述はない。

(D) [3] 第 1 文、have not stood up well in controlled medical trials からテスト（＝治験）は行われていたことになる（have yet to ...「まだ…していない」の部分が矛盾する）。

5. **正解** (B)

訳 26行目の "dissolve" に最も意味が近いのは
(A) 破壊する
(B) 分解する
(C) 滑らかにする
(D) 蓄積する

解説 語句に関する設問。dissolve は「溶かす、分解する」の意味。the ability to dissolve mineral deposits, which makes it an ideal cleaning agent ...（[4] 第 1 文）で dissolve の目的語が mineral deposits「鉱物の沈積物、堆積物」であること、その後に cleaning agent「洗浄剤」とあることから、「沈積物を洗浄する」→「沈積物を分解（break down）する」ことになる。

6. **正解** (A)

訳 31行目の "those" が指すのは
(A) 刺し傷、刺された痛み
(B) 痛み止め
(C) 根組織

(D) 沈着物

解説 語句に関する設問。[4] 第 3 文、... effective as a painkiller for most jellyfish stings, with the exception of those of the Portuguese Man-of-War ... を参照。those of ... の形で those が出て来た場合、those は [the + 前述の複数名詞] の代用だから、近くにある複数名詞を探し、直前にある stings「刺し傷」で意味が成り立つので（A）が正解。

7. **正解** （B）

訳 31行目の "Portuguese Man-of-War" とは
(A) 船
(B) クラゲ
(C) 植物
(D) 酢

解説 語句に関する設問。[4] 第 3 文、... most jellyfish stings, with the exception of those of the Portuguese Man-of-War ... を参照。ポイントの表現は with the exception of「… を例外として」。この部分を日本語にすると「Portuguese Man-of-War の刺し傷を例外として大半のクラゲの刺し傷」となるからPortuguese Man-of-War は jellyfish「クラゲ」の一種になる。

8. **正解** （D）

訳 …を除いて下記のものはすべて酢の一般的な利用法である。
(A) 調味料
(B) 家庭用洗浄剤
(C) 除草剤
(D) 万能の痛み止め

解説 文章の詳細に関わる設問。（D）の universal は「万能の、例外なく効く、普遍的」の意味。[4] 第 3 文、... extremely effective as a painkiller for most jellyfish stings, with the exception of those of the Portuguese Man-of-War ...「…を除いて効果的」とあることから「万能」とは言えない。

(A) ［1］第 3 文、... used vinegar as ... a condiment と合致する。

(B) ［4］第 1 文、... an ideal cleaning agent for glass, tile, and coffeemakers. の部分で「ガラス、タイル、コーヒーメーカーの洗浄剤」が（B）household cleaner「家庭用洗剤」に合致する。

(C) ［4］第 2 文、It can also be used as an eco-friendly herbicide ... の部分に合致する。

---

9. **正解** （D）

訳　35行目の "foreseeable" に最も意味が近いのは
(A) 一定の限界のある
(B) 起こりそうもない
(C) 永続的な
(D) ありそうな

解説　語句に関する設問。... will continue to do so for at least the foreseeable future.「少なくとも、予想できる未来にわたって（＝当分の間）そうであり（人間の役に立ち）続けるだろう」（［5］第 1 文）から「おそらく…だろう」が合致する。

---

10. **正解** （C）

訳　パッセージによると、酢について正しいのは次のうちどれか。
(A) 毒性がないのでガラスを簡単に洗浄できる。
(B) 植物に害を与えずに沈着した鉱物を落とすことのできる酸からできている。
(C) その酸が沈着した鉱物を効果的に分解するので理想的な洗浄剤になる。
(D) 多くの病気を治療するのに効果的な医療成分を持つことが証明されている。

解説　文章の詳細に関わる設問。［4］第 1 文に酢が酸性で the ability to dissolve mineral deposits を持ち、an ideal cleaning agent になると書かれているので、（C）が合致する。

他の選択肢

(A) 毒性がないことと洗浄能力の因果関係は示されていない。

（B）［4］第 2 文によると植物に害がないことは herbicide「除草剤」としての利点だが、洗浄剤の属性として言及されているわけではない。

（D）［1］第 6 文で壊血病や傷の治療で酢が利用されたことが言及されているが、「多くの病気」の治療に効果的だとは書かれていない。

リスニング問題の復習

||||||||||||**単語のポイント**

次のフレーズの空欄に適切な単語を入れなさい。

① 経済を再編成する　　　　　　　（　　　　）the economy

② 別の分析では　　　　　　　　in an（　　　　）analysis

③ 農家の人たちと対立する　　　come into（　　　　）with farmers

④ 日程を調整する　　　　　　　arrange an（　　　　）

⑤ 経済学を専攻する　　　　　　major in（　　　　）

⑥ 卒業要件　　　　　　　　　　a graduation（　　　　）

⑦ 一番大事なこと　　　　　　　the（　　　　）importance

⑧ 長期間にわたる戦争を引き起こす　　（　　　　）a long period of war

⑨ 身体的特性　　　　　　　　　a（　　　　）attribute

⑩ 環境上の懸念　　　　　　　　（　　　　）concerns

⑪ 自発的に起こる　　　　　　　（　　　　）spontaneously

⑫ 適応変異を誘発する　　　　　（　　　　）an adaptive mutation

⑬ 認識されている危険性　　　　the（　　　　）risk

⑭ 間髪いれない反応　　　　　　an immediate（　　　　）

⑮ 複数の要素から成っている 　　　　（　　　　）of some elements

① restructure[→ restructuring〔名〕リストラ] ② alternative[→〔名〕代わりとなるもの] ③ conflict ④ schedule［→〔動〕予定する］ ⑤ economics ⑥ requirement ⑦ primary［→ primarily〔副〕主に］ ⑧ trigger ⑨ physical ⑩ environmental ⑪ occur ⑫ induce［→ heat-induced〔形〕熱によって引き起こされる］ ⑬ perceived ⑭ response ⑮ consist

---

リーディング問題の復習

||||||||||||**単語のポイント**

次のフレーズの空欄に適切な単語を入れなさい。

① その会議でかなりの益を得る
　　（　　　　）enormously from the conference

② 市民権の熱心な擁護者　　　　　a passionate advocate of（　　　）rights

③ 不和の元　　　　　　　　　　a（　　　）of discord

④ 窒素の濃度　　　　　　　　　nitrogen（　　　　）

⑤ 全容積　　　　　　　　　　　the total（　　　　）

⑥ 見事な方法論　　　　　　　　an ingenious（　　　）

⑦ 少し不規則だ　　　　　　　　（　　　）irregular

⑧ 限りなく永遠に　　　　　　　for the（　　　　）future

① benefit ② civil ③ source ④ concentration ⑤ volume ⑥ method ⑦ somewhat ⑧ indefinite

||||||||||| 文法のポイント

● The ethanol can come from many different sources **including** wine, beer, cider, or fermented fruit juice. （エタノールはさまざまなワインやビール、リンゴ酒、発酵させた果汁から得られる。）

解説　including は「〜を含む」という意味だが、文中での機能に注目しておきたい。A including B という形が用いられるとき、基本的に B には A よりも詳しい情報が入る。具体的な例を提示する役割を担っていることに注目して読解をすすめたい。

● The acidic nature of vinegar gives it the ability to dissolve mineral deposits, **which makes** it an ideal cleaning agent for glass, tile, and coffeemakers. （酢は酸性なので、沈着した鉱物を溶かす力がある。このため、ガラスやタイル、コーヒーメーカーの理想的な洗浄剤となる。）

解説　この which は関係詞である。関係詞は and it ... などで読み替え可能。本文では make と一緒に使われており、which makes の手前がある意味では原因、後ろが結果を表している。

Day 5

Day 1

Day 2

Day 3

Day 4

Day 5

Day 6

Day 7

Part A   Questions 1-8   58-65

1. (A) Things will get worse
        before they get better.
    (B) They'll get the bills paid off
        eventually.
    (C) They'll be alright if she can
        find another job.
    (D) They should be able to pay
        everything by next week.

2. (A) Take the woman to her
        doctor's appointment.
    (B) Move the car so that the
        woman can leave.
    (C) Drive the woman's car out
        of the driveway.
    (D) Go to his doctor's
        appointment soon.

3. (A) Bob often telephones the
        office.
    (B) She doesn't believe the man.
    (C) Bob calls in sick frequently.
    (D) She is furious with
        McKenzie.

4. (A) The mayor will inevitably
        be proven right.
    (B) The mayor's cause is
        hopeless.
    (C) The mayor needs to stop
        throwing fits.
    (D) The mayor should keep
        fighting for his rights.

5. (A) They are awaiting official
        confirmation.
    (B) He and Jill have broken up
        for good.
    (C) They both need to see other
        people.
    (D) His relationship with Jill
        may not be over.

6. (A) That the man wasn't going
        to be able to go.
    (B) That the man had lost his
        job.
    (C) That the man had already
        gone to Hawaii.
    (D) That the man had a time
        limit.

7. (A) He still has a headache.
   (B) His headache stopped an hour earlier.
   (C) He no longer needs to take medicine because he feels better.
   (D) He took the medicine for something other than his headache.

8. (A) She's going to go straight home.
   (B) Her plan did not succeed.
   (C) Might makes right.
   (D) She'll join the man.

Part B　　　　**Questions 9–12**　　　　66-67

---

9. (A) His roommate is noisy.
   (B) His roommate doesn't do his own laundry.
   (C) He and his roommate don't get along at all.
   (D) His roommate doesn't do the chores allotted to him.

10. (A) It is actually clean.
    (B) It is a disaster.
    (C) Surprisingly, the roommate cleans it.
    (D) The man can't stand how dirty it is at the moment.

11. (A) He disregards what the man is saying.
    (B) He gets very angry and noisy.
    (C) He promises to improve, but it is short-lived.
    (D) He threatens to move out.

12. (A) He will continue to confront his roommate.
    (B) He will do nothing because he's moving out in a couple of months.
    (C) He will have the woman talk to his roommate.
    (D) He will completely ignore his roommate so as to avoid any drama.

Day 5

13. (A) To describe the necessary steps to be taken to prevent house fires.
    (B) To explain the procedures to take in case of an abrupt house fire.
    (C) To outline the importance of being prepared in case of a house fire.
    (D) To give information regarding fire prevention programs.

14. (A) Leave the house immediately.
    (B) Move as quickly as possible.
    (C) Plan and practice safety procedures beforehand.
    (D) Try to extinguish the fire as soon as possible.

15. (A) To ensure that they can be opened from the outside.
    (B) To make sure that they are not too high off of the ground.
    (C) To guarantee that they can be easily broken from the inside.
    (D) To make sure that are not stuck or painted shut.

16. (A) Open it quickly.
    (B) Try the second escape route.
    (C) Jump out the window.
    (D) Use a towel to open the door.

Structure   Questions 1-5   Time: 3 minutes

1. For a number of years the United States and other countries and the
   United Nations agencies ------- food stores to various parts of the world.
   (A) are sent surplus
   (B) are sending surplus
   (C) have been sent surplus
   (D) have been sending surplus

2. Only because Shakespeare's genius is so great are ------- overshadowed.
   (A) contemporarily
   (B) his contemporary
   (C) contemporary
   (D) his contemporaries

3. The story of electronics began in 1883 when Thomas Edison found that
   the filament of his newly invented electric lamp threw off ------- particles.
   (A) negative charged
   (B) negative charging
   (C) negatively charged
   (D) negatively charging

4. Many diverse opinions were heard, while the number of serious adherents
   to the cause as well as ------- its opponents increased.
   (A) one of
   (B) none of
   (C) any of
   (D) that of

5. The most common primitive secret society is ------- all adult men in the community.

   (A) consisted of
   (B) the group consists of
   (C) the group that consists of
   (D) consisting of the group of

Written Expression   **Questions 6–13**   Time: 5 minutes

---

6. Today it is difficult <u>for us</u> to realize that Shakespeare was <u>ever</u> less than

                   A   B

   <u>the most greatest dramatist</u> of his time, <u>to think of</u> him as the pupil and

              C   D

   imitator of other dramatists.

---

7. It is very <u>instruction</u> to observe a planet (<u>say</u> Mars or Jupiter) night after

              A   B

   night and plot down <u>its</u> place with <u>reference</u> to the fixed stars on a

                      C   D

   celestial globe or star-map.

---

8. <u>What</u> remains to <u>be seeing</u> is whether the rise of Brazil will <u>complement</u>

    A   B   C

   Russia or undermine <u>it</u>.

                     D

---

9. If <u>successive administrations</u> <u>deal</u> with America's expensive and

                 A   B

   inadequate health care, the <u>cost</u> of those union demands would have been

                                 C

   <u>far</u> lower.

   D

10. Ammonia is <u>an</u> important refrigerant <u>and is</u> extensively <u>used in</u> chemical
            A   B   C

industry, especially in the manufacture of fertilizers, nitric acid and

<u>explosive.</u>
   D

11. Pundits <u>who</u> bearishness had been <u>vindicated</u> predicted we were doomed
          A   B

to a long, painful recession, with <u>cascading failures</u> in country <u>after</u>
                                           C   D
country.

12. The skyscraper is <u>an</u> architectural triumph, but <u>in</u> the same time it is
                      A   B

very much <u>of</u> a commercial enterprise, and <u>it</u> is indigenous, native-born to
          C   D
American soil.

13. The Hindu system of physics, <u>on which</u> the metaphysical thought of the
                                   A

East is based, <u>do</u> not in <u>its</u> beginnings differ widely <u>from</u> the latest
               B   C   D
physics of the West.

Questions 1–10

          Contrary to popular belief, the United States Mint does not produce both paper currency and coins but instead only coins. The Bureau of Engraving and Printing is responsible for the creation of

Line   paper money. In 1792, Congress passed the Coinage Act which

(5)   effectively established the Mint giving it the responsibility of creating metal currency.

          There are currently four branches of the Mint which actively produce coins, and they are located in various cities around America: Philadelphia, Denver, San Francisco, and West Point. Of these four,

(10)   both the Denver and San Francisco branches were opened in the mid-1800s to deal with local gold strikes in their respective areas. The original branch was located in Philadelphia and it is still the largest of the group. The West Point branch is the newest facility and is responsible for production of silver, gold, and platinum

(15)   American Eagle Coins. In addition to these four coin-producing branches, Fort Knox is also part of the Mint system, and it is where silver and gold bullion reserves are stockpiled.

          Prior to manufacturing coins, the U.S. Mint purchases giant coiled strips of metal that are approximately 13 inches wide by 1,500

(20)   feet long. These coils are run through a blanking press which punches out small disks called "blanks." The leftover metal, called webbing, is chopped up and recycled. The blanks are then heated in an annealing furnace in order to soften them up. Afterwards, they are washed and dried. Following this step, the blanks are given raised

(25)   rims in an upsetting mill. Finally, they are sent to a coining press where the designs are stamped onto them. In the case of pennies, the Mint purchases the pre-punched blanks after supplying outside contractors with the copper and zinc.

          Compared to paper currency, coins are cheaper in the long

(30)   run and are less easily damaged. Coins also last significantly longer,

but eventually even they wear out. When the coins reach this stage they are considered "uncurrent", and Federal Reserved Banks collect them and return them to the Mint for disposal. Coins deemed "mutilated" due to damage, however, are only redeemable at the
(35) Philadelphia facility.

1. What is the purpose of paragraph 1?
   (A) To introduce the Bureau of Engraving and Printing
   (B) To explain when the Mint was founded
   (C) To dispel a misconception about the U.S. Mint
   (D) To explain the difference between paper and metal currency

2. What can be inferred about Fort Knox?
   (A) It is centrally located.
   (B) Coins are not produced at this facility.
   (C) It is the newest branch of the Mint.
   (D) Gold and silver currency is manufactured there.

3. The word "stockpiled" in line 17 is closest in meaning to
   (A) sold
   (B) kept
   (C) guarded
   (D) ordered

4. The word "leftover" in line 21 is closest in meaning to
   (A) take-home
   (B) coiled
   (C) surplus
   (D) used

5. The word "them" in line 26 refers to
   (A) rims
   (B) coils
   (C) blanks
   (D) designs

6. Which of the following is NOT one of the machines involved in the manufacture of U.S. coins?
   (A) Annealing furnace
   (B) Upsetting mill
   (C) Blanking press
   (D) Design stamp

7. According to the passage, what is true of the manufacture of pennies?
   (A) The Mint is directly responsible for all steps of their creation.
   (B) They are melted in an annealing furnace.
   (C) The blanks are not created at any of the branches of the Mint.
   (D) They are created at the Bureau of Engraving and Printing.

8. All of the following are advantages of metal currency over paper currency EXCEPT for
   (A) price
   (B) mutilation
   (C) damage-resistance
   (D) durability

9. The word "deemed" in line 33 is closest in meaning to
   (A) regarded as
   (B) damaged
   (C) disregarded
   (D) crushed

10. What causes a coin to become "uncurrent"?
    (A) Damage
    (B) Age
    (C) Inflation
    (D) Design changes

THIS IS THE END OF THE TEST.

正解一覧

Section 1 Listening Comprehension
Part A
1. (B)　2. (B)　3. (C)　4. (B)　5. (D)　6. (A)　7. (A)　8. (D)
Part B
9. (D)　10. (A)　11. (C)　12. (B)
Part C
13. (B)　14. (C)　15. (D)　16. (B)

Section 2 Structure & Written Expression
Structure
1. (D)　2. (D)　3. (C)　4. (D)　5. (C)
Written Expression
6. (C)　7. (A)　8. (B)　9. (B)　10. (D)　11. (A)　12. (B)　13. (B)

Section 3 Reading Comprehension
1. (C)　2. (B)　3. (B)　4. (C)　5. (C)　6. (D)　7. (C)　8. (B)　9. (A)　10. (B)

解答・解説

Section 1 Listening Comprehension

1. 　正解　(B)　　　　　　　　　　　　　　　　　　　◀))58

スクリプト・訳

M：I can't believe how many unpaid bills we have piling up on our kitchen table. I feel that we'll never get them all paid off.

W：I start back to work next week, remember. We'll be able to weather the storm— it'll just take some time.

Q：What does the woman mean?

男性：台所のテーブルの上にあんなに未払いの請求書があるなんて信じられないよ。全部支払うなんて無理な気がする。

女性：私が来週から仕事にもどるでしょ。切り抜けられるわよ。ちょっと時間はかかるでしょうけど。

質問：女性が意味しているのはどういうことか。

選択肢の訳

(A) 状況は良くなるよりも先に悪くなる。

(B) ゆくゆくは支払ってしまえる。

(C) 彼女が別の仕事を見つければ大丈夫。

(D) 来週までにはすべて支払うことができる。

　解説　追加情報を聞き取る設問。「支払いができそうにない」と言う男性に対して、女性が able to weather the storm「嵐を切り抜ける → 難局を切り抜ける」ことができると言っているので「支払いができる」ということを意味し、take some time「しばらく時間がかかる」が (B) の eventually「そのうち、ゆくゆくは」と合致する。

語彙・表現Check !

☐ unpaid bill〔名〕未払いの請求書

☐ weather the storm　嵐を乗り切る、危機・難局を切り抜ける　←Check !

235

2. **正解** （B）

59

スクリプト・訳

W： Excuse me, your car is blocking the driveway and I have a doctor's appointment soon.

M： Oh, pardon me, I'll take care of it right away.

Q： What will the man probably do next?

女性： すみません。あなたの車が車道を遮っているんですが、すぐに診察の予約が入っているんです。

男性： ああ、すみません。すぐに対応しますよ。

質問： 男性はおそらく次に何をするか。

選択肢の訳

（A）女性を診察に連れて行く。

（B）女性が移動できるように車を動かす。

（C）女性の車を動かして車道の外に出す。

（D）すぐに自分の診察に行く。

解説 推測や予測を必要とする設問。問題は男性の車が車道を遮っていることだ。そのため女性は診察を受けに行くことができない。女性の苦情を受けて男性は謝ったうえで I'll take care of it「対応します」と述べているが、状況を踏まえて具体的に何をすべきか考える。（B）が正解。

語彙・表現Check！

□ driveway〔名〕（私設の）車道　□ take care of 〜　〜に対処する

3. **正解** （C）

60

スクリプト・訳

M： We're meeting with the McKenzie group to hammer out the details of our tie-up, and Bob called in sick …

W： Not again.

Q： What does the woman imply?

男性： 提携について詳細を詰めるためにマッケンジーグループと会うことになっているんだけど、ボブが病気で休むって電話してきたんだ。

女性： またなの。

質問： 女性が暗に意味しているのはどういうことか。

選択肢の訳

（A）ボブはしばしば会社に電話してくる。

（B）彼女は男性を信じていない。

（C）ボブは頻繁に病気で休むと電話してくる。

（D）彼女はマッケンジーに非常に怒っている。

解説　推測や予測を必要とする設問。男性が最後に言った Bob called in sick.「病気で休むと電話があった」に対して女性が Not again.「またなの」と言っているから、ボブは頻繁に call in sick していることがわかる。

語彙・表現Check！

□ hammer out〔動〕作り上げる、まとめあげる　□ tie-up〔名〕提携

□ call in sick　病気で休むと電話で言う

□ not again　またか！（迷惑なことが繰り返された時に、あきれて言う台詞）

4. **正解**　（B）

スクリプト・訳

W： According to the newspaper, our mayor refuses to accept defeat in the election and is demanding a second recount.

M： He should just throw in the towel and accept the inevitable.

Q： What does the man mean?

女性： 新聞に出てたんだけど、市長が選挙の敗北を認めずに、2度目の集計し直しを要求しているんですって。

男性： 負けを認めて、どうしようもないことは素直に受け入れるべきだよ。

質問： 男性が意味しているのはどういうことか。

選択肢の訳

（A）市長は必然的に正しいことが証明されるだろう。

（B）市長の言い分は認められる見込みはない。

（C）市長は怒りを抑えるべきだ。

（D）市長は自らの権利のために闘い続けるべきだ。

解説　追加情報を聞き取る設問。市長が敗北を認めないという話を聞いた男性が、throw in the towel「（ボクシングの試合で）タオルを投げ入れる → 敗北

を認める」、accept the inevitable「どうしようもないこと（選挙の敗北）を認める」べきだと言っていることから、「市長の言い分（cause）が認められることはない（hopeless）」の（B）が正解。

---

5. **正解** （D） 62

スクリプト・訳

W： I heard that you and Jill broke up. If you don't mind me asking, what happened?

M： Actually, it's not officially over. Things are still up in the air. We're taking a few days to think about what we really want to do.

Q： What does the man mean?

女性： あなたとジルが別れたって聞いたんだけど、もしよかったら何があったか教えてくれない？

男性： 実は正式に終わったわけではなくて、まだ結論を出していない状態なんだ。自分たちが本当にどうしたいか、何日か時間をおいて考えているところなんだよ。

質問： 男性が意味しているのはどういうことか。

選択肢の訳

（A）公式な確認を待っているところだ。

（B）彼とジルは完全に別れてしまった。

（C）彼らは両方とも他の人と（付き）あう必要がある。

（D）彼のジルとの関係は終わっていないかもしれない。

解説　追加情報を聞き取る設問。男性の up in the air「宙に浮いた状態で → 未決定で」から、2 人が別れるかどうかについて最終的な結論が出ていないことがわかる。

6.　**正解**　（A）　 63

スクリプト・訳

M： I'm so looking forward to going to Hawaii next month.

W： Oh, so you were able to get time off work after all.

Q： What had the woman assumed?

男性： 来月ハワイに行くのが楽しみだよ。

女性： へぇー、結局休み取れたんだ。

質問： 女性はどのように思っていたか。

選択肢の訳

（A）男性は行くことができないだろう。

（B）男性は仕事を失った。

（C）男性はすでにハワイに行ってしまった。

（D）男性には時間の制限がある。

解説　話者の意思や考えを聞き取る設問。設問が had ... assumed と過去完了形で聞いていることから、この会話の場面よりも前の段階で女性が思っていたことを聞いている。男性の「来月ハワイに行く」という発言に対して、女性がOh, so you were able ... after all.「へぇー、結局…できたんだ」と男性がハワイに行けることに驚いている言い方をしていることから、（A）That the man wasn't going to be able to go.「男性は行けない」と思っていたと考えられる。

語彙・表現Check !

□ get time off work　仕事を休む　□ assume〔動〕思い込む ←*Check!*

スクリプト・訳

W： Hey Ted. You still look awful. Didn't you take the medicine I gave you earlier?

M： Yes, about an hour ago. I guess I have a headache that just won't quit.

Q： What can be inferred about the man?

女性： あらテッド。まだ具合が悪そうね。前にあげた薬飲んだ？

男性： うん、1時間前位に。どうもなかなか収まらない頭痛みたいだね。

質問： 男性について暗に推測できることは何か。

選択肢の訳

（A）彼はまだ頭痛がする。

（B）彼の頭痛は1時間前に収まった。

（C）彼は体調が良くなったのでもう薬を飲む必要がない。

（D）彼は頭痛以外のことで薬を飲んだ。

　解説　推測や予測を必要とする設問。女性の発言によると具合の悪い男性に薬をあげたようだが、You still look awful と述べている。男性は薬を飲んだと言っているが、I have a headache that ... と述べているので、薬が効いていないようだ。（A）が内容的に一致する。

語彙・表現Check！

□ awful〔形〕酷い

スクリプト・訳

M： Do you want to catch a bite to eat after we finish up here?

W： Might as well. My other plans fell through.

Q： What does the woman mean?

男性： ここが終わったら、何かちょっと食べていかない？

女性： いいわね。他の予定はなくなっちゃったし。

質問： 女性が意味しているのはどういうことか。

選択肢の訳

（A）まっすぐ家に帰る。

（B）彼女の計画は成功しなかった。

（C）力は正義である。

（D）彼女は男性に付き合う。

■解説■ 話者の意思や考えを聞き取る設問。男性から食事に誘われた女性が
Might as well. と言っているのは I might as well catch a bite to ... 「軽く食べて
言ってもいいわね」を略した言葉である。男性の誘いに応じることになるから、
（D）が正解。

語彙・表現Check！

☐ catch a bite　軽く食べる　☐ might as well ～　～してもよい
☐ fall through〔動〕（計画が）流れる、失敗する

スクリプト

Listen to a conversation between two students.

W： (1)What's up, George? It looks like something's eating at you.

M： (1)Truth be told, I'm actually having some roommate problems.

W： (2)Really? I thought you and Jim got along fine.

M： (2)Oh, yeah. We're good friends, but as roommates it's a totally different story.

W： (3)Is he noisy or something?

M： (3)Yeah, but that's not that the main problem. It's really more a question of household chores.

W： (4)Not doing his share, huh? ----Q9のキー

M： (4)You got it. He'll do his own laundry, but that's about it. As you can imagine, the kitchen is a disaster. ----Q10のキー

W： (5)I don't even want to think about the bathroom.

M： (5)I've been staying on top of that—I can't stand a dirty bathroom. I just can't keep up with all of his dishes, so I eat out most of the time. ----Q11のキー

W： (6)Have you tried talking to him about it? He seems like a reasonable guy.

M： (6)Several times, and every time he swears he'll make an effort. Unfortunately, that only lasts a couple of days before he's back to his usual self.

W： (7)Wow. I'm sorry to hear that. Sounds like you've got a serious problem on your hands. ----Q12のキー

M： (7)I graduate in two months, so I think I'll just tough it out. It's not worth the drama.

訳

2人の学生の会話を聞いてください。

女性： (1)どうしたの、ジョージ。何か心配事があるようね。

男性： (1)実を言うとね、ちょっとルームメイトが問題でね。

女性： (2)そうなの？　ジムとはうまくいっていると思ってたんだけど。

男性： (2)そうだよ。いい友達なんだけど、ルームメイトとなると話は別なんだ。

女性： (3)騒がしいとか。

男性： (3)そうなんだけど、騒がしいのは大した問題じゃないんだ。家事のことがずっと問題なんだ。

女性： (4)彼が自分の分の家事をしないの？

男性： (4)そういうこと。自分の洗濯はするんだけど、それだけでおしまい。台所はめち

ゃくちゃ、想像できるでしょ。

女性： ₍₅₎バスルームのことなんかは考えたくもないわね。

男性： ₍₅₎そこは何とかやってきたんだけど。だってバスルームが汚いなんて我慢できないからね。ただ食器までは手が回らなくって、外食で済ませることが多いんだ。

女性： ₍₆₎彼と話し合ってみた？　話せばわかる人だと思うけど。

男性： ₍₆₎何度か話したよ。話すと彼は努力するって約束してくれるんだけど、2、3日したらもとの木阿弥なんだ。

女性： ₍₇₎そうなの、気の毒ね。手に負えない問題みたいね。

男性： ₍₇₎2カ月で卒業だから我慢しようと思ってるんだ。大騒ぎするほどのことでもないからね。

語彙・表現Check！

☐ eat at〔動〕（心を）むしばむ　☐ household chores〔名〕家事

☐ share〔名〕（仕事などの）分担　←*Check!*

☐ stay on top of 〜　〜をこなす、〜をうまくさばく（＝ remain in control of）

☐ keep up with 〜〔動〕〜対処し続ける、〜に負けずについていく

☐ swear〔動〕誓う、約束する　←*Check!*

☐ on one's hands　持てあまして、管理することになって

☐ tough it out〔動〕耐え抜く　☐ drama〔名〕劇的な状況、騒ぎたてる事態　←*Check!*

Day 5

解答・解説

質問 What is the man's main complaint about his roommate?

訳 ルームメイトに関する男性の主な不満は何か。

(A) ルームメイトが騒がしい。

(B) ルームメイトが自分の洗濯をしない。

(C) 彼とルームメイトがうまくいっていない。

(D) ルームメイトが自分に割り当てられた家事をしない。

■解説■ 詳細についての設問。男性が「household chores「家事」の問題だ」[男性の発言 (3)] と言った後、女性の Not doing his share？（自分の分担分をしないの？）[女性の発言 (4)] に対して男性が You got it.[男性の発言 (4)] と答えている。自分に割り当てられた洗濯物や台所の片づけ（his share = the chores allotted to him）をしない、ということ。

┃ 他の選択肢 ┃

(A) 女性の発言 (3) の Is he noisy ... ? に対して、男性の発言 (3) では ... not ... main problem. と言っているから、設問の main complaint には該当しない。

(B) 男性の発言 (4) で He'll do his own laundry, ... と言っているから「自分の分」はするはずである。彼がしないのは his share（割り当て分、分担分）である。

(C) 女性の発言 (2) の I thought you and Jim got along fine.「仲良くしていると思ってた」という発言に対して、男性の発言 (2) で Oh, yeah. We're good friends, と答えているから「うまくいっている（友達として仲良くしている）」ことになる。

10. ■正解■ **(A)** 🔊)) 67

質問 What can be inferred about the bathroom?

訳 バスルームについて推測できることは何か。

(A) 実際にはきれい。

(B) めちゃくちゃな状態。

(C) 意外なことだが、ルームメイトが掃除している。

(D) 男性は今の汚さに我慢できない。

■解説■ 詳細についての設問。I don't even want to think about the bathroom.「バスルームのことなんて考えたくもないわ（→ とても汚いでしょう）」[女性の

発言（5）] に対して、I've been staying on top of that「そのことは何とかやっている（→ バスルームはきれいにしている）」[男性の発言（5）] と言っていた。また男性の、I can't stand a dirty bathroom.「バスルームが汚いのは我慢できない」から、きれいにしているだろうと想像できる。

11. 正解 (C) 🔊 67

質問 How does the roommate react when the man confronts him?
訳 男性が彼（＝ルームメイト）と向き合った（＝問題を話し合った）時、彼の反応はどういうものだったか。
(A) 彼は（＝ルームメイト）は男性の言うことを無視する。
(B) 彼はとても怒って騒ぐ。
(C) 彼は改善を約束するが、長続きしない。
(D) 彼は出ていくと脅す。

解説 詳細についての設問。設問の confront him「彼と向き合う」が女性の発言（6）の talking to him about it に当たる。それに続く男性の答え [男性の発言（6）] の、... he swears he'll make an effort「努力をすると誓う」が (C) の he promises to improve の部分に合致し、... only lasts a couple of days before he's back to his usual self.「2、3 日しか続かないで、もとの彼にもどる」が (C) の it is short-lived「短命である」に合致する。

12. 正解 (B) 🔊 67

質問 How will the man deal with the problem?
訳 男性はどのように問題を処理するか。
(A) 彼はルームメイトと向き合い続ける。
(B) 彼は数カ月で出ていくので何もしない。
(C) 彼は女性にルームメイトと話してもらう。
(D) 彼は騒ぎを避けるために、ルームメイトを完全に無視する。

解説 詳細についての設問。男性の発言（7）で、2 カ月で卒業だから tough it out「耐える」、not worth the drama「騒ぐには値しない」と言っているところから判断する。ここで drama は「劇的な出来事」→「騒ぎ」を表す。

スクリプト

Listen to a talk given by a fire safety official to a junior high school assembly.

[1] ₍₁₎Today, I'm going to discuss fire safety in the home and start by talking about what to do if a fire breaks out while you or your family is in the house.

[2] ₍₁₎The most important thing that you can do is to be prepared before this type of event even happens. ₍₂₎There are five key steps to remember that will help you and your family escape unharmed. ₍₃₎First, you need to plan an escape route. ₍₄₎You and your family should identify two exits from every room in the house. ₍₅₎It's important to plan two routes because there is a strong possibility that one of these exits will be blocked by smoke or fire. ₍₆₎In some cases, one of these routes will be through a window, so make sure that all of your windows can be quickly opened from the inside because some windows become stuck or are actually painted shut. ₍₇₎Second, you need to leave the house as soon as you hear the smoke alarm. ₍₈₎Do not, I repeat, do not spend time trying to gather up your belongings or valuables. ₍₉₎Remember: your life is more valuable than any of your possessions. ₍₁₀₎Third, feel around the door and the door knob to see if you can sense any heat before you try to open it. ₍₁₁₎If it feels hot, try your second escape route. ₍₁₂₎Opening a door without checking first can cause a massive amount of smoke and heat to rush in. ₍₁₃₎Fourth, designate a meeting place for all family members to meet. ₍₁₄₎This will allow you to all determine if everyone got out safely. ₍₁₅₎Finally, make sure that no family members go back into the house for any reason. ₍₁₆₎If someone is still inside, tell one of the firefighters. ₍₁₇₎They are much better equipped and trained to rescue someone caught inside a burning building.

Q14のキー

Q16のキー   Q15のキー

[3] ₍₁₎If you prepare beforehand, you and your family will have a much better chance of escaping a fire safely.

訳

中学校の集会での防火安全係官の話を聞いてください。

[1] ₍₁₎今日は家庭での火災防止についてお話をします。まず、皆さんや皆さんのご家族が家にいる時にもし火災が発生した場合にどうしたらいいか、から考えていきましょう。

[2] ₍₁₎皆さんにできる最も重要なことは、そういったことが起こる前に準備をしておくことです。₍₂₎皆さんと皆さんのご家族がけがをせずに逃げられるように、覚えてお

いていただきたい重要な方法が5つあります。(3)まず、避難路をあらかじめ確保しておく必要があります。(4)家の各部屋から脱出経路を2つ確認しておいてください。(5)2つの避難路を確保しておくことが重要です。なぜなら、出口の1つは煙や火で通れなくなる可能性が高いからです。(6)避難路の1つは窓になる場合もあります。窓によっては、何かが引っ掛かっていたり、塗料で開かなくなっていたりするものも実際にありますから、すべての窓が内側から素早く開けられるか確認しておいてください。(7)第2に、煙報知機が鳴ったらできるだけ早く家を出てください。(8)けっして、繰り返しますが、けっして所持品や貴重品を持ちだそうとしてぐずぐずしてはいけません。(9)どんな持ち物よりも皆さんの命のほうが大切なのです。忘れないでくださいね。(10)第3に、開ける前にドアかドアノブの周辺を触ってみて、熱くないかどうか確かめてください。(11)もし熱くなっていたら、別の避難路に向かってください。(12)（熱くないか）確かめてからドアを開けるようにしないと、大量の煙や熱が入って来るかもしれません。(13)第4に、家族全員が集合する場所を決めておいてください。(14)そうすることで、全員が無事に脱出できたかどうかを確かめることができます。(15)最後に、どんなことがあっても、家族の誰一人家に引き返すことがないようにしてください。(16)誰かが中に残っている場合は消防士に言ってください。(17)消防士は燃えている建物の中に閉じ込められた人を救助するための装備もありますし、訓練も受けています。

[3] (1)前もって準備ができていれば、皆さんも皆さんのご家族も無事に火災から脱出する可能性がはるかに高くなります。

語彙・表現Check !

[1] □ fire safety〔名〕火災時の安全、防火　□ official〔名〕係官
　　□ school assembly〔名〕学校の集会

[2] □ escape unharmed　無事（無傷で）脱出する
　　□ escape route〔名〕避難経路　□ identify〔動〕確認する ←Check!
　　□ make sure that SV 〜　SV 〜となるように手配する、SV 〜を確認する
　　□ stuck〔形〕つまった　□ painted shut〔塗料で開かなくなっている
　　□ belongings〔名〕家財、所持品、所有物　□ valuables〔名〕貴重品
　　□ possessions〔名〕所有物 ←Check!
　　□ designate〔動〕選定する、指定する ←Check!
　　□ firefighter〔名〕消防士　□ equipped〔形〕装備がある ←Check!

[3] □ beforehand〔副〕前もって

質問 What is the main purpose of the talk?

訳 話の主な目的は何か。

(A) 家庭での火災を防止するためにとるべき必要な対策を説明する。

(B) 突然家庭で火災が発生した際にとるべき手順を説明する。

(C) 家庭での火災に備えることの重要性を大まかに説明する。

(D) 防止プログラムに関する情報を提供する。

解説　基本情報についての設問。話し手は [1] 第 1 文で fire safety in the home について話すと述べているが、具体的に what to do if a fire breaks out を話題にすると説明しているので、（B）が合致する。

14. 正解 （C）   69

質問 What is the first and most important thing to do to increase the chances of you and your family surviving a fire in your home?

訳 本人、および家族が家の火災から無事脱出する可能性を高めるためにすべき、第1の、そして最も重要なことは何か。

(A) すぐに家を出る。　(B) できるだけ早く動く。

(C) 前もって安全手順を計画し実践する。　(D) できるだけ早く消火にあたる。

解説　詳細についての設問。[2] 第 1 文で The most important なのは to be prepared before this type of event ever happens. とあり、（C）とほぼ合致している。be prepared「準備している」の内容は five keys steps（[2] 第 2 文）以下、First ...（[2] 第 3 文）、Second ...（[2] 第 7 文）、Third ...（[2] 第 10 文）、Fourth ...（[2] 第 13 文）、Finally ...（[2] 第 15 文）で安全のための手順が示されており、First から Finally までが（C）の safety procedures に当たる。次のパラグラフで have a much better chance of escaping ...（[3] 第 1 文）と脱出できる可能性が高くなることが述べられている。ここが設問の increase the chances of ... surviving「生存できる可能性を高める」に合致する。（A）Second 〜（[2] 第 7 文）のところで出てきていたが、設問では「最も重要なこと」を聞いているから、解答としては不適。

15. ┃ **正解** ┃ （D） 69

質問　When planning an escape route, why should you check the windows?

訳　避難路の準備で、なぜ窓をチェックすべきなのか。

（A）外から開けられることを確認するため。

（B）地面からあまり高すぎないか確認するため。

（C）中から簡単に割ることができるようにしておくため。

（D）何かが引っ掛かっていたり、塗料で開かなくなっているということがないようにしておくため。

┃ **解説** ┃　詳細についての設問。[2] 第 6 文で escape routes の 1 つに窓が使われる場合があり、窓はすぐに開けられるようになっていなければならないと述べている。because 以下の「stuck や painted shut になっているものがある」が理由なので、正解は（D）。

┃ **他の選択肢** ┃

（A）　from the outside「外側から」が間違い（正しくは「内側から」）。

（B）　「地面からの高さ」は出てきていない。

（C）　broken「壊す」が間違い（正しくは「開ける」）。

16. ┃ **正解** ┃ （B）　　　　　　　　　　　　　　　　　　　　　　（( ))) 69

質問　What should you do if a door knob feels hot?

訳　ドアノブが熱かった場合、どうするべきか。

（A）すぐに開ける。　　（B）第2の避難路に向かう。

（C）窓から飛び出す。　　（D）タオルを使ってドアを開ける。

┃ **解説** ┃　詳細についての設問。Third ~（[2] 第 10 文）のところで、ドアないしドアノブを触って「熱くないか」確かめ、[2] 第 11 文で、「熱い場合」は try your second escape route と言っている部分が（B）と合致する。

Section 2　Structure & Written Expression

1.　正解　(D)

訳　長年の間、アメリカをはじめとする他の国々や国際連合の諸機関が、世界のさまざまな地域に余剰備蓄食糧を送り続けている。

解説　動詞の欠落の問題。文頭に時間の継続を表す表現（For a number of years）があることから現在進行形（B）は使えない。空所の最後の単語 surplus と空所の後のfood stores がつながった［surplus food stores］が send の目的語になることから、受身を取る（A）、（C）にはならない。時制（For a number of years）に対応して現在完了進行形have been sending となり、後ろに（send の）目的語 surplus food stores が続く形になる（D）が正解。

2.　正解　(D)

訳　シェイクスピアの才能が非凡だからこそ、彼と同時代に生きた作家達は影が薄い。

解説　主語の欠落の問題。文頭 Only because から so great までが理由を表す節のまとまりになっている。否定語や only を含む句や節が文頭に来ると、主節は「［be 動詞・助動詞］ → 主語」の語順（倒置）になる。したがって空所の直前の are が主節のbe 動詞で、空所には are に呼応する主語が来るので複数形の名詞（D）his contemporaries が正解。

3.　正解　(C)

訳　電子工学の物語は1883年、トーマス・エジソンが自ら新しく発明した電気ランプのフィラメントが陰電気を帯びた粒子を放出していることを発見した時に始まった。

解説　過去分詞を補う問題。charge は過去分詞 charged の形で「電気を帯びた」の意味を表し、空所の後の particles「粒子」を修飾する。さらに過去分詞 charged を修飾するのは副詞なので正解は（C）。

4. 正解 （D）

訳　さまざまな意見があり、この理念に対する真剣な信奉者の数も反対の意見を持つ者の数も増加した。

解説　代名詞を補う問題。空所の前の as well as は the number of serious adherents ... と空所以下（＿＿＿ + its opponents）を並列している形なので、空所以下は本来 the number of its opponents となる。the number の繰り返しを避けるために［the + 名詞］の代わりができる that を使って空所は（D）that of となる。

5. 正解 （C）

訳　最も一般的な原始的秘密結社はその共同体の全成人男性によって構成される集団である。

解説　補語の欠落の問題。空所には、be 動詞の後に続く形が必要。the group が be 動詞の補語になり、この the group を関係詞節が修飾する形（that consists of ...）になっている（C）が正解。（B）the group consists of は SV 〜の形なので、空所の前の is とぶつかってしまう。consist は自動詞であることから受動態にならないので（A）は不適。また consist は状態動詞であることから進行形にはならないので（D）も不適。

Written Expression　Questions 6–13

6. 正解 （C）the most greatest dramatist → the greatest dramatist

訳　今日我々が、シェイクスピアはけっして彼の時代の最も優れた劇作家ではなかったと認識すること、すなわち彼を他の劇作家達の弟子であり模造者であるとみなすことは難しい。

解説　最上級の問題。greatest はすでに great の最上級なので、most を重ねて使ってはいけない。基本的に 1 音節と 2 音節の一部の形容詞・副詞の最上級には -est をつけ、ほとんどの 2 音節あるいは 3 音節以上の形容詞・副詞には most をつけることに注意。

7. 正解 (A) instruction → instructive

訳 毎晩のようにある惑星（例えば、火星もしくは木星）を観察し、天球儀もしくは星座図上の恒星に関係させてその場所の図面を作ることはとてもためになる。

解説 品詞・語意の問題。[It is 形容詞 + to 不定詞] という構文なので、It is very instruction to observe のように名詞ではなく、It is very instructive to observe のように形容詞にしなければいけない。

8. 正解 (B) be seeing → be seen

訳 ブラジルの台頭がロシアを補完することになるのかロシアの足枷になるのかはまだわからない。

解説 能動態か受動態かの問題。remain to be seen はほとんどイディオムと言っていいほどの定型表現である。「これから見られることになる」というのが直訳だが、つまり「現段階ではまだわからない」という意味である。whether 以下の状況は「見守られる」ものなので受身で表す。

9. 正解 (B) deal → had dealt

訳 高くて不適切なアメリカの医療制度に歴代の政権が対応していれば、これらの組合の要求の費用はもっと低くて済んだであろう。

解説 仮定法の動詞の形を問う問題。副詞節は If successive administrations deal ではなく、If successive administrations had dealt が正解。仮定法過去完了の基本的な形、[If + 主語 + had + 動詞の過去分詞, 主語 + would/could/might + have + 過去分詞] を覚えておこう。

10. 正解 (D) explosive → explosives

訳 アンモニアは重要な冷却材で化学工業、特に肥料や硝酸や爆薬の製造で広く使用されている。

解説 並列の問題。名詞 explosive は一般的に可算名詞で使われるので、無冠詞の単数形は不可。並列されている可算名詞 fertilizer が複数形なので、同様に複数形に直す。

11. **正解** （A）who → whose

訳 弱気な観測の正しかったことが証明された専門家達は、一国また一国と連鎖的に、私達が長く困難な不況に陥るということを予想していた。

解説 関係詞の問題。主語のPundits（「専門家」）を [whose] bearishness had been vindicated という関係節が修飾している。「弱気な姿勢が正しいと証明された」がその意味である。したがって、関係代名詞は who という主格ではなく whose という所有格でなければいけない。

12. **正解** （B）in → at

訳 その摩天楼は建築上の功績ではあるが、同時に商業的企ての面が多分にあり、アメリカという国の土壌に固有で、生粋のものである。

解説 前置詞の問題。at the same time で「同時に」という意味を成す。前置詞の間違いは気づきにくいが、このような前置詞を含むお決まりの基本表現はできるだけ多く覚えておくとよい。

13. **正解** （B）do → does

訳 ヒンドゥー教の物理学の体系は、東洋の形而上学的思考の基礎になっているが、西洋の最新の物理学と起源において大きく異なっているわけではない。

解説 主語と動詞の一致の問題。この文の主語は The Hindu system of physics（ヒンドゥー教の物理学の体系）なので、動詞は do ではなく does が正解。この場合のように関係代名詞などが挿入されている時には、主語が判別しにくくなるので特に注意が必要である。

Section 3 Reading Comprehension

パッセージ

····Q1のキー

[1] (1)Contrary to popular belief, the United States Mint does not produce both paper currency and coins but instead only coins. (2)The Bureau of Engraving and Printing is responsible for the creation of paper money. (3)In 1792, Congress passed the Coinage Act which effectively established the Mint giving it the responsibility of creating metal currency.

····Q2のキー

[2] (1)There are currently four branches of the Mint which actively produce coins, and they are located in various cities around America: Philadelphia, Denver, San Francisco, and West Point. (2)Of these four, both the Denver and San Francisco branches were opened in the mid-1800s to deal with local gold strikes in their respective areas. (3)The original branch was located in Philadelphia and it is still the largest of the group. (4)The West Point branch is the newest facility and is responsible for production of silver, gold, and platinum American Eagle Coins. (5)In addition to these four coin-producing branches, Fort Knox is also part of the Mint system, and it is where silver and gold bullion reserves are **stockpiled.**

[3] (1)Prior to manufacturing coins, the U.S. Mint purchases giant coiled strips of metal that are approximately 13 inches wide by 1,500 feet long. (2)These coils are run through a blanking press which punches out small disks called "blanks". (3)The **leftover** metal, called webbing, is chopped up and recycled. (4)The blanks are then heated in an annealing furnace in order to soften them up. (5)Afterwards, they are washed and dried. (6)Following this step, the blanks are given raised rims in an upsetting mill. (7)Finally, they are sent to a coining press where the designs are stamped onto **them.** (8)In the case of pennies, the Mint purchases the pre-punched blanks after supplying outside contractors with the copper and zinc.

····Q6のキー   ····Q7のキー   ····Q10のキー

[4] (1)Compared to paper currency, coins are cheaper in the long run and are less easily damaged. (2)Coins also last significantly longer, but eventually even they wear out. (3)When the coins reach this stage they are considered "uncurrent", and Federal Reserved Banks collect them and return them to the Mint for disposal. (4)Coins **deemed** "mutilated" due to damage, however, are only redeemable at the Philadelphia facility.

····Q8のキー

[1] ₍₁₎一般に信じられているのとは違って、米国造幣局は紙幣と貨幣の両方を製造しているのではなく、貨幣のみを製造している。₍₂₎紙幣の製造は証券・印刷局が行っている。₍₃₎1792年、議会は造幣局に金属通貨の製造を担当させる硬貨鋳造法を可決した。

[2] ₍₁₎硬貨を実際に製造している部局は現在造幣局の中に4つあり、アメリカ各地、フィラデルフィア、デンバー、サンフランシスコ、ウエストポイントに置かれている。₍₂₎この4つの部局のうち、デンバーとサンフランシスコの部局は1800年代中ごろに、それぞれの地域の金鉱発見に対処するために開設された。₍₃₎最初の部局はフィラデルフィアで、現在でも部局の中で最大のものだ。₍₄₎ウエストポイントの部局は最も新しく、銀、金、プラチナのアメリカン・イーグル硬貨の製造を担っている。₍₅₎4つの硬貨製造部局に加えて、フォートノックスも造幣局の一部門であり、銀塊、金塊が備蓄されている。

[3] ₍₁₎硬貨を製造する前に、米国造幣局は、幅約13インチ × 長さ1,500フィートのコイル状に巻かれた巨大な金属を購入する。₍₂₎打ち抜きプレスに通し、このコイルを「ブランク」と呼ばれる小さな円盤に打ち抜く。₍₃₎「ウェビング」と呼ばれる残った金属は、細かく切ってリサイクルする。₍₄₎ブランクは焼きなまし炉で加熱し、やわらかくする。₍₅₎それから洗浄し、乾燥させる。₍₆₎この段階の後、圧縮成型機でブランクの淵を盛り上げる。₍₇₎最後に、硬貨プレス機に送られて図案が刻み込まれる。₍₈₎1セント硬貨の場合、造幣局は外部業者に銅と亜鉛を提供しておいて、前もって打ち抜かれたブランクを買い取る。

[4] ₍₁₎紙幣と比較して、長期的に見れば硬貨は安価で、損傷しにくくなっている。₍₂₎また硬貨のほうがはるかに長持ちするが、それでも最終的には硬貨も摩耗する。₍₃₎硬貨が摩耗してしまうと、「流通不可」とみなされ連邦準備銀行が回収して、造幣局に送り処分する。₍₄₎ただし、損傷で「毀損」とみなされた硬貨は、フィラデルフィアの施設でのみ兌換することができる。

語彙・表現Check！

[1] □ contrary to　～とは違って、反対に　←*Check!*

　　□ paper currency〔名〕紙幣　←*Check!*

　　□ the Bureau of Engraving and Printing〔名〕（アメリカ財務省）証券・印刷局

　　□ establish〔動〕確立する　←*Check!*　□ the Mint〔名〕造幣局

[2] □ be located　位置する　←*Check!*　□ gold strike　金鉱発見

　　□ gold bullion〔名〕金塊　□ reserve〔名〕準備金

　　□ stockpile〔動〕備蓄する

[3] □ prior to　～の前に　←*Check!*　□ purchase〔動〕購入する　←*Check!*

Day 5

解答・解説

1.　正解　(C)

訳　第1パラグラフの目的は何か。

(A) 証券・印刷局を紹介すること

(B) いつ造幣局が設立されたかを説明すること

(C) 米国造幣局に関する誤解を一掃すること

(D) 紙幣と硬貨の違いを説明すること

解説　推論を必要とする設問。[1] 第 1 文の Contrary to popular belief, the United States Mint does not produce both paper currency and coins から、「the U.S. Mint produces both paper currency and coins」は一般に信じられているが間違いである（= misconception「誤解」）ということになる。第 2 文、第 3 文で The Bureau of Engraving and Printing と the Mint を対比し、the Mint が paper currency は造らず、coins のみを造っているということを説明し、第 1 文を裏付けているから、「造幣局が紙幣と硬貨の両方を作っているというのは誤解である」がパラグラフの中心的なアイデアとなる。

他の選択肢

(A) [1] 第 2 文で the Bureau of Engraving and Printing は取り上げているが、the Mint の役割を明確にするために、比較対象として取り上げたものである。

(B) [1] 第 3 文で the Mint の設立年（In 1792）が文頭に書かれているが、第 1 文の「coins だけを作っている」を「metal currency を作る役割が与えられた」と言い換えているところが重要な情報。設立時期の説明がパラグラフの目的とはいえない。

(D) 紙幣と硬貨の違いの説明はない。

2. ■正解■ (B)

訳 フォートノックスに関して推測できることは何か。
(A) 中心に位置している。
(B) 硬貨はここでは製造されていない。
(C) 造幣局で最も新しい部局である。
(D) 金と銀の通貨がここで製造されている。

■解説■ 推論を必要とする設問。[2] 第 5 文の最後に it is where silver and gold bullion reserves are stockpiled とあり、あくまでも銀塊や金塊を「貯蔵」しているところだとわかる。

■他の選択肢■
(A) 位置に関する記述はない。
(C) Fort Knox が新しいかどうかに関する記述はない。
(D) [2] 第 5 文に ... where silver and gold bullion reserves are stockpiled. とあるが、manufacture「製造する」という表現は使われていない。

Day 5

解答・解説

3. ■正解■ (B)

訳 17行目の "stockpiled" に最も意味が近いのは
(A) 販売される
(B) 保持される
(C) 守られる
(D) 注文される

■解説■ 語句に関する設問。... where silver and gold bullion reserves are stockpiled. の stockpile は「備蓄する」なので keep「保持する」が最も近い単語。reserve「準備金、備え」の意味からも推測できる。

訳 21行目の "leftover" に最も意味が近いのは

(A) 持ち帰りの

(B) コイル状に巻かれた

(C) 余剰の

(D) 使われた

解説 語句に関する設問。leftover は「（料理などの）残りもの、過去の遺物」、つまり何かが終わった後で残ったもの。「余剰、余り」の surplus が最も近い意味。[3] の硬貨製造のプロセスから推測することもできる。第 1 文：giant (coiled strips of) metal「大きな金属」を購入し → 第 2 文：disk (blanks)「小さな円盤」に打ち抜く → 第 3 文：leftover metal (= webbing) をリサイクルする、というコンテキストから「残りもの」といった意味の推測が成り立つ。

他の選択肢

(A) 「持ち帰りの」は leftover が食べ物について言っている場合は「残ったもの」→「持ち帰りの」というような連想が働くが、このパッセージの話題は食べ物ではない。

(B) [3] 第 1 文の内容。

(D) used は「中古の」の意味なので、一度完成品として使用したものを再度使う場合になる。パッセージでは製造プロセスを説明しているので、まだ「中古」の状態にはならない。

5. 正解 (C)

訳 26行目の "them" が指すのは

(A) 淵

(B) コイル

(C) ブランク

(D) デザイン

解説 語句に関する設問。文の主語 they と同じものと考えられる。sent to a coining press「硬貨プレス機に送られる」とあるが、前文の主語である the blanks が意味的に適合する。

正解 (D)

訳 米国の硬貨製造に関わる機械でないものは次のうちどれか。

(A) 焼きなまし炉

(B) 圧縮成型機

(C) 打ち抜きプレス

(D) 図案型押し機

■解説■ 文章の詳細に関わる設問。[3] 第 7 文、a coining press where the designs are stamped ... で stamp は動詞「刻印する、押して型をつける」として使われており、(D) の design stamp のように機械の名称としてではない。設問は「製造に関わる機械」だから、機械の名称としては coining press「硬貨プレス機」。

┏━━━━━━━━┓
┃ **他の選択肢** ┃
┗━━━━━━━━┛

(A) [3] 第 4 文で ... heated in an annealing furnace .... to soften と熱してやわらかくするための機械設備として出ている。

(B) [3] 第 6 文で ... given raised rims in an upsetting mill と淵を盛り上げるための機械設備として出ている。

(C) [3] 第 2 文で ... a blanking press which punches out small disks ... と小さな円盤に打ち抜くための機械設備として出ている。

7. 正解 (C)

訳 パッセージによるとセント硬貨の製造に当てはまるのはどれか。

(A) 造幣局が硬貨製造のすべての工程を直接担っている。

(B) 焼きなまし炉で溶かされる。

(C) ブランクは造幣局のどの部局でも造られていない。

(D) 証券・印刷局で造られている。

■解説■ 文章の詳細に関わる設問。pennies（セント）硬貨については、[3] 第 8 文に pre-punched blanks「前もって打ち抜かれたブランク」を購入するとあるから、ブランクは造幣局では造っていないことになり、(C) と合致する。

(A) 製造工程 (steps) について、[3] 第 8 文に the Mint purchases the pre-punched blanks ... とあり、ブランクについては業者から買うとあるから、(A) は directly が矛盾することになる。

(B) They は pennies を指し、pennies が溶かされることになるが、[3] 第 4 文の記述では、pennies が溶かされるのではなく、溶かされるのは blanks である。

(D) They は pennies を指している。[1] 第 2 文で the Bureau of Engraving and Printing が造っているのは paper money「紙幣」である。

---

8. **正解** (B)

訳 紙幣より金属の通貨が勝っているのは…を除いて下記のすべてである。

(A) 価格

(B) 毀損

(C) 損傷しにくいこここと

(D) 耐久性

解説 文章の詳細に関わる設問。[4] 第 4 文、Coins deemed "mutilated" due to damage ... の部分で mutilation の動詞形が出てくるが、損傷によって引き起こされることなので advantage とは考えられない。

(A) [4] 第 1 文、coins are cheaper in the long run「長い目で見ると安い」と合致する。

(C) [4] 第 1 文、less easily damaged に該当する。resistance は「抵抗力」で、damage-resistance は「ダメージに強い、損傷を受けにくい」。

(D) [4] 第 2 文より。Coins .... last .... longer「長持ちする」ということは durability「耐久性」があると言い換えられる。

9. ■正解■ (A)

訳 33行目の "deemed" に最も意味が近いのは

(A) ～だとみなされる

(B) 損傷を受ける

(C) 無視される

(D) 粉砕される

■解説■ 語句に関する設問。[4] 第 4 文の deem は deem + O（目的語）+ C（補語）の形で、O を C だと「みなす、考える」。regard も regard A as B「A を B だとみなす」で同じ意味を表す。

10. ■正解■ (B)

訳 何が原因で硬貨は「流通不可」になるか。

(A) 損傷

(B) 年数

(C) インフレーション

(D) 図案の変更

■解説■ 文章の詳細に関わる設問。[4] 第 3 文に "uncurrent" が出てきた。When the coins reach this stage they are considered "uncurrent"「この段階に達した時」のこの段階（this stage）は直前の第 2 文の Coins .... wear out.「擦り切れる、使い古される」の段階を指している。この部分が（B）の age「古くなる」と合致する。

リスニング問題の復習

||||||||||**単語のポイント**

次のフレーズの空欄に適切な単語を入れなさい。

① 不景気を切り抜ける　　　　　（　　　　）the depression

② 避けられない結果　　　　　　the（　　　　）outcome

③ 全責任を負う　　　　　　　　（　　　　）full responsibility

④ 自分の務めを果たす　　　　　do one's（　　　　）

⑤ 復讐を誓う　　　　　　　　　（　　　　）revenge

⑥ 史劇　　　　　　　　　　　　a historical（　　　　）

⑦ 獲物の場所を特定する　　　　（　　　　）where the prey is

⑧ 持ち物を荷造りする　　　　　pack up one's（　　　　）

⑨ 世界遺産に指定される　　　　be（　　　　）as a World Heritage Site

⑩ 装備がよくて安い車　　　　　a well-（　　　　）, economical car

正解　　① weather　② inevitable〔→〈the ～〉で〔名〕必然的なこと〕
③ assume〔→〔動〕思い込む〕　④ share　⑤ swear　⑥ drama　⑦ identify
⑧ possessions　⑨ designated　⑩ equipped

|||||||||||||単語のポイント

次のフレーズの空欄に適切な単語を入れなさい。

① 一般通念とは反対に　　　　　　　（　　　）to popular belief

② 大量の通貨を輸入する　　　　　import large amounts of（　　　）

③ 独占体制を確立する　　　　　　（　　　）a monopoly

④ 中心部に位置している　　　　　centrally（　　　）

⑤ 小学校に入る前に　　　　　　　（　　　）to attending elementary school

⑥ 株を買う　　　　　　　　　　　（　　　）stocks

⑦ 請負業者を雇う　　　　　　　　hire a（　　　）

⑧ 植生を大きく変える　　　　　　（　　　）alter the vegetation

⑨ 連邦政府　　　　　　　　　　　the（　　　）government

⑩ 廃棄物の処分　　　　　　　　　the（　　　）of waste

正解　① contrary　② currency　③ establish　④ located　⑤ prior
⑥ purchase　⑦ contractor　⑧ significantly　⑨ federal　⑩ disposal

● The blanks are then heated in an annealing furnace in order to **soften them up**. (ブランクは焼きなまし炉で加熱し、やわらかくする。)

　解説　soften X up は句動詞である。代名詞を句動詞の目的語とするときは、動詞と副詞の間に挟むのがポイント。ライティングなどで間違えないようにしたい。なお、この副詞 up は「完了」を意味する。

● **Compared to** paper currency, coins are cheaper in the long run and are less easily damaged. (紙幣と比較して、長期的に見れば硬貨は安価で、損傷しにくくなっている。)

　解説　compared to は「〜と比較して」という意味で、似たようなもの同士の性質や量、大きさなどを比較するときに用いられる。compared with と言っても同じ。

毎日ミニ模試
TOEFL ITP テスト

Day6

Day1

Day2

Day3

Day4

Day5

Day6

Day7

1. (A) He has already seen Alex
        Staples perform once before.
    (B) He will definitely go to the
        performance.
    (C) He is completely free this
        weekend.
    (D) He is too busy to see Alex
        Staples this weekend.

2. (A) The woman's
        recommendation is by far
        the best.
    (B) He needs more details about
        the woman's idea.
    (C) Real estate is usually a good
        investment.
    (D) The woman's suggestion is
        a waste of money.

3. (A) Tom is the woman's boss.
    (B) Confronting the woman's
        boss might not be a good
        idea.
    (C) The woman forgot who her
        boss was.
    (D) Tom is the man's boss.

4. (A) Tighten the strap so that it
        can be fixed more easily.
    (B) Wait for a short time while
        he fixes the backpack.
    (C) Come back in twenty
        minutes.
    (D) Hang the backpack up so he
        can take a look at it later.

5. (A) The man thinks the woman
        has a nervous disposition.
    (B) The man was confident that
        the woman would find a job.
    (C) He never thought the
        woman would get a job.
    (D) He was worried that the
        woman wouldn't be able to
        locate employment.

6. (A) She will not be joining her roommate over the break.
   (B) She will break up with her roommate soon.
   (C) Her roommate is moving out so the woman needs to find a new one soon.
   (D) She doesn't understand her roommate's plans for spring break.

7. (A) He doesn't want to see Paul.
   (B) He is reconsidering his decision.
   (C) He doesn't have a date for the wedding.
   (D) He will definitely attend the wedding.

8. (A) Mr. Reyes should not step down.
   (B) Mr. Reyes was loved by his employees.
   (C) Mr. Reyes will be difficult to replace.
   (D) Mr. Reyes had his strengths and weaknesses.

9. (A) Share a ride to the woman's hometown.

   (B) Fly to California to see her grandmother.

   (C) Spend winter break at his house.

   (D) Meet her sister and her mother over the winter break.

10. (A) To make the woman more comfortable about coming over to his house over the break.

   (B) To encourage the woman to invite her sister as well.

   (C) To let the woman know that more people will be there.

   (D) To suggest that his siblings will also be out of town.

11. (A) California is too far and she doesn't have enough time.

   (B) She has a scheduling conflict with one of her classes.

   (C) She cannot afford the travel costs associated with the trip.

   (D) She has too much to do at the university.

12. (A) Leave with the man on Friday morning.

   (B) Ask her professor to take an earlier class.

   (C) Speak with her classmates about the Thursday evening class.

   (D) Discuss travel plans with her professor.

13. (A) To warn people about predators in the woods.
    (B) To explain some of the local camping regulations.
    (C) To outline safety procedures for outdoor camping.
    (D) To describe a few of the nicer local camping areas.

14. (A) Bury it downwind of the campsite.
    (B) Put it in bags and hang it from trees.
    (C) Burn it as soon as possible.
    (D) Keep it in their tents.

15. (A) As far from the campsite as possible.
    (B) Near a body of water.
    (C) Around 10 feet upwind from the campsite.
    (D) Approximately 100 feet from the tent.

16. (A) That unwanted visitors are unavoidable.
    (B) That bears dislike the smell of burning trash.
    (C) That the smell of human urine deters predatory animals.
    (D) That all late night snacks should be avoided.

Day 6

Structure   Questions 1–5

1. In addition to this the earth ------- round the sun at a speed of more than a
    thousand miles a minute.
    (A) revolving
    (B) revolution
    (C) revolves
    (D) which revolves

2. ------- provided it vibrates uniformly and fast enough.
    (A) Any vibrating object will produce a musical note
    (B) Any vibrating object produced a musical note
    (C) Any vibrating object will be
    (D) Any vibrating object

3. In 1777, ------- the Articles of Confederation, a provisional government was
    established, which held the states loosely together during the war.
    (A) under
    (B) which
    (C) as
    (D) in which

4. Up to the commencement of the Great War these investigations were
    continued, ------- of different horses being used for the purpose.
    (A) and a number
    (B) and the number
    (C) a number
    (D) the number

5. Plant cells differ from animal cells ------ they are commonly covered by a wall of cellulose or other materials.

    (A) in terms of
    (B) in which
    (C) which
    (D) in that

Written Expression   Questions 6–13   Time: 5 minutes

---

6. As natural selection acts solely by accumulating slight, succession,
        A   B   C
    favorable variations, it can produce no great or sudden modifications.
                         D

7. Had spent a week in Asia, the President set a constructive tone for the
        A   B   C   D
    future.

8. Influenza can be very contagious before the individual carrier has any
                                      A   B
    symptoms at all, more less a fever.
                      C   D

9. ORT has been the main treatment since the early 1970s, when U.N.
                                                             A
    officials first distributed sachets of sugar and salt to refugees in
                                                          B
    the South Asia in an attempt to reduce cholera victims.
        C   D

10. No specific funds are dedicated to AIDS programs, though the
       A   B

    Commission fund health services in poor countries and helps upgrade
              C   D

    water and sanitation services.

11. The discovery of oxygen is general attributed to the English chemist
          A   B

    Priestley, who in 1774 obtained the element by heating a compound of
              C

    mercury and oxygen, known as red oxide of mercury.
                        D

12. In the Untied States, the interstate highway network of expressways,

    begun in the early 1950's, influenced the shape of all
      A   B   C

    metropolitan city areas.
            D

13. It was the advanced industrious world, which had always lectured
    A   B   C

    everyone else about good political and economic management, that
                                                                  D

    handled its affairs poorly.

"Oh, look. A shooting star!" is something one might exclaim on a balmy August night. Of course, by the time the other members of your party turn to look, that beautiful streak of light will have
Line vanished. Actually, the "shooting star" is not a star but is, in fact, a
(5) meteoroid that has entered the Earth's atmosphere. Upon entering the atmosphere, these meteoroids technically become known as meteors. What is surprising to many people is that the majority of these relatively large streaks in the night sky are caused by very small particles of interplanetary dust.

(10)   Typically, meteors can be seen in the night sky once every 10 to 15 minutes, but when they appear minutes or even seconds apart, a meteor shower occurs. In many cases, these meteor showers are precipitated by a specific event, such as when a comet passes near the Sun. Since comets are largely composed of ice and dust, the
(15) increased temperature causes the ice in the comet to melt and boil, which, in turn, causes chunks of the comet to break free. The ice in these chunks then vaporizes, while most of the dust remains in the comet's orbital path—which creates the comet's "tail." As the Earth crosses the paths of several comets each year, these comet
(20) "fragments" enter the atmosphere at a comparatively high frequency, giving rise to meteor showers and, in extreme cases, meteor storms.

        So what causes the streak of light to occur? The answer is simple: heat. When the fast-moving meteoroids collide with air molecules in the Earth's atmosphere at 40 to 75 miles above the
(25) Earth's surface, the kinetic energy of the meteor is converted to heat. This heat causes the meteoroid (now a meteor) to begin to disintegrate, leaving a trail of melted particles and energized gases. This trail is what is visible to the casual observer. Although most meteors burn up completely in the atmosphere, if the meteor is of
(30) sufficient size, composition, or is slow-moving enough, some of it may

survive this journey and actually strike the Earth's surface, leaving behind a chunk of material called a meteorite.

1. What does the passage mainly discuss?
   (A) The frequency of meteor showers
   (B) The impact of comets on meteor formation
   (C) The causes of meteors
   (D) The composition of shooting stars

2. The word "party" in line 3 is closest in meaning to
   (A) celebration
   (B) organization
   (C) faction
   (D) group

3. The word "precipitated" in line 13 is closest in meaning to
   (A) rained
   (B) followed
   (C) caused
   (D) endangered

4. What is another name for "shooting star"?
   (A) Meteor
   (B) Meteoroid
   (C) Meteorite
   (D) Comet

5. What can be inferred about meteor storms?
   (A) They generate violent rain.
   (B) People should protect against them.
   (C) They contain more meteors than meteor showers.
   (D) They contain an extreme number of comets.

6. The word "disintegrate" in line 27 is closest in meaning to
   (A) explode
   (B) change
   (C) vaporize
   (D) break apart

7. What is the tail of a meteor composed of?
   (A) Gases and particles
   (B) Ice and dust
   (C) Melted vapor
   (D) Kinetic energy

8. All of the following characteristics of a meteor increase the chance of meteorite formation EXCEPT
   (A) energy type
   (B) size
   (C) speed
   (D) base material

9. The word "it" in line 30 refers to
   (A) size
   (B) the Earth's surface
   (C) meteor
   (D) composition

10. Where in the passage does the author describe what ultimately happens to most meteors?
    (A) Lines 7–9
    (B) Lines 18–21
    (C) Lines 26–27
    (D) Lines 28–32

THIS IS THE END OF THE TEST.

正解一覧

Section 1 Listening Comprehension
Part A
1. (B) 2. (D) 3. (B) 4. (B) 5. (D) 6. (A) 7. (B) 8. (C)
Part B
9. (C) 10. (A) 11. (C) 12. (B)
Part C
13. (C) 14. (B) 15. (D) 16. (C)

Section 2 Structure & Written Expression
Structure
1. (C) 2. (A) 3. (A) 4. (C) 5. (D)
Written Expression
6. (C) 7. (A) 8. (C) 9. (C) 10. (C) 11. (B) 12. (D) 13. (B)

Section 3 Reading Comprehension
1. (C) 2. (D) 3. (C) 4. (A) 5. (C) 6. (D) 7. (B) 8. (A) 9. (C) 10. (D)

Section 1　Listening Comprehension

Part A　　Questions 1−8

1.　**正解**　(B)　　　　　　　　　　　　　　　　　　 70

スクリプト・訳

W：I know that you're a big Alex Staples fan, so I thought I'd let you know he's appearing at the Montana Theatre this weekend.

M：You're kidding. My weekend is already completely full, but I'll just have to make time—this is a once in a lifetime opportunity to see him perform live.

Q：What does the man mean?

女性：あなたはアレックス・ステープルズの大ファンでしょう。この週末彼がモンタナ劇場に出ることを教えてあげようと思って。

男性：冗談だろう。週末はもう予定が一杯なんだけど、とにかく時間を作らないと。彼を生で見られるなんて一生に一度のことだからね。

質問：男性が意味しているのはどういうことか。

選択肢の訳

(A) アレックス・ステープルズの公演を彼は以前に一度見たことがある。

(B) 公演に彼は絶対行く。

(C) この週末、彼はまったく暇だ。

(D) この週末、彼は忙しくてアレックス・ステープルズを見られない。

解説　追加情報を聞き取る設問。I'll just have to make time「時間を作らなければならない」の「時間」はアレックス・ステープルズを見るための時間のことだから、公演を見に行こうとしていることがわかる。

語彙・表現Check !

☐ You're kidding.　冗談だろう　☐ once in a lifetime　一生に一度の

☐ perform live　生で演じる

スクリプト・訳

W： How about this? We could put the money in real estate.

M： That's just money down the drain as far as I'm concerned. There's got to be a better way to invest our inheritance.

Q： What does the man think?

女性： これはどう？　不動産にお金を充てることもできるわね。

男性： 僕からすれば、まさにどぶに捨てるようなもんだと思うよ。遺産はもっといい投資先があるよ。

質問： 男性はどう思っているか。

選択肢の訳

(A) 女性の提案は紛れもなく最善のものだ。

(B) 彼は女性の考えについてもっと詳しく聞く必要がある。

(C) 通常不動産は良い投資である。

(D) 女性の提案はお金の無駄である。

■解説■　追加情報を聞き取る設問。女性の言った不動産投資について男性が money down the drain「お金が排水管に流れる」→「お金をどぶに捨てる」と言っているところから（D）の waste of money「お金の無駄」が合致する。

語彙・表現Check！

□ real estate〔名〕不動産 ←*Check!*　□ down the drain　どぶに捨てて

□ as far as I'm concerned　私に関する限り、私の意見では

□ invest〔動〕投資する ←*Check!*

3. ■正解■ (B)　72

スクリプト・訳

W： Where does Tom get off talking to me like that? I should give him a piece of my mind.

M： Just remember, he is your boss.

Q： What does the man imply?

女性： 私にあんな口のきき方をするなんてトムはいったい何を考えているんでしょう？　はっきり言ってやらないといけないわね。

男性：彼が上司だってこと忘れないでね。

質問：男性が暗に意味しているのはどういうことか。

選択肢の訳

(A) トムは女性の上司である。

(B) 上司に立ち向かうのは得策ではないかもしれない。

(C) 女性は誰が上司かを忘れている。

(D) トムは男性の上司である。

■■解説■■ 推測や予測を必要とする設問。Tom（＝女性の上司）の口のきき方に不満があって、抗議しようとしている女性に、男性が「彼が上司であるということを忘れないで」と言っているわけだから、女性に忠告していることになる。

語彙・表現Check！

☐ Where do/does S get off ～？ （～するなんて）いったい何を考えているんだ？

☐ give ～ a piece of one's mind 直言する、たしなめる、遠慮なく言う

☐ confront〔動〕対決する、立ち向かう

4. **■正解■** (B)   🔊 73

スクリプト・訳

W：The strap on my backpack is broken. Do you think that you could fix it by tomorrow?

M：Let me take a look. Oh, sure. It won't take that long. Hang tight for the next twenty minutes and I'll get it back to you.

Q：What does the man suggest the woman do?

女性：私のバックパックのストラップが壊れたの。明日までに直せるかしら？

男性：ちょっと見せて。ああ、大丈夫だよ。そんなにかからないだろうね。これから20分腰を据えて待っててくれれば、すぐに返してあげるよ。

質問：男性は女性に何をするように提案したか。

選択肢の訳

(A) もっと簡単に直せるようにストラップをきつく締める。

(B) 彼がバックパックを直す間少し待つ。

(C) 20分したら戻ってくる。

(D) 彼が後で見られるようにバックパックを掛けておく。

279

話者の意思や考えを聞き取る設問。女性の発言からバックパックのストラップが壊れてしまい男性に修理を頼もうとしているのがわかる。男性が It won't take that long「そんなにかからないだろうね」と言っていることから、彼が快諾してすぐに直すと言っていると判断できる。男性の発言中の表現 Hang tight の hang は wait と同義なので、(B) が正解。

語彙・表現Check！

□ fix〔動〕修理する　□ hang tight〔動〕落ち着いて待つ

5. ■正解■ (D) ◀)) 74

スクリプト・訳

W：Finally, after two solid months of interviewing, I finally landed a job with Payton Publishing.

M：I have to admit, I was getting a little nervous for you there for a while.

Q：What does the man mean?

女性：まるまる2カ月面接に費やして、やっとペイトン出版の仕事につけたの。

男性：正直言って、しばらくそのことで君のことを心配していたんだ。

質問：男性が意味しているのはどういうことか。

選択肢の訳

(A) 女性は神経質な性分だと男性は思っている。

(B) 女性は仕事が見つかると男性は確信していた。

(C) 女性が仕事につけるとは男性はまったく思っていなかった。

(D) 女性が職につけないのではないかと彼は心配していた。

■解説■ 追加情報を聞き取る設問。男性が I was getting a little nervous for you there ... の nervous は「不安で、心配で」の意味で、there は女性の就職のことを指している。

語彙・表現Check！

□ solid〔形〕まるまる〜　□ land a job　仕事につく

□ publishing〔名〕出版業 ←Check!　□ for a while　しばらくの間

□ disposition〔名〕性格、性分　□ locate employment　職につく

スクリプト・訳

M： Have you finalized plans for spring break?

W： My roommate invited me to her parents' house, but I kind of need a break from her if you know what I mean.

Q： What does the woman imply?

男性： 春休みの計画はもう決めた？

女性： ルームメートが彼女の両親の家に招待してくれたけど、おわかりの通り彼女とちょっと距離を置く必要があるのよね。

質問： 女性は暗に何を意味しているか。

選択肢の訳

（A） 彼女は休み中ルームメートとは一緒にいない。

（B） 彼女はすぐにルームメートと別れるだろう。

（C） ルームメートがよそへ引越しするので、女性は新しいルームメートをすぐに見つける必要がある。

（D） 彼女はルームメートの春休みの計画を理解していない。

解説 推測や予測を必要とする設問。休みの予定を聞かれて女性がルームメートに誘いを受けたと言っているが、but で発言をつなげていることから誘いを受けるつもりがないことがわかる。I kind of need a break from her と言っているが、この場合の break は「一時的に離れること」を意味する。

語彙・表現Check！

□ finalize〔動〕完成させる、確定する

スクリプト・訳

W： I heard you're going to Paul's wedding. Did you hear that your ex is going to be there, and she's bringing a date?

M： On second thought, maybe I won't go after all.

Q： What does the man mean?

女性： ポールの結婚式に行くって聞いたんだけど、あなたの前の奥さんもパートナーと一緒に来るって聞いてる？

男性： やっぱり、行くのやめておこうかな。

質問： 男性が意味しているのはどういうことか。

選択肢の訳

（A）彼はポールに会いたくない。

（B）彼は決めたことを思い直そうとしている。

（C）彼は結婚式に一緒に行くパートナーがいない。

（D）彼は結婚式に必ず出席する

▨▨**解説**▨▨ イディオムに関する設問。女性の話を聞いて、行く予定だった男性が On second thought「考え直して」I won't go「行かない」と言っているところから、一度決めていたことを変えようとしていることがわかる。

語彙・表現Check！

☐ ex〔名〕先妻、先夫　☐ date〔名〕デートの相手、パートナー

☐ on second thought　考え直してみると、考え直した結果

☐ after all　結局、やはり

スクリプト・訳

M： I can't believe Mr. Reyes is stepping down after 20 years as CEO.

W： Yeah, I know. He brought this company back from the brink of bankruptcy and turned it into a thriving business. I don't know who's coming in to replace him, but it'll surely be hard to fill his shoes.

Q： What does the woman mean?

男性： CEOとして20年間勤めたレイズ氏が退任するなんて信じられないよ。

女性： ええ、そうね。彼がこの会社を倒産の瀬戸際から救い、活力のある成長企業に変えたのよね。誰が後任になるか知らないけど、彼の穴を埋めるのが簡単じゃないことは確かね。

質問： 女性が意味しているのはどういうことか。

選択肢の訳

(A) レイズ氏は退任すべきではない。

(B) レイズ氏は従業員に愛されていた。

(C) レイズ氏の代わりをするのは難しいだろう。

(D) レイズ氏には長所も短所もあった。

解説　イディオムに関する設問。女性の発言の最後の部分、hard to fill his shoes「彼の穴を埋めることは難しい」から（C）を選ぶ。（A）「やめるべきではない」を明確に表す言葉は女性の発言の中にはないので解答として選ばないこと。

語彙・表現Check！

☐ step down〔動〕退任する　☐ brink〔名〕瀬戸際 ←*Check!*

☐ thriving business〔名〕繁栄している企業

☐ fill one's shoes　〜の役目を引き継ぐ、後釜に座る

スクリプト

Listen to a conversation between two friends discussing an invitation. ┈┈ Q9のキー

W： ⑴Are you sure it's no trouble if I come home with you over winter break?

M： ⑴Not at all! My siblings and I always invite people over to our house over the holidays. It's kind of like our thing. This year we'll have you and my sister's best friend stay over. ┈┈ Q10のキー

W： ⑵That's so sweet of you. Are you sure your parents won't mind?

M： ⑵Absolutely not! Actually, they love hosting people. They are quite the entertainers if I don't say so myself.

W： ⑶Well, thank you again. I was planning on going home for the holidays, but then my mom called me and told me that she and my sister would be spending the holiday with my grandmother all the way in California. I just can't afford to fly all the way across the country. Not this year, anyway. ┈┈ Q11のキー

M： ⑶Well, it's their loss and our gain. My parents are excited to finally meet you. So, I was thinking about leaving here at around 11:00 am. It'll take about four hours depending on traffic. Sometimes, it can take as much as six if there is any construction along the way. Fingers crossed we get there in reasonable time.

W： ⑷I can leave earlier if that works better for you. I have a class on Friday morning, but professor Jones teaches that same class on Thursday evening and I can ask her if I could join that evening class instead. ┈┈ Q12のキー

M： ⑷Do you think that she would go for that?

W： ⑸I don't see why not. She has let several of my classmates do that in the past.

M： ⑸I guess there is only one way to find out. Leaving earlier would probably allow us to miss any potential traffic. Let me know what she says.

W： ⑹Will do!

訳

家への招待について話す2人の友達の会話を聞いてください。

女性： ⑴冬休み中にあなたの家に行っても大丈夫って本当？

男性： ⑴全然平気だよ。兄弟も自分もいつも休みの期間に人を家に招待しているんだ。うちでは恒例行事みたいなもんだよ。今年は君とうちの妹の親友が泊まりに来るんだ。

女性： ⑵本当にありがとう。ご両親は本当に気にしないの？

男性： ⑵全然気にしないよ。実際のところ、2人とも人をもてなすのが大好きなんだ。

自分には当てはまらないけど、かなり人を楽しませるのが上手くてね。

女性：₍₃₎あら、ありがとう。この休みは実家に帰るつもりだったんだけど、そうしたら うちの母親が電話してきて彼女と妹がはるばるカリフォルニアのおばあちゃん の所で過ごすって言うのよ。私は国の向こう側まで飛行機で移動する余裕がな いのよ。今年はね。

男性：₍₃₎まあ、向こうは残念だろうけどこっちは嬉しいね。うちの両親はついに君に会 えるので喜んでるよ。で、僕は午前11時ごろにここを出ようと思ってたんだけ ど。交通量にもよるけど大体4時間くらいかかるだろうね。たまに、途中で工事 していると6時間もかかることもあるけど。それなりの時間で向こうにつけるよ うに祈ろう。

女性：₍₄₎早いほうが良いならもう少し早く出発できるわ。金曜の朝に授業があるけど、 ジョーンズ教授は同じ授業を木曜の夕方にも教えているから、彼女にそっちの 夕方の授業を代わりに取れるか聞くこともできるし。

男性：₍₄₎教授は良いって言うと思う？

女性：₍₅₎だめな理由が考えられないわ。過去にクラスメート何人かに同じことをさせて たし。

男性：₍₅₎突き止める方法は1つしかないみたいだね。早く出発したら多分考えられる渋 滞は避けられるかな。教授の返事を知らせて。

女性：₍₆₎そうするわ。

語彙・表現Check！

☐ sibling〔名〕兄弟姉妹　☐ have〔動〕（客として）迎える

☐ stay over〔動〕（他人の家に）泊まる　☐ sweet〔名〕優しい、親切な

☐ all the way　はるばる遠く　☐ afford〔動〕余裕がある　←Check!

☐ depending on 〜　〜によって　☐ fingers crossed 幸運を祈る

☐ miss〔動〕避ける　☐ potential〔形〕可能性のある　←Check!

9. **正解** (C)

 79

質問 What has the man invited the woman to do?

訳 男性は何をするように女性を誘っているか。

(A) 女性の故郷まで相乗りする。

(B) 彼女のおばあさんに会うためにカリフォルニアへ飛行機で行く。

(C) 彼の家で冬休みを過ごす。

(D) 冬休みの間彼女の妹とお母さんに会う。

解説 詳細についての設問。女性の最初の発言で if I come home with you over winter break でも大丈夫なのか確認している。男性の口調や彼の発言 (1) My siblings and I always invite people over to our house over the holidays からも (C) が正解だと判断できる。

10. **正解** (A)

79

質問 Why does the man mention that his siblings invite people over to their house all the time?

訳 男性はなぜ自分の兄弟がいつも家に人を招待していることに言及したのか。

(A) 休み中に彼の家に行くことに対して女性がもっと気楽に感じられるようにするため。

(B) 女性が彼女の妹も招待するように促すため。

(C) 女性にさらに多くの人たちがそこに来るだろうことを知らせるため。

(D) 彼の兄弟も不在だと示唆するため。

解説 詳細についての設問。男性は女性が家に来ることに何の問題もないと述べた後で兄弟について言及している。兄弟も同じことをしているのだから自分がしても大丈夫だとわからせたいのだろうと考えられるので、(A) が正解。

質問 Why isn't the woman going to spend the holidays with her family?

訳 女性はなぜ家族と一緒に休みを過ごさないのか。

（A）カリフォルには遠すぎて十分な時間がない。

（B）彼女は授業の1つとスケジュール上の都合がつかない。

（C）彼女は旅行に関する旅費を出す余裕がない。

（D）彼女は大学でやることが多すぎる。

　解説　詳細についての設問。女性の発言（3）で家族の予定について説明されている。一緒に過ごさない理由として I just can't afford to fly all the way across the country と述べているので、（C）が内容的に一致する。

質問 What will the woman probably do next?

訳 女性はおそらく次に何をするか。

（A）金曜日の朝に男性と一緒に出発する。

（B）早い授業を受けさせてほしいと教授に頼む。

（C）木曜日の夕方の授業についてクラスメートと話す。

（D）教授と旅行計画について話す。

　解説　詳細についての設問。会話の後半で出発するタイミングが話題になっている。女性の発言（4）によると、授業を木曜日の夕方に受けられるかが決め手になり、教授の許可が必要だと述べている。会話の最後に男性の発言（5）Let me know what she says「教授の返事を知らせて」に対して女性はそうすると答えているので、（B）が正解。

スクリプト

Listen to part of a radio program.　　　　　　　　　┌----Q13のキー

[1] (1)Since the weather has warmed up quite a bit, people in this region have begun to break out their gear to enjoy some camping in the area forests. (2)As a public service, we are offering some tips to limit the possibility of attracting unwanted animals, such as bears, to your campsite.　　　┌----Q14のキー

[2] (1)First off, most forest predators and foraging animals have excellent senses of smell. (2)That's why you have to take special precautions to avoid attracting them to your food and trash. (3)All food and trash should be stored in airtight plastic bags and hung from trees at a height of at least 10 feet and at least 4 feet from the trunk. (4)Burning your trash is actually not a good idea since it spreads the smell downwind at a rapid rate. (5)Bears, for example, are strongly attracted to this type of smell. (6)Also, you should not cook near where you plan on sleeping for the same reason. (7)Try to set your campfire at least 100 feet away from your tent. (8)And speaking of your tent, you should never, under any circumstances, bring food into your tent, even for a late night snack. (9)Finally, although there is no toilet in the woods, it is important to relieve yourself at least 100 feet downwind of your campsite. (10)Contrary to popular belief, the smell of urine does not mark your territory and deter predators but, instead, attracts them.　└----Q15のキー　　　　　　　└----Q16のキー

[3] (1)Hopefully, you'll be able to enjoy a safe and relaxing time camping without attracting any unwanted visitors.

訳

ラジオ番組の一部を聞いてください。

[1] (1)気候もかなり暖かくなってきたので、この地域では人々が装備を用意して、地元の森へキャンプに出かけています。(2)公共の電波にのせて、クマなどの招かれざる動物がキャンプ場に来る可能性を抑えるためのアドバイスをお送りします。

[2] (1)まず第一に、森で獲物や食べ物を探している動物の大半は優れた嗅覚を持っています。(2)ですから、動物を食べ物やゴミで引き寄せてしまわないように特に注意が必要です。(3)食べ物やゴミはすべてビニール袋に入れて密封し、地面から少なくとも10フィート、木の幹から少なくとも4フィートの所に吊るしてください。(4)ゴミを燃やすのは実は得策ではありません。臭いがすぐに風下に広がってしまいます。(5)クマなどはそのような匂いに強く引かれます。(6)また、寝る予定の場所の近くで

料理をしてはいけないのも同じ理由です。(7)キャンプファイアはテントから少なくとも100フィート離れたところで行ってください。(8)テントといえば、どんなことがあっても食べ物をテントに持ち込まないでください。ちょっとした夜食でも駄目です。(9)最後に、森にはトイレはありませんが、キャンプ場の100フィート以上風下で用を足してください。一般に信じられているのとは違って、尿の臭いは縄張りを示して、獲物を狙う動物を遠ざけるということはなく、かえって動物を引き付けてしまいます。

[3] (1)「招かれざる客」を招かずに、安全でのどかなキャンプのひと時をお楽しみください。

語彙・表現Check！

[1] □ quite a bit〔副〕かなり、相当　□ region〔名〕地域 ←*Check!*

　　□ tip〔名〕アドバイス　□ unwanted〔形〕望まれない、好ましくない

[2] □ first off　まず、第一に　□ predator〔名〕捕食者

　　□ forage〔動〕食べ物を求めて探しまわる

　　□ sense of smell〔名〕臭覚 ←*Check!*　□ precaution〔名〕注意 ←*Check!*

　　□ trash〔名〕ゴミ　□ airtight〔形〕密閉した、気密の

　　□ plastic bag〔名〕ビニール袋　□ trunk〔名〕木の幹

　　□ downwind〔副〕風下に　□ speaking of　～といえば

　　□ under any circumstances　どんな状況でも（何があっても）←*Check!*

　　□ relieve oneself　用を足す　□ contrary to　～とは逆に

　　□ popular belief　一般的に信じられていること

　　□ urine〔名〕尿　□ territory〔名〕縄張り ←*Check!*

　　□ deter〔動〕思いとどまらせる、阻止する ←*Check!*

[3] □ hopefully〔副〕希望して、願わくば

　　□ relaxing〔形〕落ち着かせる ←*Check!*

質問 What is the purpose of this talk?

訳 この話の目的は何か。

(A) 人々に森で獲物を狙っている動物について警告する。

(B) 地域のキャンプ規則のいくつかについて説明する。

(C) 野外のキャンプのための安全対策の要点を説明する。

(D) 地元の良いキャンプ地を2、3説明する。

　解説　基本情報についての設問。tips「アドバイス」to limit the possibility of attracting unwanted animals「＝クマなど」（[1] 第 2 文）、つまり「クマなどの動物を引き寄せないためのアドバイス」だから、safety procedures「安全対策」を提示していることになる。（A）でpredators in the woods（クマなど）が取り上げられ、そういった動物をいかに寄せ付けないかを述べているが、これは camping を安全に行うための情報として取り上げられている、という内容が抜けている。

14. 　正解　（B）　🔊 81

質問 What should campers do with their trash?

訳 キャンパーはゴミをどうすべきか。

(A) キャンプ場の風下に埋める。

(B) 袋に入れて木から吊るす。

(C) できるだけ早く燃やす。

(D) テントの中に置いておく。

　解説　詳細についての設問。... should be stored in airtight plastic bags and hung from trees at a height of at least 10 feet and at least 4 feet from the trunk ...（[2] 第 3 文）の部分と（B）が同じ内容である。

他の選択肢

(A) bury「埋める」は出てこない。

(C) [2] 第 4 文、Burning ... is ... not a good idea に反する。

(D) [2] 第 8 文に矛盾する。

質問 Where should campfires be placed?

訳 キャンプファイアの場所はどこにすべきか。

(A) できるだけキャンプ場から遠く。

(B) 水辺。

(C) キャンプ場の風上10フィートぐらいの所。

(D) テントから約100フィートの所。

■解説■ 詳細についての設問。... set your campfire at least 100 feet away from your tent ...（[2] 第 7 文）と 合 致 す る。upwind は「風 上 に」、approximately は「約、ほぼ」という意味で about と類義語。

16. ■正解■ (C) 81

質問 What is a mistaken belief that many people have about camping?

訳 キャンプに関して多くの人が信じている間違った考えとは何か。

(A) 招かれざる客は避けようがない。

(B) クマはゴミを燃やす臭いが嫌いである。

(C) 人間の尿の臭いは獲物を求める動物を遠ざける。

(D) すべての夜食は避けるべきである。

■解説■ 詳細についての設問。Contrary to popular belief,（[2] 第 10 文）の後に「一般に信じられていることとは異なる事実」が来ることになるから、後の部分「the smell of urine does not ... deter predators」を逆にすれば（not を取れば）それが mistaken belief「間違った考え」ということになる。

Day6

解答・解説

Section 2　Structure & Written Expression

1.　正解　(C)

訳　このことに加えて、地球は1分間に1千マイル以上のスピードで太陽の周りを回っている。

解説　動詞の欠落の問題。この文の主語は前置詞句（In addition to this）の後の the earth。この主語（単数形）に対する述部動詞が空所に来るので正解は (C)。

2.　正解　(A)

訳　いかなる振動体も、規則正しく相応の速度で振動すれば音を奏でる。

解説　SV の欠落の問題。空所の後の provided は後に S（= it）V（= vibrates）が続いていることから条件を表す接続詞「〜ならば」として使われ、provided 以下が従属節になっていることがわかる。したがって、空所は主節として SV 〜で始まる完全な文が必要なため (A) が正解。be 動詞の後の補語がない (C)、名詞だけで動詞のない (D) はともに不適。(B) も完全な文になっているが、「振動体が音を発する」のは一般的事実であるため、過去形で言うのではなく動詞の単純現在形で表すか、(A) のように性質や習慣を表す will を用いる。

3.　正解　(A)

訳　1777年、連合規約の下、暫定政府が樹立され、独立戦争中にそれらの州をゆるやかに結束させていた。

解説　完全文の前に空所がある問題。後に名詞句（the Articles of Confederation）が来ているので空所には前置詞が必要。under が前置詞なので (A) が正解。(C) の as も前置詞の用法があるが、前置詞の as は「〜として、〜の時に」なので、文意が成立しないため不適。

4. 正解 (C)

訳 その大戦が始まるまで、これらの調査は続けられ、その目的のために多数のさまざまな馬が利用された。

解説 完全文の後に空所がある問題。空所は「多数の（馬）」の意味で、「（馬）の数」ではないので a number of ～ を使う（the number of ～ は「～の数」の意味）。コンマの後、being used ... と現在分詞が使われているところから後半は分詞構文になっている。分詞構文は接続詞を使わない形なので and のない（C）の形が正解。

5. 正解 (D)

訳 植物細胞は、一般的にセルロース壁あるいは他の物質によって覆われているという点において、動物細胞とは異なる。

解説 完全文の後に空所がある問題。空所の後にも完全な文が来ていることから、in which か in that のどちらかになる。in which（前置詞＋関係代名詞）の後にも完全な文が来るが、関係詞を使うと直前の要素（animal cells）を修飾することになるので意味がおかしくなる。in that を使えば「SV ～という点において」という意味で文意が成立するので（D）が正解。前置詞句（in terms of）の後には（SV ～ではなく）名詞（句）が来るので（A）は不適。関係代名詞（which）の後には不完全な文（＝主語や目的語など必要な文法要素が欠けた形）が来るので（C）も不適。

Written Expression　Questions 6-13

6. 正解 (C) succession → successive

訳 自然淘汰とはわずかで継続的で好都合な変化を蓄積することによってのみ機能するものであるから、それによって大きな、もしくは突然の変態が起こることはありえない。

解説 並列の問題。slight（わずかな）と favorable（好都合な）はともに形容詞であるため、間に挟まれた succession も形容詞でなければいけない。よって、successive（継続的な）が適切。

7. **正解** （A）Had spent → Having spent

訳 アジアに一週間滞在し、大統領は未来に対して建設的な姿勢を印象づけた。

解説 分詞構文の問題。正しくは、Having spent という形にし、接続詞と主語を省略した分詞構文にしなければならない。接続詞と主語を省略せずに書き直すと、After he had spent a week in Asia, the President set a constructive tone for the future となる。While he was spending a week in Asia, という意味なら Spending と訂正しても良い。

8. **正解** （C）more less → much less

訳 感染した人にいかなる症状が出ていなくても、ましてや発熱していなくても、インフルエンザには強い感染力がある。

解説 イディオムの問題。much less は否定的な意味を持つ語句の後で用いて、「ましてや〜ない；なおさら〜ない」という意味で使う。したがって、ここでは more less ではなくて much less あるいは still less とするのが正解。肯定文に続き「まして〜である」と付け足したい時には、much more あるいは still more という表現が用いられる。

9. **正解** （C）the South Asia → South Asia

訳 コレラの罹患者を減らそうと、国連職員が砂糖と塩の袋を南アジアの難民に最初に配った1970年代初頭以来、ORT は主たる治療法である。

解説 冠詞の問題。川（the Thames）、海洋（the Atlantic）、山脈（the Himalayas）、群島（the West Indies）、砂漠（the Sahara）、半島（the Malay）などは the がつくが、大陸（Africa）、山（Everest）、湖（Lake Michigan）、島（Bali）、公園（Central Park）などは the がつかない。したがって、the South Asia ではなく South Asia。

10. **正解** （C）fund → funds

訳 委員会は貧困国の医療サービスに資金を出し、水や衛生サービスを最新のものにするために支援を行っているが、エイズのプログラムに具体的な資金は拠出され

ていない。

解説　主語と動詞の一致の問題。副詞節の主語は the Commission なので三人称単数である。fund は「資金を提供する」という動詞で、後ろの helps と並列である。したがって、funds が正解。まずは fund が名詞ではなく動詞であることを見極めなければならない。

11.　**正解**　（B）general → generally

訳　一般的に酸素の発見は英国の化学者プリーストリーの手柄であるとされている。彼は1774年に赤色酸化水銀として知られている、水銀と酸素の化合物を熱することでその元素を手にした。

解説　品詞・語意の問題。この文では「一般的に」は「～にその根拠をもとめる」という意味の attribute を修飾しているので副詞でなければならない。したがって、general ではなく generally が正解。

12.　**正解**　（D）metropolitan city areas → metropolitan areas

訳　アメリカで州間高速道路網は1950年代初頭に始まったが、全ての大都市圏の形成に影響を与えた。

解説　リダンダントの問題。形容詞 metropolitan は「大都市の」の意味なので、意味的に重複する city は不要。名詞 city が形容詞的に使われることもあるが、形式的にも明確に形容詞である metropolitan を残すほうが無難だ。

13.　**正解**　（B）industrious → industrial

訳　その問題に対する扱いがおそまつだったのは、それまで常に他国に対して優れた政治的・経済的統治について語っていた先進工業国だった。

解説　意味のまぎらわしい単語の問題。industrious は「勤勉な」という意味。ここでは、「工業国」という意味にしなければいけないので、industrial が正解。

Section 3   Reading Comprehension

パッセージ

[1] (1)"Oh, look. A shooting star!" is something one might exclaim on a balmy August night. (2)Of course, by the time the other members of your **party** turn to look, that beautiful streak of light will have vanished. (3)Actually, the "shooting star" is not a star but is, in fact, a meteoroid that has entered the Earth's atmosphere. (4)Upon entering the atmosphere, these meteoroids technically become known as meteors. (5)What is surprising to many people is that the majority of these relatively large streaks in the night sky are caused by very small particles of interplanetary dust.   ----Q4のキー-   Q7のキー----

[2] (1)Typically, meteors can be seen in the night sky once every 10 to 15 minutes, but when they appear minutes or even seconds apart, a meteor shower occurs. (2)In many cases, these meteor showers are **precipitated** by a specific event, such as when a comet passes near the Sun. (3)Since comets are largely composed of ice and dust, the increased temperature causes the ice in the comet to melt and boil, which, in turn, causes chunks of the comet to break free. (4)The ice in these chunks then vaporizes, while most of the dust remains in the comet's orbital path—which creates the comet's "tail". (5)As the Earth crosses the paths of several comets each year, these comet "fragments" enter the atmosphere at a comparatively high frequency, giving rise to meteor showers and, in extreme cases, meteor storms.   ----Q5のキー-

[3] (1)So what causes the streak of light to occur? (2)The answer is simple: heat. (3)When the fast-moving meteoroids collide with air molecules in the Earth's atmosphere at 40 to 75 miles above the Earth's surface, the kinetic energy of the meteor is converted to heat. (4)This heat causes the meteoroid (now a meteor) to begin to **disintegrate**, leaving a trail of melted particles and energized gases. (5)This trail is what is visible to the casual observer. (6)Although most meteors burn up completely in the atmosphere, if the meteor is of sufficient size, composition, or is slow-moving enough, some of **it** may survive this journey and actually strike the Earth's surface, leaving behind a chunk of material called a meteorite.   ----Q8のキー-

訳

[1] (1)「ねえ、見て。流れ星だよ！」8月の穏やかな夜にはこんな驚嘆の声が聞かれるかもしれない。(2)もちろん、周りの人達が振り向いて見ようとした時には、美しい一筋の光は消えてしまっている。(3)ただし、「流れ星」というのは実際は星ではなく、地球の大気に入ってきたメテオロイド（流星体）のことだ。(4)流星体は、大気に入ったところで専門的には「流星」と呼ばれるようになる。(5)多くの人にとって意外なのは、夜空に見られる比較的大きな光の筋の大半は、惑星と惑星の間に存在するちりの極めて小さな粒子によって生み出されているということだ。

[2] (1)通常、流星は夜空に10分から15分に一度観察できるが、数分、時には数秒間隔で流星が現れる「流星雨」もある。(2)流星雨は多くの場合、彗星が太陽の近くを通るといった特別な現象によって引き起こされる。(3)彗星の大部分は氷とちりでできているので、温度が上昇すると彗星内の氷が解けて沸騰し、彗星の一部が分離する。(4)分離した塊の中の氷は蒸発するが、ちりの大半は彗星の軌道上にとどまる。これによって彗星の「尾」が作り出される。(5)地球は毎年、いくつかの彗星の通り道を横切るので、彗星の「かけら」がかなりの頻度で大気中に侵入し、流星雨や、極端な場合には流星嵐を引き起こす。

[3] (1)では、「光の筋」を引き起こしているものは何だろうか。(2)答えは簡単、「熱」だ。(3)高速で飛翔する流星体が、地球の大気中40から75マイル（約64から120キロメートル）上空で空気中の分子と衝突すると、流星の運動エネルギーが熱に変わる。(4)この熱で流星体（この段階では流星）が分解し始め、解けた粒子とエネルギーを持ったガスからなる尾が後に残る。(5)この尾はちょっと見ただけでもはっきり見える。(6)大半の流星は大気中で燃え尽きて跡形もなくなるが、十分な大きさ、組成を持ち、十分に速度が遅い流星の中には、大気圏に入ってからも燃え尽きることなく、地表に到達し、隕石と呼ばれる塊を残すものもある。

語彙・表現Check !

[1] □ shooting star〔名〕流れ星　□ meteoroid〔名〕流星体
　　□ technically〔副〕専門的に、技術的に ←Check!　□ meteor〔名〕流星
　　□ particle〔名〕粒子　□ interplanetary〔形〕惑星間の
　　□ dust〔名〕ちり ←Check!

[2] □ meteor shower〔名〕流星雨
　　□ precipitate〔動〕促進する、引き起こす ←Check!
　　□ specific〔形〕特別な、具体的な ←Check!
　　□ comet〔名〕彗星　□ orbital〔形〕軌道の（< orbit 軌道）
　　□ fragment〔名〕破片 ←Check!
　　□ meteor storm〔名〕流星嵐、流星ストーム

[3] □ molecule〔名〕分子　□ kinetic〔形〕運動の
　　□ convert〔動〕変換する、転向する ←*Check!*
　　□ disintegrate〔動〕分解する　□ trail〔名〕通った跡、尾 ←*Check!*
　　□ visible〔形〕見える ←*Check!*　□ sufficient〔形〕十分な ←*Check!*
　　□ meteorite〔名〕隕石

---

1. ■正解■ （C）

訳　このパッセージは主に何について論じているか。
(A) 流星雨の頻度
(B) 流星の形成に対する彗星の影響
(C) 流星の原因
(D) 流れ星の組成

■解説■　文章全体に関わる設問。この種（... mainly discuss?）の文章のメインアイデアを問う問題では、中心的なテーマとして、全体にわたって取り上げられているものを選ぶ。まず、[1] 第 3 文、第 4 文からshooting star（流れ星）= meteoroid（流星体）= meteor（流星）であることを読み取る。[2] ではmeteor shower や meteor storm が発生するプロセスを説明している。[3] では第 1 文で the streak of light の原因を問いかけているが、この the streak of light は [1] 第 3 文で述べられていた shooting star（=meteor）の光である。全体を振り返ると、[1] でトピックである shooting star = meteor を導入し、[2]、[3] で meteor に関する現象の原因を説明していることになるので、正解は (C)。

他の選択肢

(A) [2] 第 5 文に「…比較的高い頻度（frequency）で彗星のかけらが大気に入り、…流星雨が発生する」という記述があるが、パッセージ中の他の部分に流星雨の頻度は出てこないので、これを主なテーマとすることはできない。

(B) 彗星は [2] に取り上げられている。ただし、彗星は流星雨（流星ではなく）の形成との関連で取り上げられていること、また、[1]、[3] ではまったく触れられないことから、これを主なテーマとすることはできない。

(D) 流れ星の組成については [1] 第 5 文に触れられて（particles of interplanetary dust）いるが、この部分のみで [2]、[3] では触れられていないので主なテーマとすることはできない。

2. ■正解■ (D)

訳 3行目の "party" に意味が最も近いのは
(A) お祝い、祝賀会
(B) 組織、構成
(C) 党派、派閥
(D) 集団、人やモノの集まり

■解説■ 語句に関する設問。[1] 第 1 文で one might exclaim と誰かが感嘆の声をあげた場面で、感嘆の声に対して、第 2 文、the other members of your party turn to ... と「party の他の人が振り返る」とあるから、この party は「一緒にいる人達」といった程度の意味で、正解は group「人の集団」の (D)。

■他の選択肢■
(A) celebration は「祝典、祝賀会」の意味。パッセージでは夜空を見上げている場面なので、何か特別な祝い事と考える状況ではない。
(B) organization は「組織化された団体」。たまたま一緒に夜空を見上げている人達を指すのは不自然。
(C) faction は「党派、派閥」といった政治的な集団を指す言葉だが、政治的な内容はパッセージにはない。

3. ■正解■ (C)

訳 13行目の "precipitated" に意味が最も近いのは
(A) （雨の）降った
(B) (by ～) ～が後に続く
(C) 引き起こされた
(D) 危険にさらされた

■解説■ 語句に関する設問。these meteor showers are precipitated by a specific event, ...「流星雨は特定の現象によって＿＿＿される」（[2] 第 2 文）の下線部に入る意味を推測する。第 5 文に specific event の具体例、地球が彗星の通り道を通過することで発生する彗星のかけらが「流星雨を発生させる giving rise to meteor showers」とある。つまり、specific event が meteor shower を「発生させて」いることがわかる。

(A) meteor shower「流星雨」は実際の雨ではなく、流星が雨のように多く降り注ぐことを言っている。

(B) followed の意味（meter showers are followed by a specific event）だとすると meteor shower の後で specific event が発生することになる（meteor showers → specific event）。パッセージで specific event が meteor shower を引き起こすこと（specific event → meteor showers）が説明されていたので順序が逆になる。

(D)「危険性」に関連する内容はパッセージにはない。

4. ■正解■ （A）

訳 「流れ星」の別名は何か。
(A) 流星
(B) メテオロイド（流星体）
(C) 隕石
(D) 彗星

■解説■ 文章の詳細に関わる設問。[1] 第 3 文で、shooting star「流れ星」は地球の大気圏に入った meteoroid「流星体」のことであり、第 4 文で、大気圏に入った meteoroid「流星体」が known as meteor「流星として知られている」とある。この部分が shooting star の another name「別名」に当たる。

5. ■正解■ （C）

訳 流星嵐について推論できることは何か。
(A) それら（流星嵐）は激しい雨を降らせる。
(B) 人々はそれら（流星嵐）から身を守らなければならない。
(C) それら（流星嵐）は流星雨よりも多くの流星を含んでいる。
(D) それら（流星嵐）は極めて多くの彗星を含んでいる。

■解説■ 推論を必要とする設問。[2] 第 5 文の終わりに meteor shows「流星雨」and, in extreme cases, meteor storms「流星嵐」とあり、meteor storms のほうが in extreme cases「極端の場合」として挙げられていることからも多くの流星を含んでいることが想像できる。そもそも shower（雨、にわか雨）と

storm（嵐）では、meteor storms のほうが「激しい」＝「多くの流星を含む」と考えられる。

他の選択肢

（A）流星嵐が文字通り「雨」を降らせるのではなく、meteor storms というフレーズで meteor（流星）storm（嵐）のように降り注ぐことを比喩的に表現している。

（B）人が身を守るかどうかといった記述はない。

（D）[2] 第 2 文以降から comets は meteor (shower / storm)を発生させるものであって、meteor storms が comets を含むということではない。

---

6. **正解** (D)

訳 27行目の "disintegrate" に意味が最も近いのは

（A）爆発する

（B）変化する

（C）蒸発する

（D）ばらばらになる

解説 語句に関する設問。[3] 第 4 文に heat が原因で、particles（粒子）が後に残る、とあることから、meteoroid / meteor は「分解される、ばらばらに」なると考えられる。また、integrate は「統合する」で dis は反意語を表すことからも推測できる。

7. **正解** (B)

訳 流星の尾は何でできているか。

（A）ガスと粒子

（B）氷とちり

（C）水蒸気

（D）運動エネルギー

解説 文章の詳細に関わる設問。[2] 第 4 文の which creates the comet's "tail" から which の前を見ると、tail を構成するのは「氷が蒸発したもの」と「ちり」とあるところから、(B) が正解。

8. 正解 （A）

訳 下記の流星の特徴のうち…を除いて隕石の生成可能性を高める。

（A）エネルギーの種類

（B）大きさ

（C）速度

（D）土台となる物質

解説 文章の詳細に関わる設問。[3] 第 6 文、... if the meteor is of sufficient <u>size, composition</u>, or is <u>slow-moving</u> enough, some of it ..., leaving behind ... a meteorite. の下線部分が、他の選択肢、（B）large size;（C）speed;（D）base material にそれぞれ対応し、残った（A）energy type に対応する記述がパッセージにはないので、（A）が正解。

9. 正解 （C）

訳 30行目の "it" が指すのは

（A）大きさ

（B）地表

（C）流星

（D）組成

解説 語句に関する設問。[3] 第 6 文、some of it の後（述部）に注目する。... may survive this journey and actually strike the Earth's surface, leaving behind a chunk of material called a meteorite.「この旅（宇宙空間から地球の大気に入り、地表にたどりつく旅）を乗り切り、地表に到達し、隕石と呼ばれる物質の塊を残す」。この述部に対して主語になれるのは（C）の meteor のみ。（他の選択肢、（A）size、（B）the Earth's surface、（D）composition はどれも「…地表に到達する…」の主語にはなれない）。

訳　筆者が大半の流星に最終的に起こることを説明しているのはパッセージのどこか。

(A) 7 〜 9行目

(B) 18 〜 21行目

(C) 26 〜 27行目

(D) 28 〜 32行目

解説　文章の詳細に関わる設問。「大半の流星が最終的にどうなるか」というのは［3］第 6 文冒頭の Although most meteors burn up completely in the atmosphere, ... というところで述べられているので（D）が正解。

リスニング問題の復習

|||||||||||| **単語のポイント**

次のフレーズの空欄に適切な単語を入れなさい。

① 財産を残す　　　　　　　　leave an（　　　　）

② その新しい会社に投資する　（　　　　）in the new company

③ 記事を出版する　　　　　　（　　　　）an article

④ 核戦争の瀬戸際で　　　　　on the（　　　　）of nuclear war

⑤ 外食する余裕がない　　　　can't（　　　　）to eat out

⑥ 潜在的な副作用　　　　　　（　　　　）side effects

⑦ 発展が遅れている地域　　　backward（　　　　）

⑧ 方向感覚が良い　　　　　　have a good（　　　　）of direction

⑨ できる限りの注意を払う　　take every（　　　　）

⑩ 極端な環境状況　　　　　　extreme environmental（　　　　）

⑪ 自分の縄張りを守る　　　　defend one's（　　　　）

⑫ 暴力犯罪を抑止する　　　　（　　　　）violent crime

⑬ 落ち着いた雰囲気　　　　　a（　　　　）atmosphere

リーディング問題の復習

||||||||||||単語のポイント

次のフレーズの空欄に適切な単語を入れなさい。

① 技術的に不可能だ　　　　　　　（　　　　　）impossible

② ちりの粒子　　　　　　　　　　particles of（　　　　　）

③ 経済危機を引き起こす　　　　　（　　　　　）an economic crisis

④ 具体的な解説策を提示する　　　present（　　　　　）solutions

⑤ 割れたガラスの破片　　　　　　（　　　　　）of broken glass

⑥ 仏教に改宗する　　　　　　　　（　　　　　）to Buddhism

⑦ 脱獄犯の足取り　　　　　　　　the（　　　　　）of the escaped prisoner

⑧ 見てわかる合図　　　　　　　　a（　　　　　）indication

⑨ 十分な証拠　　　　　　　　　　（　　　　　）evidence

‖‖‖‖‖‖‖‖‖ **文法のポイント**

● **Upon entering** the atmosphere, these meteoroids technically become known as meteors.（流星体は、大気に入ったところで専門的には「流星」と呼ばれるようになる。）

■**解説**　upon/on -ing で「〜するとすぐに（as soon as SV）」という意味。in -ing（〜するときに）と混同しないようにしたい。

● This trail is **what** is visible to the casual observer.（この尾はちょっと見ただけでもはっきり見える。）

■**解説**　関係代名詞 what は what SV/V の形で「〜なもの/こと」という意味。what は something that 〜 くらいの意味で、その後ろに具体的な説明が続く。

Day7

毎日ミニ模試
TOEFL ITP テスト

Day 1
Day 2
Day 3
Day 4
Day 5
Day 6
Day 7

1. (A) The food at Giovanni's is delicious.
   (B) She enjoys their time together.
   (C) They've been eating at home a lot recently.
   (D) She wants to change her busy situation at work.

2. (A) She doesn't have the twenty minutes required to answer the student's questions.
   (B) She only has a short amount of time to attend to the student's needs.
   (C) She is busy and unable to help the student now.
   (D) She will be busy in about twenty minutes.

3. (A) The scandal is bigger than it is currently being reported.
   (B) The deputy mayor will lose his job.
   (C) The man's information is completely inaccurate.
   (D) The scandal starts and ends with the deputy mayor.

4. (A) It might not be a total loss.
   (B) The woman should back up her data before her computer crashes.
   (C) The computer store will be able to restore all of the lost information.
   (D) The woman can get help on her research at the computer store.

5. (A) Rick works too hard.
   (B) Rick's poor diet caused his illness.
   (C) Rick spent too much time being idle.
   (D) Rick followed the woman's advice but got sick anyway.

6. (A) Chef.
   (B) Bartender.
   (C) Cashier.
   (D) Waitress.

7. (A) Decide on what to drink before playing a board game.
   (B) Try to stay warm by starting a fire in the fireplace.
   (C) Clean the stove before having some hot chocolate.
   (D) Spend some time indoors.

8. (A) He loves his job.
   (B) This job is better than his last one.
   (C) He hopes to work there for a long time.
   (D) He isn't completely satisfied with his job.

Part B   **Questions 9–12**   90-91

---

9. (A) She asks a question about a famous university in Paris.
   (B) She is confused about where Marie Curie studied while in Paris.
   (C) She wants clarification on a point the professor touched on in his lecture.
   (D) She wants the professor to explain why Marie Curie was rejected by so many universities.

Day7

10. (A) The university wanted to avoid government censorship of academic institutions.

    (B) The university admitted women, which was not permitted by local authorities.

    (C) The university was dedicated to teaching their students in a uniquely Polish style.

    (D) The university had many students who were not allowed to study in institutions of higher education otherwise.

11. (A) She was the first woman to have taught at the Sorbonne.

    (B) She is the only person who have ever won the Nobel Prize in two different disciplines.

    (C) She studied in fourteen different universities.

    (D) She was a gifted lecturer, which led to her winning the Nobel Prize in two fields.

12. (A) The committee misunderstood the nature of Pierre and Marie Curie's work.

    (B) The committee refused to award the same prize to multiple people.

    (C) The committee did not know of Marie Curie's contributions to her husband's work.

    (D) The committee did not consider women for the Nobel Prize.

Part C　　　　**Questions 13–16**　　　　92-93

---

13. (A) They are under-appreciated by historians because of the materials they are made of.

    (B) They have been used to learn a great deal of information about the past.

    (C) Europeans used them to write extensively about historical texts.

    (D) Historians need them in order to understand how vellum was made.

14. (A) Both sides of the animal skin needed to be scraped creating a smooth surface.
    (B) To create a smooth surface the fur was removed before the non-fur side was scraped.
    (C) The skins were stretched facilitating the removal of the fur, creating a smooth surface.
    (D) Parchments were folded to create a book, making them a little taller than they were wide.

15. (A) Books were already constant in shape so no one saw the need to change.
    (B) The printing press necessitated the cutting of vellum into rectangles.
    (C) Rectangles allowed the makers of vellum to remove defects found in the skins.
    (D) The vellum was cut into rectangles so that as little of the skin was wasted as possible.

16. (A) Bring in examples of vellum that they have encountered in their research.
    (B) Practice writing on the example of vellum he has brought to the class.
    (C) Take notice of the flaws found in the example of vellum he has shared with the class.
    (D) Inspect the writing imperfections found on the example of vellum he has brought to class.

Structure   Questions 1–5   Time: 3 minutes

1. The author's childhood home, ------, is just down the street.
    (A) a revered local landmark
    (B) the local revered landmark
    (C) that is a revered landmark locally
    (D) revered and a local landmark

2. ------ reforms along these lines have been productive of much good, they
    have nevertheless been in a measure disappointing.
    (A) But
    (B) However
    (C) Despite
    (D) Although

3. Apart from the influence of the sun and moon, and the very minor
    influence of other heavenly bodies, ------ take place on the earth are due to
    causes which are to be found upon the earth itself.
    (A) the changes
    (B) the changes which
    (C) because the changes
    (D) in which the changes

4. In view of the transmission of light through space with a definite and
    finite velocity, we are compelled ------, similar to that of an elastic solid
    body.
    (A) regarding Aether to possessing elasticity
    (B) to regard Aether to possessing elasticity
    (C) regarding Aether as possessing elasticity
    (D) to regard Aether as possessing elasticity

5. Images on ------ upside down, just as they are upside down on the plate of a camera.

(A) which the retina are

(B) the retina

(C) the retina are

(D) the retina being

Written Expression   Questions 6–13   Time: 5 minutes

---

6. The earth is carried over its orbit, main distance being 93,000,000 miles

            A   B

   from the sun, which require one year to complete its course, which is

                  C   D

   680,000,000 miles.

---

7. The substances which the food of man is composed may be divided into

               A   B   C

   two classes—into nitrogenised and non-nitrogenised.

                            D

---

8. Hawaii is an island surrounded on all sides by the Pacific Ocean and is

            A   B   C

   the southernmost state in the United States.

               D

---

9. Since the early 1980s, the crime rate in the black community has risen

           A   B   C

   four times fast than in the white community.

              D

Day 7

10. Several problems remain, like high unemployment, and we face new
                        A
    problems caused of responses to the crisis— soaring debt and fears of
                    B   C   D
    inflation.

11. The Law of Gravitation being a compound law, and not a simple law, it is
                         A
    necessary that the principles which govern universal attraction
        B   C
    will now be considered.
        D

12. Under the principle, the country refuses allowing the outside world
      A   B
    access to 50 new strains thought to have emerged in that country since
          C   D
    2004.

13. China, India and Indonesia were among the few economies in the world
                                    A   B
    that continued to expansion throughout the global downturn.
                      C   D

|314

Although originally considered to be a single vitamin, the B
vitamins are actually a group of eight water-soluble vitamins that
play vital roles in cell metabolism. The individual vitamins are
Line   identified by the letter "B" with a subscripted number, such as B1,
(5)   and include types one through three, five through seven, nine, and
twelve. Since the vitamins are water soluble, they are easily
distributed throughout the body but require daily intake as any
excess is not stored but, instead, is eliminated through the urine.

In addition to their role in cell metabolism, this group of
(10)   vitamins serves several healthful functions in the body. They help to
maintain muscle tone and healthy skin, assist the immune and
nervous systems, stimulate cell growth and division, and reduce the
risk of some cancers.

Deficiencies of these vitamins can result in the development
(15)   of severe diseases. Vitamin B1 deficiency causes beriberi which is a
nervous system disease characterized by weakness and pain in the
extremities, weight loss, fatigue, and emotional imbalance. In fact, the
identification of poor diet as the "cause" of this particular disease
ultimately led to the discovery of vitamins as a whole.

(20)   Unprocessed, whole foods are rich in B vitamins. Conversely,
heavily processed foods which contain white flour and sugar are
extremely deficient in B vitamins. Foods which contain high
concentrations of these vitamins include meat, bananas, peppers,
beans, to name a few. Strict vegetarians need to take special care to
(25)   supplement their diets with B12 since this particular vitamin is not
naturally found in plant products. Lacto-ovo vegetarians, however,
can ingest sufficient quantities through dairy and egg consumption.
Other sources of B vitamins can be found in so called "energy drinks"
and their ilk. While it is true that they contain significant amounts of
(30)   B vitamins, their exaggerated health claims need to be taken with a

Day 7

grain of salt.

1. The word "vital" in line 3 is closest in meaning to
   (A) critical
   (B) needless
   (C) vague
   (D) nutritional

2. Why do B vitamins need to be ingested on a daily basis?
   (A) Because they are so important
   (B) Because they are not stored in the body
   (C) Because their effectiveness decreases over time
   (D) Because the body quickly uses all of them up

3. Which of the following is NOT one of the benefits of B vitamins?
   (A) They interfere with the nervous system.
   (B) They contribute positively to muscle tone.
   (C) They help prevent certain cancers.
   (D) They are helpful to the skin.

4. Symptoms of beriberi include all of the following EXCEPT
   (A) loss of strength
   (B) tiredness
   (C) emotional stability
   (D) weight loss

5. The word "ultimately" in line 19 is closest in meaning to
   (A) usefully
   (B) intimately
   (C) truly
   (D) eventually

6. The phrase "rich in" in line 20 is closest in meaning to
   (A) stored in
   (B) packed with
   (C) lacking in
   (D) wealthy in

7. What can be inferred about the content of B vitamins in foods?
   (A) B vitamins are removed sometime during processing.
   (B) Most yellow foods contain high concentrations of these vitamins.
   (C) Sugar contributes to their uptake.
   (D) Chicken would contain low concentrations of these vitamins.

8. What can be inferred about strict vegetarians?
   (A) They ingest a surplus of foods containing B12.
   (B) They shun plant products.
   (C) They consume many energy drinks.
   (D) They do not eat eggs or milk products.

9. Which of the following is true of B1?
   (A) It is not naturally found in plants.
   (B) It played a major part in the discovery of vitamins.
   (C) Its excess consumption causes beriberi.
   (D) It is the most important of all the B vitamins.

10. What does the word "they" in line 29 refer to?
   (A) B vitamins
   (B) vegetarians
   (C) energy drinks
   (D) sources

THIS IS THE END OF THE TEST.

正解一覧

Section 1 Listening Comprehension
Part A
1. (C) 2. (C) 3. (A) 4. (A) 5. (A) 6. (B) 7. (D) 8. (D)
Part B
9. (C) 10. (A) 11. (B) 12. (D)
Part C
13. (B) 14. (A) 15. (D) 16. (C)

Section 2 Structure & Written Expression
Structure
1. (A) 2. (D) 3. (B) 4. (D) 5. (C)
Written Expression
6. (C) 7. (A) 8. (C) 9. (D) 10. (B) 11. (D) 12. (B) 13. (C)

Section 3 Reading Comprehension
1. (A) 2. (B) 3. (A) 4. (C) 5. (D) 6. (B) 7. (A) 8. (D) 9. (B) 10. (C)

Section 1　Listening Comprehension

1.　■ 正解 ■　（C）　　　　　　　　　　　　　　🔊)) 82

スクリプト・訳

M： What say we meet over at Giovanni's after work for a quiet dinner?

W： That sounds great. It'll be nice for us to eat out for a change.

Q： What does the woman imply?

男性： 仕事の後、ジョバンニの店で静かに夕食にしない？

女性： 素敵ね。気分転換に外食するのもいいわね。

質問： 女性が暗に意味しているのはどういうことか。

選択肢の訳

（A）ジョバンニの店の料理はおいしい。

（B）一緒にいることが楽しい。

（C）最近はたいてい家で食べている。

（D）職場での忙しいスケジュールを変えたいと思っている。

　■ 解説 ■　推測や予測を必要とする設問。男性の外食の誘いに対して、女性が賛成し、eat out for a change と答えている部分で、for a change「気分転換に、たまには」と言っているところから、外食が久しぶりであることが想像できる。

語彙・表現Check！

- □ What say 〜？　〜するのはどうですか？（提案、誘いを表す）
- □ Giovanni's　ジョバンニ（の店）（< Giovanni's restaurant ）
- □ for a change　変化をつけて、たまには

スクリプト・訳

M： Professor Johnson. Is now a good time to ask you some questions about my research project?

W： Actually, can you come back in twenty minutes or so?

Q： What can be inferred about the professor?

男性： ジョンソン教授。今研究プロジェクトについていくつか質問してもよろしいでしょうか。

女性： 申し訳ないけど、20分後ぐらいに戻ってきてもらえるかしら？

質問： 教授について推測できることは何か。

選択肢の訳

(A) 彼女は生徒の質問に答えるのに必要とされる20分の時間がない。

(B) 彼女は生徒の要求に応じるのにわずかな時間しかない。

(C) 彼女は忙しくて今は生徒の役に立てない。

(D) 彼女は20分ほどで忙しくなる。

解説　推測や予測を必要とする設問。生徒が質問しようとしているが女性教授はその場で応じようとしていない。教授の発言 can you come back in twenty minutes or so? は 20 分後なら質問にも答えられるという意味なので、内容的に (C) が一致する。

語彙・表現Check！

□ research〔名〕研究 ←Check!

スクリプト・訳

M： Did you see the latest about the corruption scandal involving the deputy mayor?

W： I hear that his involvement is just the tip of the iceberg and that the scandal extends even further up the ladder.

Q： What does the woman mean?

男性： 助役の関わった今度の汚職スキャンダル見た？

女性： 助役の関与は氷山の一角で、もっと上の方までスキャンダルに関わってるそうよ。

質問： 女性は何を意味しているか。

選択肢の訳

（A）スキャンダルは現在伝えられているよりも大きなものだ。

（B）助役は職を失うだろう。

（C）男性の情報はまったく不正確だ。

（D）スキャンダルは助役に始まって助役で終わる。

解説 追加情報を聞き取る設問。女性の発言でhis（deputy mayor「助役」）involvement が tip of the iceberg「氷山の一角」と言っており、さらに extends ... further up the ladder「階段をさらに登る」と、上の地位の人間も関わっていることを表しているので正解は（A）。

語彙・表現Check！

☐ corruption〔名〕汚職 ←Check!

☐ involve〔動〕～を含む、～に関わる ←Check!

☐ deputy mayor〔名〕助役 　☐ involvement〔名〕関与、関わり

☐ tip of the iceberg〔名〕氷山の一角 　☐ up the ladder 階段を上って、地位を上がって

---

4. **正解** （A） 85

スクリプト・訳

W：I was using my laptop and had been working on my thesis project all afternoon when it crashed. Four hours of research down the drain.

M：You should take it to that computer repair shop on Main Street. They may be able to save at least some of your data.

Q：What does the man mean?

女性：ラップトップを使って昼からずっと論文を書いていたんだけど、クラッシュして4時間が無駄になっちゃったわ。

男性：メインストリートのコンピューター修理の店に持って行くといいよ。データの一部でも回復してくれるかも知れないよ。

質問：男性が意味しているのはどういうことか。

選択肢の訳

（A）完全に失われたわけではないかもしれない。

（B）女性はコンピューターがクラッシュする前にデータを保存しておくべきだった。

（C）コンピューターの店で失われた情報のすべてが回復できるだろう。

(D) 女性はコンピューターの店で自分の研究を助けてもらえる。

■■解説■■　追加情報を聞き取る設問。男性の They(= repair shop) may be able to save at least some of your data. 「少なくとも一部のデータが回復できる」と (A) の not ... a total loss「完全なる喪失ではない（部分否定）」とが合致する。

語彙・表現Check！

　□ thesis〔名〕論文 ←*Check!*　□ down the drain　無駄になる
　□ computer repair shop　コンピューター修理店 ←*Check!*
　□ data〔名〕データ ←*Check!*

5. ■正解■ (A)　　　🔊)) 86

スクリプト・訳

M：Did you hear? Rick got really sick and had to go to the hospital.

W：I've been telling him for months that he's been spreading himself too thin. Looks like it finally caught up with him.

Q：What does the woman mean?

男性：聞いた？　リックの具合がひどく悪くて、病院に行かないといけなくなったんだって。

女性：手を広げすぎだって、彼には何カ月も前から言ってたんだけど。もう治療しないとどうしようもなくなったみたいね。

質問：女性が意味しているのはどういうことか。

選択肢の訳

(A) リックは働きすぎだ。

(B) リックの貧しい食事が彼の病気を引き起こした。

(C) リックはあまりにも長期間怠けすぎた。

(D) リックは女性の忠告に従ったが、それでも病気になった。

■■解説■■　イディオムに関する設問。女性の発言、he's been spreading himself too thin「多くのことに手を広げすぎている（→ 働きすぎである）」から、そのことが caught up with him「彼に悪い結果をもたらした（＝病気になった）」と言っている。

□ spread oneself too thin　（無理をして）多くのことに手を広げる、一度に多くのことを
やろうとする

□ catch up with ～〔動〕（悪いこと、放置しておいたことが）～に悪い結果をもたらす、
対処を余儀なくさせる

6.　正解　（B）　🔊 87

スクリプト・訳

M： How was your shift last night?

W： It was a nightmare. We were really busy and the waiters were demanding their
drink orders even though I had my own customers to deal with.

Q： What is the woman's occupation?

男性： 昨夜のシフトはどうだった？

女性： 悪夢だったわ。ほんとに忙しくて、私も相手しないといけない客がいるのに、
　　　　ウェイターは注文されたドリンクを出せって言うし。

質問： 女性の職業は何か。

選択肢の訳

（A）料理人。

（B）バーテンダー。

（C）レジ係。

（D）ウェイトレス。

解説　追加情報を聞き取る設問。女性の発言を整理すると（1）ウェイター
から注文された飲み物を要求される。（2）自分自身も接客する。この 2 点から
正解は（B）の Bartender である。

語彙・表現Check！

□ shift〔名〕勤務時間、出番　□ nightmare〔名〕悪夢

□ deal with〔動〕扱う、相手をする　□ occupation〔名〕職業 ←Check!

スクリプト・訳

M： It's so cold and windy out. It's a great afternoon to stay in, sip on some hot chocolate and play a board game. What do you say?

W： I'll fire up the stove while you pick out a game.

Q： What will the speakers probably do next?

男性： 外はすごく寒くて風が強いね。家にいてココアでもちょっとずつ飲んでボードゲームでもするにはいい午後だね。どうかな？

女性： あなたがゲーム盤を選んでる間にストーブをつけとくわね。

質問： 話し手たちはおそらく次に何をするか。

選択肢の訳

(A) ボードゲームをする前に何を飲むか決める。

(B) 暖炉に火をくべて部屋を暖かくして過ごそうとする。

(C) ココアを少し飲む前にストーブを掃除する。

(D) 屋内で時間を過ごす。

解説 推測や予測を必要とする設問。男性が提案しているのは屋内でココアを飲んでボードゲームをすることだ。女性は明確に賛同していないが、ごく当たり前に提案を受け入れて、自分はその準備としてストーブに火をつけると述べている。質問は男女2人の話し手に共通することなので (D) が正解。

語彙・表現Check !

□ sip on ～〔動〕～をちびちび飲む　□ hot chocolate〔名〕ココア

□ pick out〔動〕選ぶ

スクリプト・訳

W： How's that new job of yours?

M： It's fine for the time being, but I'm definitely hoping something better comes along.

Q： What does the man mean?

女性： 新しい仕事の調子はどう？

男性： とりあえずいいよ。でも先々もっといい仕事につきたいとは思っているんだ。

質問：男性が意味しているのはどういうことか。

選択肢の訳

(A) 彼は仕事を愛している。

(B) 今の仕事は以前の仕事よりも良い。

(C) 彼はそこで長く働きたいと思っている。

(D) 今の仕事に完全に満足しているわけではない。

解説 推測や予測を必要とする設問。男性の発言 It's fine「良い」の後に for the time being「当面は、差し当たっては」がついていることから、今のところ悪くはないが、将来まで考えると「申し分ないということではない」という意味である。

語彙・表現Check！

☐ for the time being　当面は、差し当たり

☐ not ... completely　完全に…というわけではない（部分否定）

Part B　　　Questions 9–12　　　 90

スクリプト

Listen to a conversation between a student and her professor about Marie Curie.

W：(1)Professor Richards, could I ask you a question about something you mentioned in class?

M：(1)Of course Tammy. What's your question?

W：(2)Well, you said that Marie Curie first enrolled in Flying University. I thought that she studied at the University of Paris.

M：(2)Ah yes. Well, you see she did, in fact, study in Paris, however, it was only after many attempts to enroll at an institute of higher education that she finally get into the University of Paris.

W：(3)She was rejected because she was a woman?

M：(3)Yes. Some sources state that she applied to up to 14 different institutions in four different countries and was rejected based on her gender. Anyway, the Flying University was a clandestine organization in her native Warsaw, Poland dedicated to providing a unique Polish education to the people of Poland, which at that time was occupied by Russia. So, she started her academic journey in this "underground" university.

W： (4)You mean as in it was secretive.

M： (4)Yes. You see, they were trying to avoid educational censorship from the government. So, Marie Skłodowska, as she was known then excelled in her studies. She was from a highly educated family and it was only natural for her to also succeed academically. When she moved to Paris, she met her future husband, Pierre Curie, who was also a brilliant physicist. Marie and Pierre would share a Nobel Prize in physics in 1903, making her the first woman to be awarded one. Interestingly, the committee only awarded the prize to Pierre, but it was later extended to his wife after he protested, stating that his wife was equally deserving of the award. ⌐----Q10のキー ⌐----Q12のキー

W： (5)Wow, I didn't know that.

M： (5)Yeah, it is an interesting bit of trivia that seems to be overlooked a lot. Pierre, by all accounts, was very supportive of his wife's endeavors and counted her as his intellectual equal. Sadly, he would die in a tragic accident in 1906 while crossing a busy avenue. So, Marie immersed herself in her work and took over Pierre's teaching position at the Sorbonne. She would go on to be awarded with a second Nobel Prize; this time in Chemistry in 1911. She remains the only person to be awarded the Nobel Prize twice; in different fields no less.

⌐----Q11のキー

訳

マリー・キュリーについての生徒と教授の会話を聞いてください。

女性： (1)リチャーズ教授、授業でお話しされていたことについて質問してもよろしいでしょうか。

男性： (1)もちろんだよ、タミー。どんな質問かな？

女性： (2)ええと、マリー・キュリーは最初フライング大学に入学したとおっしゃっていましたよね。てっきり彼女はパリ大学で勉強していたと思っていたんですが。

男性： (2)ああ、そうだよ。ええと、彼女がパリで学んだのは間違いないんだけど、パリ大学に入学したのは何度も高等教育機関に入学しようとしてからなんだ。

女性： (3)彼女は女性だから拒否されたんですか。

男性： (3)そうだよ。いくつかの情報によると、彼女は4つの異なる国の14もの教育機関に出願して性別が理由で拒否されたんだ。まあ、フライング大学というのは、当時ロシアに占領されていたポーランドの人たちにポーランド独自の教育を提供することに尽力した彼女の故郷のワルシャワにあった秘密の組織だったんだ。だから、彼女はこの「地下の」大学で学問の道に進んだんだ。

女性： (4)秘密主義的だったみたいなことですか。

男性： (4)そうだね。彼らは政府の教育的な検閲を逃れようとしていたんだよ。それで、

当時マリー・スクウォドフスカという名だったんだけど、彼女は勉学に秀でていた。彼女はとても高度な教育を受けた一家の出身で、彼女も学問の世界で成功するのは当然のことでしかなかった。パリに移住した時、彼女は自分と同様に素晴らしい物理学者で将来の夫となるピエール・キュリーに出会った。マリーとピエールは1903年にノーベル物理学賞を共同で受賞することになって、彼女はこの賞を受賞する最初の女性となった。興味深いことに、委員会はピエールだけに賞を与えたんだけど、妻も同様に受賞に値するという彼の抗議を受けて後に彼の妻まで対象が拡大された。

女性： (5)まあ、それは知りませんでした。

男性： (5)うん、これは興味深いこぼれ話だけどずいぶん見過ごされているみたいだね。ピエールは、誰に聞いても妻のやろうとすることにとても協力的で、彼女は知力では自分と同等だとみなしていたんだ。残念なことに、彼は1906年に混雑した街道を渡っている時に悲劇的な事故で亡くなってしまう。それで、マリーは自分の研究に没頭し、ソルボンヌでの彼の教職を引き継いだんだ。彼女は1911年に2度目のノーベル賞を、今度は化学の分野で受賞することになる。今でも異なる分野でノーベル賞を2回受賞したまさに唯一の人物なんだ。

語彙・表現Check！

- □ enroll〔動〕入学する　□ institute〔名〕機関　□ reject〔動〕拒否する
- □ apply to ～〔動〕～に出願する、応募する　□ up to ～　（最大で）～まで
- □ clandestine〔形〕秘密の　□ dedicated to ～〔動〕～に専心している
- □ censorship〔名〕検閲　□ physicist〔名〕物理学者
- □ award〔動〕（賞を）授与する　□ extend〔動〕延長する
- □ protest〔動〕抗議する ←Check!　□ deserve〔動〕値する ←Check!
- □ overlook〔動〕見過ごす　□ by all accounts　誰に聞いても
- □ endeavor〔名〕努力　□ count A as B　AをBとみなす
- □ tragic〔形〕悲劇的な　□ immerse oneself in ～　～に没頭する ←Check!
- □ take over ～〔動〕～を引き継ぐ

質問 Why does the student go and see the professor?

訳 なぜ生徒は教授に会いに行くのか。

(A) 彼女はパリの有名な大学について質問をする。

(B) 彼女はマリー・キュリーがパリにいる時にどこで学んだのかについて混乱している。

(C) 彼女は教授が講義で触れた点について明確な説明を求めている。

(D) 彼女はマリー・キュリーがなぜそんなに多くの大学から拒否されたのか教授に説明を求めている。

解説 詳細についての設問。生徒である女性の発言 (1) で something you mentioned in class について質問したいとある。you とは教授のことなので、同じ意味の (C) が正解。

質問 According to the professor, why was Flying University secretive?

訳 教授によると、なぜフライング大学は秘密主義的だったのか。

(A) 大学は政府による学問機関の検閲を避けたいと望んだ。

(B) 大学は女性を入学させていたがそれは地元当局には許可されていなかった。

(C) 大学はポーランド独自のスタイルで学生を教えることに尽力していた。

(D) 大学には他に高等教育機関で学ぶことを許されなかった多くの生徒がいた。

解説 詳細についての設問。secretive「秘密主義的」という表現を使ったのは生徒のほうだが、その後に教授の発言 (4) で大学について they were trying to avoid educational censorship from the government と補足説明がなされている。同じ意味の (A) が正解。

質問 According to the conversation, what is true of Marie Curie?

訳 会話によると、マリー・キュリーに当てはまることは何か。

(A) 彼女はソルボンヌ大学で教鞭をとった最初の女性だった。

(B) 彼女は2つの異なる分野でノーベル賞を取った唯一の人物だ。

(C) 彼女は14の異なる大学で学んだ。

(D) 彼女は才能のある講師で、それが2つの分野でノーベル賞を取ることにつながった。

解説 詳細についての設問。教授の発言（5）の最後で、She remains the only person to be awarded the Nobel Prize twice; in different fields と述べられている。be awarded がwon、fieldsがdisciplines と言い換えられているが、同じ意味の（B）が正解。

---

12. **正解** （D）　91

質問 According to the conversation, what can be inferred about the Nobel Prize committee in 1903?

訳 会話によると、1903年のノーベル賞委員会について推測できることは何か。

(A) 委員会はピエールとマリー・キュリーの研究の性質を誤解した。

(B) 委員会は同じ賞を複数の人に授与することを拒否した。

(C) 委員会はマリー・キュリーが夫の研究に貢献したことを知らなかった。

(D) 委員会はノーベル賞の対象に女性を考慮していなかった。

解説 詳細についての設問。教授の発言（4）でマリー・キュリーは the first woman to be awarded one (a Nobel Prize) だったとある。女性だったため大学に入学できなかったことも考え合わせると、女性に学問的な賞を与えること自体が度外視されていたと考えられるので、（D）が正解。

Part C　　　Questions 13–16　　92

スクリプト

Listen to part of a talk in a history class.

Q13のキー……

[1] (1)Sometimes, there are under-appreciated things that are of immense importance to us historians. (2)Without manuscripts historians would be lost. (3)Most of what we know about early European history is because of these ancient texts. (4)You see manuscripts in the Middle Ages were made from parchment, which was manufactured using animal skins, such as rabbit or deer. (5)This type of parchment is called vellum. (6)These materials are so durable that books made with vellum

have survived for over a thousand years, hence preserving the information recorded in them and helping us to decipher the past. (7)I've brought along an example for all of you to inspect later. (8)So, how were they made? (9)Well, first, the animal skins were cleaned, and stretched. (10)Once they were stretched, the fur was removed and both sides, the fur and non-fur sides, were scraped in order to soften the animal skins to make them suitable for writing. (11)The scraping of both sides was essential because it left a smooth surface for the written words and if they didn't do that, then the final product would have been too rough to be legible, or clear. (12)After the cleaning process, the skins were cut into two, four or eight rectangular sheets of parchment, depending on the size of the original animal skin. (13)The rectangular shape was chosen because they wanted to waste as little of the skins as possible. (14)When the parchments were folded to create a book, the books were a little taller than they were wide. (15)This is still the case today since the appearance of books had been constant for thousands of years by the time the printing press came along. (16)No one saw the need to change the shape. ⌐----Q14のキー   ⌐----Q15のキー

[2] (1)Now, imagine for a minute trying to write on dried animal skins, in other words, vellum. (2)Consider that each piece of parchment, or vellum, had little flaws, or defects if you will; some even had holes. (3)All of this is to say that writing on such material would have been very difficult and even caused the most accomplished writers to make mistakes. (4)Despite these difficulties, the durability of vellum is undeniable, and it is that resilience that has allowed us to learn about the people who used it. (5)Now, take a look at the example I brought and notice all of the imperfections in it. ⌐----Q16のキー

訳

歴史の授業での話を聞いてください。

[1] (1)時として、私たち歴史学者にとって非常に重要なのに正当に評価されていない事柄があります。(2)写本がなかったら、歴史家たちはいないでしょう。(3)私たちが初期のヨーロッパの歴史について知っていることのほとんどは、こうした古代の文書のおかげです。(4)ご存知の通り、中世の写本は羊皮紙から作られていて、それはウサギやシカなどの動物の皮を使って作られていました。(5)この種の羊皮紙は上質皮紙と呼ばれます。(6)こうした材料はとても耐久性が高いので上質皮紙で作られた本は1,000年以上も残存し、そのためそこに記録された情報を保存し過去の出来事を読み解くのに役立っています。(7)みなさんが後でじっくり見られるように見本を持ってきています。(8)それでは、どうやって作られたのでしょうか。(9)えー、まず、

動物の皮を洗い引き伸ばします。⑽引き伸ばしたら、毛を取り除き、文字が書きやすいように動物の皮をやわらかくするために毛がついていたほうとそうでない側の両側をこすります。⑾文字が書けるように滑らかな表面にするために両側をこすることは不可欠で、そうしないと完成品ででこぼこすぎて文字が読めなかったりはっきり見えづらかったりしました。⑿洗う工程の後、元の動物の皮の大きさに応じて皮は2つ、4つあるいは8つの長方形の羊皮紙に切り分けられました。⒀できるだけ無駄になる皮を減らすため長方形の形が選ばれました。⒁本を作るために羊皮紙が折りたたまれるとき、本は横の幅よりも少し縦に長くなりました。⒂印刷機が現実のものとなるまでに数千年もの間本の外見は変わらなかったので、このことは今日でも当てはまります。⒃誰も形を変える必要性が見出せなかったのです。

[2] ⑴それでは、乾燥させた動物の皮、つまり上質皮紙に文字を書こうとしているところをしばらく想像してみてください。⑵できれば1枚1枚の羊皮紙あるいは上質皮紙には傷や欠陥がほとんどなかったと想像してみてください。実際には穴が開いている紙もありました。⑶こうしたことにより、つまりはそのような材料に文字を書くことは非常に困難で最も熟練した書き手でも間違いをした、ということでした。⑷こうした困難にも関わらず上質皮紙の耐久性は非の打ちどころがなく、それを使っていた人々について知ることを可能にしているのはその回復性です。⑸それでは私が持ってきた見本を見ていただければ、全ての欠点に気づくでしょう。

語彙・表現Check！

[1] □ under-appreciate〔動〕正当に評価しない　□ manuscript〔名〕写本
　　□ parchment〔名〕羊皮紙　□ manufacture〔動〕製造する
　　□ vellum〔名〕上質皮紙　□ durable〔形〕耐久性がある
　　□ decipher〔動〕解読する　□ inspect〔動〕詳しく調べる ←Check!
　　□ scrape〔動〕こする　□ rough〔形〕でこぼこしている
　　□ legible〔形〕（文字が）読みやすい ←Check!
　　□ depending on 〜　〜によって　□ rectangular〔形〕長方形の
　　□ fold〔動〕折りたたむ ←Check!　□ constant〔形〕一定の、不変の
　　□ printing press〔名〕印刷機
[2] □ flaw〔名〕欠点、欠陥　□ defect〔名〕欠点、欠陥
　　□ accomplished〔形〕熟練した　□ resilience〔名〕回復性

質問　According to the lecture, why are manuscripts so important?

訳　講義によると、なぜ写本はそんなに重要だったのか。

(A) 材料が理由で歴史家たちから正当に評価されていない。

(B) 過去についてたくさんの情報を知るのに使われてきた。

(C) ヨーロッパ人は歴史に関する文書について詳細に書くためにそれらを使った。

(D) 歴史家たちはどのように上質皮紙が作られたのかを理解するためにそれらを必要
としている。

　　解説　　詳細についての設問。[1] 第 3 文で Most of what we know about
early European history is because of these ancient texts と述べている。these
ancient texts とはmanuscripts のことなので、内容的に (B) が一致する。

質問　According to the professor, what was an important step in the making of
vellum suitable for writing?

訳　教授によると、文字を書くのに適した上質皮紙を作るのに重要な工程は何だった
か。

(A) 滑らかな表面にするために動物の皮の両側がこすられる必要があった。

(B) 毛がついていなかった側がこすられる前に滑らかな表面にするために毛が取り除
かれた。

(C) 皮が引き伸ばされることで毛が取り除きやすくなり、それによって滑らかな表面
になった。

(D) 本を作るために羊皮紙が折りたたまれ、横の幅よりも少し縦長になった。

　　解説　　詳細についての設問。文字を書きやすくするための工程として [1]
第 10 文 で the fur was removed and both sides, the fur and non-fur sides,
were scraped と述べられている。次の文でも両側をこすることで a smooth
surface for the written words になったと補足説明されているので、(A) が正解。

質問 According to the lecture, what was the reason vellum was cut into rectangular sheets?

訳 講義によると、上質皮紙が長方形に切り分けられた理由は何か。

(A) 本は形がすでに決まっていたので、誰も変える必要性を見出さなかった。

(B) 印刷機が上質皮紙を長方形に切り分けることを余儀なくした。

(C) 長方形によって上質皮紙の製作者が皮に見られる欠点を取り除くことが可能になった。

(D) 上質皮紙は無駄になる皮をできるだけ少なくするために長方形に切り分けられた。

解説 詳細についての設問。[1] 第 13 文で The rectangular shape was chosen because they wanted to waste as little of the skins as possible と述べられているので、内容的に (D) が一致する。

16. **正解** (C) 93

質問 What does the professor ask the students to do at the end of the talk?

訳 話の終わりに教授は生徒に何をするように頼んでいるか。

(A) 自分たちの研究中に遭遇した上質皮紙の見本を持ち込む。

(B) 彼が授業に持ってきた上質皮紙の見本に文字を書く練習をする。

(C) 彼がクラスに披露している上質皮紙の見本に見られる欠点を見つける。

(D) 彼が授業に持ち込んだ上質皮紙の見本に見られる筆跡の欠点を調べる。

解説 詳細についての設問。[2] 第 5 文で Now, take a look at the example I brought and notice all of the imperfections in it と述べている。imperfections を flaws と言い換えた (C) が正解。

Section 2　　Structure & Written Expression

1.　正解　（A）

訳　著者の幼少時代の家は、地元で崇拝の対象となっている史跡で、すぐこの通りの先にある。

解説　完全文の文中に空所がある問題。空所の前後に文の主語と動詞があるので、主語の言い換えとなる名詞句を探す。過去分詞 revered と形容詞 local の両方が名詞 landmark を修飾しているのは（A）と（B）だが、定冠詞 the は前述のものを指す傾向があるので、不定冠詞 a で始まる（A）を選ぶ。

2.　正解　（D）

訳　この線に沿った改革は多くの良い結果を生み出してきたが、それでもある面では期待に添えなかった。

解説　完全文の前に空所がある問題。空所の後が S(= reforms) ... + V(= have been) ... , S(= they) + V(= have ... been) ... と 2 組の SV をコンマでつないでいるので、空所には従属接続詞が必要。選択肢の中では（D）の Although だけが従属接続詞なのでこの選択肢が正解。（C）の Despite は前置詞のため後ろに SV を組み合わせることはできない。

3.　正解　（B）

訳　太陽と月による影響と他の天体の非常に些細な影響を別にすれば、地球上で起こる変化の原因は地球上で発見することができる。

解説　主語の欠落の問題。空所の前までが Apart from ... による前置詞句のまとまりになっている。空所には、後ろから ... take place on the earth が修飾する形で、述部 are due to ... に対する主語が来るので（B）が正解。（A）は the changes が S で、空所直後の take place が V になり、その後の are due to ... と動詞が重なってしまうので不適。（C）は because the changes take place on the earth までが副詞節になるので、その直後に動詞（are due to ...）は来ることができない。（D）のように関係詞を使うと、直前の heavenly bodies を［in

which the changes take place on the earth] で修飾することになるので意味が
成立しない（「［地球上で変化が起こる］天体」では意味不明）。

4. 正解 （D）

訳 一定の制限された速度で光が宇宙空間を伝導することを考慮すると、エーテルには
弾性個体が持つのに似た弾性が備わっていると考えざるをえない。

解説 不定詞を補う問題。メインの動詞である are compelled の後にどの
ような形で情報を追加するのかを考える。今回は受動態で用いられているが、本
来 compel は compel O to do（O が〜するのを強制する）という形で用いられ
るので、受動態で用いられても後ろには to 不定詞が来る。また、regard は
regard A as B（A を B と見なす）の形で用いられるため、（D）が正解。

5. 正解 （C）

訳 網膜上には像が上下逆さに映り、それはカメラの感光板に像が逆さに写るのとち
ょうど同じである。

解説 動詞の欠落の問題。空所の前、文頭が Images on と始まっているこ
とから、Images が文の主語の役割を果たし、on の後には名詞が来る必要がある。
この条件を満たす（C）が正解。on + the retina で the retina が前置詞 on に続
く名詞、Images ... are で、are が主語 Images に対する動詞になる。

Written Expression　　Questions 6–13

6. 正解 （C）require → requires

訳 地球はその軌道上を運行しており、太陽からの主な距離は9,300万マイルであり、
その進路を運行し終えるのに一年を要し、その距離は6億8,000万マイルである。

解説 主語と動詞の一致の問題。「その進路を運行し終えるのに一年を要す
る」の require の主語は the earth であるから、require ではなく requires が正解。
現在形の一般動詞、特に三人称単数現在の -s がついている動詞は、主語と一致
しているかどうか確認する習慣をつけておこう。

7. 正解 (A) which → of which

訳 人間の食物を構成している物質は 2 つの種類に分類されるかもしれない―窒素と化合されたものと、窒素と化合されていないものである。

解説 関係詞の問題。be composed of 〜で「〜から構成されている」という意味。ここでは、the food of man is composed of the substances「人間の食物はこれらの物質から構成されている」という文に、the substances may be divided into two classes「これらの物質は 2 つの種類に分類されるかもしれない」という文が続き、関係代名詞を使って 1 つの文になっている。したがって、the substances of which the food of man is composed may be divided into two classes か、the substances which the food of man is composed of may be divided into two classes として、of を落としてはいけない。

8. 正解 (C) on all sides → 削除

訳 ハワイは太平洋に囲まれた島で、アメリカ合衆国の最南端の州だ。

解説 リダンダントの問題。動詞 surround は「周囲を取り囲む」の意味で on all sides の意味を含んでいる。よって、Cは不要。

9. 正解 (D) fast than → faster than / as fast as

訳 1980 年代初頭以来、黒人居住地域の犯罪率は白人居住地域よりも 4 倍の速さで増加した。

解説 比較級の問題。「4 倍速く」は four times faster than もしくは、four times as fast as である。半分なら half as 〜 as、3 分の 2 なら two-thirds as 〜 as、1.5 倍なら half again as 〜 as、2 倍なら twice as 〜 as のように表現することができる。

10. 正解 (B) of → by

訳 高い失業率といったいくつかの問題はそのままである。そして、私達は増大する借金とインフレへの恐れといった危機に対応することによって生じた新たな問題に直面している。

解説 　前置詞の問題。「〜によって引き起こされる」は caused [by] 〜。responses（主語）が problems（目的語）を cause（動詞）するという関係なので、この by は受動態の表現で用いられる「〜によって」の意味の前置詞である。

11. **正解** （D）will now be → now be

訳 　万有引力の法則は合成則であり、単純則ではないので、万有引力を構成する複数の原則を考慮することが必要である。

解説 　仮定法現在の動詞の形を問う問題。it is 〜 that ... の形式で、「〜」に「必要・要求・重要」などを表す形容詞が来る場合、that 節には動詞の原形が用いられる。

12. **正解** （B）allowing → to allow

訳 　その原則のもと、その国は、2004年以来その国で発生したと考えられている50の新種について、諸外国がそれに接触することを拒否している。

解説 　不定詞か動名詞かを問う問題。refuse は後ろに to 不定詞を取る動詞である。to 不定詞を取る動詞は未来志向のものが多く、refuse も「これから〜することを拒絶する」とやはり未来のことを表している。

13. **正解** （C）expansion → expand

訳 　中国、インド、インドネシアは、世界的な景気後退の中で発展し続けている少数の経済圏の一部である。

解説 　品詞・語意の問題。continued to の to は不定詞なので、動詞の原形が来なければいけない。したがって、expand が正解。to は前置詞の場合と、to 不定詞の場合があるので注意が必要である。

パッセージ

[1] ₍₁₎Although originally considered to be a single vitamin, the B vitamins are actually a group of eight water-soluble vitamins that play **vital** roles in cell metabolism. ₍₂₎The individual vitamins are identified by the letter "B" with a subscripted number, such as B1, and include types one through three, five through seven, nine, and twelve. ₍₃₎Since the vitamins are water-soluble, they are easily distributed throughout the body but require daily intake as any excess is not stored but, instead, is eliminated through the urine.   ┆---- Q2のキー

[2] ₍₁₎In addition to their role in cell metabolism, this group of vitamins serves several healthful functions in the body. ₍₂₎They help to maintain muscle tone and healthy skin, assist the immune and nervous systems, stimulate cell growth and division, and reduce the risk of some cancers. ┆---- Q3のキー   ┆---- Q4のキー

[3] ₍₁₎Deficiencies of these vitamins can result in the development of severe diseases. ₍₂₎Vitamin B1 deficiency causes beriberi which is a nervous system disease characterized by weakness and pain in the extremities, weight loss, fatigue, and emotional imbalance. ₍₃₎In fact, the identification of poor diet as the "cause" of this particular disease **ultimately** led to the discovery of vitamins as a whole.

[4] ₍₁₎Unprocessed, whole foods are **rich in** B vitamins. ₍₂₎Conversely, heavily processed foods which contain white flour and sugar are extremely deficient in B vitamins. ₍₃₎Foods which contain high concentrations of these vitamins include meat, bananas, peppers, beans, to name a few. ₍₄₎Strict vegetarians need to take special care to supplement their diets with B12 since this particular vitamin is not naturally found in plant products. ₍₅₎Lacto-ovo vegetarians, however, can ingest sufficient quantities through dairy and egg consumption. ₍₆₎Other sources of B vitamins can be found in so called "energy drinks" and their ilk. ₍₇₎While it is true that **they** contain significant amounts of B vitamins, their exaggerated health claims need to be taken with a grain of salt.
┆---- Q7のキー   ┆---- Q8のキー

訳

[1] ₍₁₎もともと一つのビタミンと考えられていたが、ビタミンBは、細胞の代謝において重要な役割を果たす8つの水溶性ビタミンの集合である。₍₂₎それらのビタミンBは、アルファベットのBとともに、B1のように小さな数字と一緒に記述され、1から3と

5から7、それに9と12がある。(3)このビタミンは水溶性であるため、容易に体内に供給されるが、余剰分が蓄積されずに尿と一緒に排泄されてしまうため、毎日摂取する必要がある。

[2] (1)このビタミン群は、細胞代謝に果たす役割に加えて、体内において健康に必要ないくつかの機能を担っている。(2)筋肉の調子と健康な肌を維持し、免疫・神経システムを助け、細胞の成長と分裂を促し、ある種の癌の危険を軽減する。

[3] (1)これらのビタミンの欠乏は深刻な疾病が進むという結果をもたらし得る。(2)ビタミンB1の欠乏は脚気の原因となる。脚気とは、四肢が弱ったりそこに痛みを感じたり、体重の減少、疲れ、感情の不安定などに特徴づけられる神経システムの疾病である。(3)実は、この疾病の「原因」とされる食生活の貧しさが、結果的にはこのビタミン全体の発見につながった。

[4] (1)加工されていない自然食品にはビタミンBが豊富である。(2)逆に、精白小麦粉や糖分を含む過度に加工された食品はビタミンBが極めて欠乏している。(3)このビタミンの濃度が高い食品をいくつかあげると、肉、バナナ、胡椒、豆などがある。(4)厳格な菜食主義者は、食事にビタミンB12を補充するよう特に注意しなければならない。というのは、この特殊なビタミンは自然の植物には含まれていないからである。(5)しかし、乳卵菜食主義者は、乳・卵製品の消費を通して十分な量を摂取することができる。(6)その他のビタミンB源としては、いわゆる「栄養ドリンク」やその種の製品がある。(7)それらの製品には相当量のビタミンBが含まれているのは事実であるが、過度に宣言している健康効果は、多少疑って考慮する必要がある。

語彙・表現Check！

[1] □ water-soluble〔形〕水溶性の ←Check!　□ metabolism〔名〕新陳代謝
　　□ individual〔形〕個々の ←Check!
　　□ subscripted〔形〕横（下）に小さく書かれた　□ intake〔名〕摂取 ←Check!
　　□ eliminate〔動〕排泄する、取り除く ←Check!　□ urine〔名〕尿

[2] □ maintain〔動〕維持する ←Check!　□ assist〔動〕助ける ←Check!
　　□ immune〔形〕免疫の

[3] □ deficiency〔名〕欠乏 ←Check!　□ beriberi〔名〕脚気
　　□ extremity〔名〕手足　□ identification〔名〕識別、身元の証明 ←Check!
　　□ ultimately〔副〕結果的に ←Check!

[4] □ whole food〔名〕自然食品　□ processed〔形〕加工された ←Check!
　　□ to name a few　2、3例をあげると　□ supplement〔動〕補う ←Check!
　　□ lacto-ovo〔名〕乳卵摂取　□ ingest〔動〕摂取する ←Check!
　　□ consumption〔名〕消費 ←Check!　□ ilk〔名〕同種のもの
　　□ take ～ with a grain of salt　（物・事）を多少疑って聞く

1. 正解 (A)

訳 3行目の "vital" に最も意味が近いのは
(A) 重要な
(B) 不必要な
(C) 漠然とした
(D) 栄養上の

解説 語句に関する設問。この vital は very important という意味である。(A) の critical は crisis という名詞「危機」という名詞から派生した形容詞で「危機的に重要な」という意味であるから (A) が正解。(B) needless は「不必要；必要ない」、(C) vague は「漠然とした；ぼんやりとした」、(D) nutritional は「栄養上の」という意味で、いずれも、vital とはまったく意味が違う。

2. 正解 (B)

訳 ビタミンBは日々摂取する必要があるのはなぜか。
(A) ビタミンBはとても重要だから
(B) 体内に蓄えておくことができないから
(C) その効果は時間の経過とともに減少するから
(D) 体がすぐにそれをすべて消費してしまうから

解説 文章の詳細に関わる設問。[1] 第 3 文に、any excess is not stored とある。これは「余分に摂取しても体内には蓄積されない」という意味である。したがって、ビタミン B は日常的に摂取する必要がある。

他の選択肢
(A) ビタミンBが重要であっても、体内に蓄積されるのであれば、毎日摂取する必要はない。
(C) 時間の経過とともにその効果が減少したとしても、それが体内に蓄積されていれば問題はない。
(D) 必要なビタミンBが体内に蓄積されていれば、体がビタミンBをすぐに使い切ってしまうことはあり得ない。仮に、もしそれが一般論としては正しくても、この英文の中ではそのことに触れられていないので、ここでは正解にならない。

3. 正解 （A）

訳 次のうち、ビタミンBの効能に当たらないのはどれか。
（A）ビタミンB は神経システムに干渉する。
（B）筋肉の調子に良い影響を与える。
（C）ある種の癌を防ぐ。
（D）肌に良い影響がある。

解説 文章の詳細に関わる設問。[2] 第 2 文にThey help to maintain muscle tone and healthy skin, assist the immune and nervous systems, stimulate cell growth and division, and reduce the risk of some cancers. とある。つまり、「免疫や神経システムを助ける」とあるので、They interfere with the nervous systemは間違い。interfere with ～は、「～に干渉する」という意味で、あまりいい意味では用いられない。(B)、(C)、(D) は [2] 第 2 文ですべて言及されている。

4. 正解 （C）

訳 次のうち、脚気の症状として当てはまらないのはどれか。
（A）力を無くす
（B）疲労
（C）感情の安定
（D）体重の減少

解説 文章の詳細に関わる設問。[3] 第 2 文に beriberi の主な症状が列記されている。その中に含まれていないのは emotional stability だけである。emotional imbalance という語句があるが、これは「精神的な不安定」という意味で emotional stability とは逆の意味である。

| 他の選択肢 |
（A）loss of strength「力が弱くなる」というのは weakness ということである。
（B）tiredness「疲労」はまさしく fatigue と同じ意味である。
（D）weight loss はそのまま weight loss として列挙されている。

訳　19行目の "ultimately" に最も意味が近いのは

(A) 役に立つように

(B) 親しげに

(C) 本当に

(D) 結局は

解説　語句に関する設問。ultimately とは本来「究極的に」という意味であるが、ここでは「結果的に」という意味で用いられている。したがって、(D) が正解。(A) usefully「役に立つように」、(B) intimately「親しげに」、(C) truly「本当に」はどれも、意味的に適当ではない。

訳　20行目の "rich in" に最も意味が近いのは

(A) ～に蓄えられている

(B) ～ですし詰めである

(C) ～が不足している

(D) ～が豊富である

解説　語句に関する設問。ここでの rich は「お金持ち」という意味ではなく「あるものが豊富にある；潤沢にある」という意味である。したがって、「～でいっぱいに詰まっている」という意味の packed with が正解。(A) stored in は「蓄えられている」、(C) lacking in は「～が不足している」、(D) wealthy in は「(天然資源などが) 豊かである」という意味であり、どれもここでは当てはまらない。

7. 正解 (A)

訳 次のうちで、食品に含まれるビタミンBについて読み取れるものはどれか。
(A) 食品を加工する過程でビタミンBは失われる。
(B) たいていの黄色野菜には高い濃度のビタミンBが含まれている。
(C) 糖分はビタミンBの吸収を助ける。
(D) 鶏肉に含まれるビタミンBの濃度は低いだろう。

解説 文章の詳細に関わる設問。[4] 第 2 文、heavily processed foods which contain white flour and sugar are extremely deficient in B vitamins とある。つまり、「過度に加工された白麦や糖分を含む食品は極めてビタミン B に欠ける」ということであるから、(A) が正しい。

他の選択肢
(B) 一般論としては、黄色野菜というのはビタミン B を多く含んでいるのかもしれないが、パッセージでは言及されていない。
(C) パッセージのどこにも「砂糖がビタミン B の摂取の手助けをする」とは書かれていない。
(D) 「鶏肉に含まれるビタミン B の濃度が低い」とはパッセージのどこにも書かれていない。

8. 正解 (D)

訳 次のうち、厳格な菜食主義者について読み取れるものはどれか。
(A) 彼らはビタミン B12 を含む食品を余分に摂取する。
(B) 彼らは植物製品を避ける。
(C) 彼らは多くの栄養ドリンクを消費する。
(D) 彼らは卵や乳製品を食べない。

解説 推論を必要とする設問。[4] 第 4 〜 5 文に、Strict vegetarians need to take special care to supplement their diets with B12 since this particular vitamin is not naturally found in plant products. Lacto-ovo vegetarians, however, can ingest sufficient quantities through dairy and egg consumption とあるように、厳格な菜食主義者は乳製品も卵製品も食さない。したがって、「厳格な菜食主義者」という語句から読み取れるものは、(D) である。

(A) [4] 第 4 文に、「厳格な菜食主義者は食生活をビタミン B12 で補うよう注意する必要がある」とあるが、「ビタミン B12 を含む食品を余分に摂取する」とは書かれていない。

(B) [4] 第 4 文に、「ビタミン B12 は自然の植物の中には含まれていない」とあるが、「厳格な菜食主義者は植物製品を避ける」とは書かれていない。

(C) [4] 第 6 文に、ビタミン B の補給源として栄養ドリンクのことに触れられているが、そのことと菜食主義者には関係がない。

---

9. ■正解■ (B)

訳 次のうち、ビタミンB1について正しいものはどれか。
(A) 自然の植物の中には存在しない。
(B) ビタミンの発見に重要な役割を果たした。
(C) それを過度に消費することは脚気の原因になる。
(D) ビタミンB の中で最も重要なものである。

■解説■ 文章の詳細に関わる設問。[3] 第 2 文に「ビタミン B1 が欠乏すると脚気の原因になる」という記述があり、[3] 第 3 文の「脚気の原因が貧しい食生活にあると突き止めたことが、結果的にビタミン B 全体の発見につながった」と言及されていることから、「ビタミン B1 の発見が、ビタミン B 全体の発見に大きな役割を果たした」と言える。

他の選択肢
(A) [4] 第 4 文に「自然の植物に含まれていない」のはビタミン B12 と記述されている。
(C) 脚気の原因となるのはビタミン B1 の過剰な消費ではなく、ビタミン B1 の欠乏である。
(D) 仮に、ビタミン B1 がビタミン B 群の中で最も重要であるということが事実であったとしても、パッセージにはそのことについて触れられていないので正解とはならない。

訳 29行目の "they" が指すのは

（A） ビタミンB群

（B） 菜食主義者

（C） 栄養ドリンク

（D） 源

解説 語句に関する設問。contain significant amounts of B vitamins「相当量のビタミン B が含まれている」という説明に当てはまるものを選ぶ。前文で紹介されている energy drinks が文脈上該当する。

リスニング問題の復習

|||||||||||| **単語のポイント**

次のフレーズの空欄に適切な単語を入れなさい。

① 人間を対象にした研究の倫理　　ethics of human（　　　）

② 汚職事件の捜査　　　　　　the investigation into the（　　　）case

③ そのプロジェクトへの部分的な関与　　partial（　　　）in the project

④ その論文のはっきりとしない全体像　　a fuzzy outline of the（　　　）

⑤ 中古のコンピューター　　　a second-hand（　　　）

⑥ データに対する不正確な理解　　inaccurate understandings of the（　　　）

⑦ 幅広い種類の職業　　　　　a wide range of（　　　）

⑧ 警官の暴力に抗議する　　　（　　　）against the police violence

⑨ 間違いなく賞賛に値する　　definitely（　　　）praise

⑩ 自分の仕事に没頭する　　　（　　　）oneself in one's work

⑪ 欠陥がないか機械を点検する　　（　　　）the machines for defects

⑫ かろうじて読める筆跡　　　barely（　　　）handwriting

⑬ きれいに服を折りたたむ　　（　　　）up clothes neatly

正解　① research　② corruption　③ involvement　④ thesis　⑤ computer
⑥ data　⑦ occupations　⑧ protest　⑨ deserve　⑩ immerse　⑪ inspect
⑫ legible　⑬ fold

リーディング問題の復習

|||||||||||| 単語のポイント

次のフレーズの空欄に適切な単語を入れなさい。

① 水溶性の食物繊維に富んだ　　rich in（　　　　）fiber

② 個々の文脈で　　in an（　　　　）context

③ 炭水化物の適度な摂取　　moderate（　　　　）of carbohydrate

④ 人為的ミスの可能性を排除する（　　　　）the possibility of human error

⑤ 健康を維持する　　（　　　　）good health

⑥ 教授の手伝いをする　　（　　　　）the professor

⑦ 重度の鉄分不足　　a severe（　　　　）of iron

⑧ 身分証明の手段として　　as a means of（　　　　）

⑨ 最終目標　　the（　　　　）aim

⑩ 大量のデータを処理する　　（　　　　）huge amounts of data

⑪ ビタミンのサプリメントを飲む　take a vitamin（　　　　）

⑫ 毒を大量に摂取する　　（　　　　）poison in large quantities

⑬ 増加した原油消費量　　increased fuel（　　　　）

① soluble　② individual　③ intake　④ eliminate　⑤ maintain
⑥ assist　⑦ deficiency　⑧ identification
⑨ ultimate〔→ ultimately〔副〕結果的に〕
⑩ process〔→ processed〔形〕加工された〕
⑪ supplement〔→〔動〕補う〕　⑫ ingest　⑬ consumption

||||||||||| **文法のポイント**

● Deficiencies of these vitamins can **result in** the development of severe diseases.（これらのビタミンの欠乏は深刻な疾病が進むという結果をもたらし得る。）

　result in の後ろには「結果」がくる。類例として lead to, bring about, cause など。一方、result from, caused by, brought about by などの後ろは「原因」。因果関係を探る際には because や since といった接続詞的な言葉だけでなく動詞も意識しておきたい。

● **Unprocessed**, whole foods are rich in B vitamins.（加工されていない自然食品にはビタミンBが豊富である。）

　形容詞や、形容詞相当語句（過去分詞など）を文頭や文末において名詞の状態を説明する用法である。類例）He came home, exhausted.（彼は疲労困憊して帰ってきた）

解答用マークシート

ミニ模試に取り組む際に、切り取ってお使いください。

〈学習記録〉

Day	実施日	Section 1	Section 2	Section 3	合計
Day 1	/	点	点	点	/ 39点
Day 2	/	点	点	点	/ 39点
Day 3	/	点	点	点	/ 39点
Day 4	/	点	点	点	/ 39点
Day 5	/	点	点	点	/ 39点
Day 6	/	点	点	点	/ 39点
Day 7	/	点	点	点	/ 39点

Day 1　解答用マークシート

Section 1	Section 2	Section 3

Section 1

Part A

1 Ⓐ Ⓑ Ⓒ Ⓓ
2 Ⓐ Ⓑ Ⓒ Ⓓ
3 Ⓐ Ⓑ Ⓒ Ⓓ
4 Ⓐ Ⓑ Ⓒ Ⓓ
5 Ⓐ Ⓑ Ⓒ Ⓓ
6 Ⓐ Ⓑ Ⓒ Ⓓ
7 Ⓐ Ⓑ Ⓒ Ⓓ
8 Ⓐ Ⓑ Ⓒ Ⓓ

Part B

9 Ⓐ Ⓑ Ⓒ Ⓓ
10 Ⓐ Ⓑ Ⓒ Ⓓ
11 Ⓐ Ⓑ Ⓒ Ⓓ
12 Ⓐ Ⓑ Ⓒ Ⓓ

Part C

13 Ⓐ Ⓑ Ⓒ Ⓓ
14 Ⓐ Ⓑ Ⓒ Ⓓ
15 Ⓐ Ⓑ Ⓒ Ⓓ
16 Ⓐ Ⓑ Ⓒ Ⓓ

Section 2

Structure

1 Ⓐ Ⓑ Ⓒ Ⓓ
2 Ⓐ Ⓑ Ⓒ Ⓓ
3 Ⓐ Ⓑ Ⓒ Ⓓ
4 Ⓐ Ⓑ Ⓒ Ⓓ
5 Ⓐ Ⓑ Ⓒ Ⓓ

Written Expression

6 Ⓐ Ⓑ Ⓒ Ⓓ
7 Ⓐ Ⓑ Ⓒ Ⓓ
8 Ⓐ Ⓑ Ⓒ Ⓓ
9 Ⓐ Ⓑ Ⓒ Ⓓ
10 Ⓐ Ⓑ Ⓒ Ⓓ
11 Ⓐ Ⓑ Ⓒ Ⓓ
12 Ⓐ Ⓑ Ⓒ Ⓓ
13 Ⓐ Ⓑ Ⓒ Ⓓ

Section 3

1 Ⓐ Ⓑ Ⓒ Ⓓ
2 Ⓐ Ⓑ Ⓒ Ⓓ
3 Ⓐ Ⓑ Ⓒ Ⓓ
4 Ⓐ Ⓑ Ⓒ Ⓓ
5 Ⓐ Ⓑ Ⓒ Ⓓ
6 Ⓐ Ⓑ Ⓒ Ⓓ
7 Ⓐ Ⓑ Ⓒ Ⓓ
8 Ⓐ Ⓑ Ⓒ Ⓓ
9 Ⓐ Ⓑ Ⓒ Ⓓ
10 Ⓐ Ⓑ Ⓒ Ⓓ

※注意事項
・解答には2B または HB の鉛筆を使用すること。
・各問題に1つだけマークをつけて、訂正の際は完全に消して、新しい答えにマークをつけること。

マーク例

良い例	悪い例	
●	⊘	⊗
	◎	◯

結果一覧

Section 1	Listening Comprehension	／16点
Section 2	Structure and Written Expression	／13点
Section 3	Reading Comprehension	／10点

Day 2　解答用マークシート

実施日 _____/_____

Section 1	Section 2	Section 3

Section 1

Part A

1 Ⓐ Ⓑ Ⓒ Ⓓ
2 Ⓐ Ⓑ Ⓒ Ⓓ
3 Ⓐ Ⓑ Ⓒ Ⓓ
4 Ⓐ Ⓑ Ⓒ Ⓓ
5 Ⓐ Ⓑ Ⓒ Ⓓ
6 Ⓐ Ⓑ Ⓒ Ⓓ
7 Ⓐ Ⓑ Ⓒ Ⓓ
8 Ⓐ Ⓑ Ⓒ Ⓓ

Part B

9 Ⓐ Ⓑ Ⓒ Ⓓ
10 Ⓐ Ⓑ Ⓒ Ⓓ
11 Ⓐ Ⓑ Ⓒ Ⓓ
12 Ⓐ Ⓑ Ⓒ Ⓓ

Part C

13 Ⓐ Ⓑ Ⓒ Ⓓ
14 Ⓐ Ⓑ Ⓒ Ⓓ
15 Ⓐ Ⓑ Ⓒ Ⓓ
16 Ⓐ Ⓑ Ⓒ Ⓓ

Section 2

Structure

1 Ⓐ Ⓑ Ⓒ Ⓓ
2 Ⓐ Ⓑ Ⓒ Ⓓ
3 Ⓐ Ⓑ Ⓒ Ⓓ
4 Ⓐ Ⓑ Ⓒ Ⓓ
5 Ⓐ Ⓑ Ⓒ Ⓓ

Written Expression

6 Ⓐ Ⓑ Ⓒ Ⓓ
7 Ⓐ Ⓑ Ⓒ Ⓓ
8 Ⓐ Ⓑ Ⓒ Ⓓ
9 Ⓐ Ⓑ Ⓒ Ⓓ
10 Ⓐ Ⓑ Ⓒ Ⓓ
11 Ⓐ Ⓑ Ⓒ Ⓓ
12 Ⓐ Ⓑ Ⓒ Ⓓ
13 Ⓐ Ⓑ Ⓒ Ⓓ

Section 3

1 Ⓐ Ⓑ Ⓒ Ⓓ
2 Ⓐ Ⓑ Ⓒ Ⓓ
3 Ⓐ Ⓑ Ⓒ Ⓓ
4 Ⓐ Ⓑ Ⓒ Ⓓ
5 Ⓐ Ⓑ Ⓒ Ⓓ
6 Ⓐ Ⓑ Ⓒ Ⓓ
7 Ⓐ Ⓑ Ⓒ Ⓓ
8 Ⓐ Ⓑ Ⓒ Ⓓ
9 Ⓐ Ⓑ Ⓒ Ⓓ
10 Ⓐ Ⓑ Ⓒ Ⓓ

※注意事項
・解答には2B またはHB の鉛筆を使用すること。
・各問題に1つだけマークをつけて、訂正の際は完全に消して、新しい答えにマークをつけること。

マーク例

良い例	悪い例	
●	⊘	⊗
	◉	◯

結果一覧

Section 1	Listening Comprehension	/ 16点
Section 2	Structure and Written Expression	/ 13点
Section 3	Reading Comprehension	/ 10点

Day 3　解答用マークシート

Section 1	Section 2	Section 3

Section 1

Part A

1 (A) (B) (C) (D)
2 (A) (B) (C) (D)
3 (A) (B) (C) (D)
4 (A) (B) (C) (D)
5 (A) (B) (C) (D)
6 (A) (B) (C) (D)
7 (A) (B) (C) (D)
8 (A) (B) (C) (D)

Part B

9 (A) (B) (C) (D)
10 (A) (B) (C) (D)
11 (A) (B) (C) (D)
12 (A) (B) (C) (D)

Part C

13 (A) (B) (C) (D)
14 (A) (B) (C) (D)
15 (A) (B) (C) (D)
16 (A) (B) (C) (D)

Section 2

Structure

1 (A) (B) (C) (D)
2 (A) (B) (C) (D)
3 (A) (B) (C) (D)
4 (A) (B) (C) (D)
5 (A) (B) (C) (D)

Written Expression

6 (A) (B) (C) (D)
7 (A) (B) (C) (D)
8 (A) (B) (C) (D)
9 (A) (B) (C) (D)
10 (A) (B) (C) (D)
11 (A) (B) (C) (D)
12 (A) (B) (C) (D)
13 (A) (B) (C) (D)

Section 3

1 (A) (B) (C) (D)
2 (A) (B) (C) (D)
3 (A) (B) (C) (D)
4 (A) (B) (C) (D)
5 (A) (B) (C) (D)
6 (A) (B) (C) (D)
7 (A) (B) (C) (D)
8 (A) (B) (C) (D)
9 (A) (B) (C) (D)
10 (A) (B) (C) (D)

※注意事項
・ 解答には2B またはHB の鉛筆を使用すること。
・ 各問題に1つだけマークをつけて、訂正の際は完全に消して、新しい答えにマークをつけること。

マーク例

良い例	悪い例	
●	⊘	⊗
	◉	◯

結果一覧

Section 1	Listening Comprehension	／ 16点
Section 2	Structure and Written Expression	／ 13点
Section 3	Reading Comprehension	／ 10点

Day 4　解答用マークシート

実施日　　　　／

Section 1	Section 2	Section 3

Section 1

Part A

1　Ⓐ Ⓑ Ⓒ Ⓓ
2　Ⓐ Ⓑ Ⓒ Ⓓ
3　Ⓐ Ⓑ Ⓒ Ⓓ
4　Ⓐ Ⓑ Ⓒ Ⓓ
5　Ⓐ Ⓑ Ⓒ Ⓓ
6　Ⓐ Ⓑ Ⓒ Ⓓ
7　Ⓐ Ⓑ Ⓒ Ⓓ
8　Ⓐ Ⓑ Ⓒ Ⓓ

Part B

9　Ⓐ Ⓑ Ⓒ Ⓓ
10　Ⓐ Ⓑ Ⓒ Ⓓ
11　Ⓐ Ⓑ Ⓒ Ⓓ
12　Ⓐ Ⓑ Ⓒ Ⓓ

Part C

13　Ⓐ Ⓑ Ⓒ Ⓓ
14　Ⓐ Ⓑ Ⓒ Ⓓ
15　Ⓐ Ⓑ Ⓒ Ⓓ
16　Ⓐ Ⓑ Ⓒ Ⓓ

Section 2

Structure

1　Ⓐ Ⓑ Ⓒ Ⓓ
2　Ⓐ Ⓑ Ⓒ Ⓓ
3　Ⓐ Ⓑ Ⓒ Ⓓ
4　Ⓐ Ⓑ Ⓒ Ⓓ
5　Ⓐ Ⓑ Ⓒ Ⓓ

Written Expression

6　Ⓐ Ⓑ Ⓒ Ⓓ
7　Ⓐ Ⓑ Ⓒ Ⓓ
8　Ⓐ Ⓑ Ⓒ Ⓓ
9　Ⓐ Ⓑ Ⓒ Ⓓ
10　Ⓐ Ⓑ Ⓒ Ⓓ
11　Ⓐ Ⓑ Ⓒ Ⓓ
12　Ⓐ Ⓑ Ⓒ Ⓓ
13　Ⓐ Ⓑ Ⓒ Ⓓ

Section 3

1　Ⓐ Ⓑ Ⓒ Ⓓ
2　Ⓐ Ⓑ Ⓒ Ⓓ
3　Ⓐ Ⓑ Ⓒ Ⓓ
4　Ⓐ Ⓑ Ⓒ Ⓓ
5　Ⓐ Ⓑ Ⓒ Ⓓ
6　Ⓐ Ⓑ Ⓒ Ⓓ
7　Ⓐ Ⓑ Ⓒ Ⓓ
8　Ⓐ Ⓑ Ⓒ Ⓓ
9　Ⓐ Ⓑ Ⓒ Ⓓ
10　Ⓐ Ⓑ Ⓒ Ⓓ

※注意事項
・ 解答には2B またはHB の鉛筆を使用すること。
・ 各問題に1つだけマークをつけて、訂正の際は完全に消して、新しい答えにマークをつけること。

マーク例

良い例	悪い例	
●	✓	✕
	◉	◯

結果一覧

Section 1	Listening Comprehension	/ 16点
Section 2	Structure and Written Expression	/ 13点
Section 3	Reading Comprehension	/ 10点

Day 5　解答用マークシート

実施日 _____ / _____

Section 1	**Section 2**	**Section 3**

Section 1

Part A

1 Ⓐ Ⓑ Ⓒ Ⓓ
2 Ⓐ Ⓑ Ⓒ Ⓓ
3 Ⓐ Ⓑ Ⓒ Ⓓ
4 Ⓐ Ⓑ Ⓒ Ⓓ
5 Ⓐ Ⓑ Ⓒ Ⓓ
6 Ⓐ Ⓑ Ⓒ Ⓓ
7 Ⓐ Ⓑ Ⓒ Ⓓ
8 Ⓐ Ⓑ Ⓒ Ⓓ

Part B

9 Ⓐ Ⓑ Ⓒ Ⓓ
10 Ⓐ Ⓑ Ⓒ Ⓓ
11 Ⓐ Ⓑ Ⓒ Ⓓ
12 Ⓐ Ⓑ Ⓒ Ⓓ

Part C

13 Ⓐ Ⓑ Ⓒ Ⓓ
14 Ⓐ Ⓑ Ⓒ Ⓓ
15 Ⓐ Ⓑ Ⓒ Ⓓ
16 Ⓐ Ⓑ Ⓒ Ⓓ

Section 2

Structure

1 Ⓐ Ⓑ Ⓒ Ⓓ
2 Ⓐ Ⓑ Ⓒ Ⓓ
3 Ⓐ Ⓑ Ⓒ Ⓓ
4 Ⓐ Ⓑ Ⓒ Ⓓ
5 Ⓐ Ⓑ Ⓒ Ⓓ

Written Expression

6 Ⓐ Ⓑ Ⓒ Ⓓ
7 Ⓐ Ⓑ Ⓒ Ⓓ
8 Ⓐ Ⓑ Ⓒ Ⓓ
9 Ⓐ Ⓑ Ⓒ Ⓓ
10 Ⓐ Ⓑ Ⓒ Ⓓ
11 Ⓐ Ⓑ Ⓒ Ⓓ
12 Ⓐ Ⓑ Ⓒ Ⓓ
13 Ⓐ Ⓑ Ⓒ Ⓓ

Section 3

1 Ⓐ Ⓑ Ⓒ Ⓓ
2 Ⓐ Ⓑ Ⓒ Ⓓ
3 Ⓐ Ⓑ Ⓒ Ⓓ
4 Ⓐ Ⓑ Ⓒ Ⓓ
5 Ⓐ Ⓑ Ⓒ Ⓓ
6 Ⓐ Ⓑ Ⓒ Ⓓ
7 Ⓐ Ⓑ Ⓒ Ⓓ
8 Ⓐ Ⓑ Ⓒ Ⓓ
9 Ⓐ Ⓑ Ⓒ Ⓓ
10 Ⓐ Ⓑ Ⓒ Ⓓ

※注意事項
・解答には2B またはHB の鉛筆を使用すること。
・各問題に1つだけマークをつけて、訂正の際は完全に消して、新しい答えにマークをつけること。

マーク例

良い例	悪い例	
●	✓	✕
	◉	◯

結果一覧

Section 1	Listening Comprehension	/ 16点
Section 2	Structure and Written Expression	/ 13点
Section 3	Reading Comprehension	/ 10点

Day 6　解答用マークシート

実施日　　　／

Section 1	**Section 2**	**Section 3**

Section 1

Part A

1　Ⓐ Ⓑ Ⓒ Ⓓ
2　Ⓐ Ⓑ Ⓒ Ⓓ
3　Ⓐ Ⓑ Ⓒ Ⓓ
4　Ⓐ Ⓑ Ⓒ Ⓓ
5　Ⓐ Ⓑ Ⓒ Ⓓ
6　Ⓐ Ⓑ Ⓒ Ⓓ
7　Ⓐ Ⓑ Ⓒ Ⓓ
8　Ⓐ Ⓑ Ⓒ Ⓓ

Part B

9　Ⓐ Ⓑ Ⓒ Ⓓ
10　Ⓐ Ⓑ Ⓒ Ⓓ
11　Ⓐ Ⓑ Ⓒ Ⓓ
12　Ⓐ Ⓑ Ⓒ Ⓓ

Part C

13　Ⓐ Ⓑ Ⓒ Ⓓ
14　Ⓐ Ⓑ Ⓒ Ⓓ
15　Ⓐ Ⓑ Ⓒ Ⓓ
16　Ⓐ Ⓑ Ⓒ Ⓓ

Section 2

Structure

1　Ⓐ Ⓑ Ⓒ Ⓓ
2　Ⓐ Ⓑ Ⓒ Ⓓ
3　Ⓐ Ⓑ Ⓒ Ⓓ
4　Ⓐ Ⓑ Ⓒ Ⓓ
5　Ⓐ Ⓑ Ⓒ Ⓓ

Written Expression

6　Ⓐ Ⓑ Ⓒ Ⓓ
7　Ⓐ Ⓑ Ⓒ Ⓓ
8　Ⓐ Ⓑ Ⓒ Ⓓ
9　Ⓐ Ⓑ Ⓒ Ⓓ
10　Ⓐ Ⓑ Ⓒ Ⓓ
11　Ⓐ Ⓑ Ⓒ Ⓓ
12　Ⓐ Ⓑ Ⓒ Ⓓ
13　Ⓐ Ⓑ Ⓒ Ⓓ

Section 3

1　Ⓐ Ⓑ Ⓒ Ⓓ
2　Ⓐ Ⓑ Ⓒ Ⓓ
3　Ⓐ Ⓑ Ⓒ Ⓓ
4　Ⓐ Ⓑ Ⓒ Ⓓ
5　Ⓐ Ⓑ Ⓒ Ⓓ
6　Ⓐ Ⓑ Ⓒ Ⓓ
7　Ⓐ Ⓑ Ⓒ Ⓓ
8　Ⓐ Ⓑ Ⓒ Ⓓ
9　Ⓐ Ⓑ Ⓒ Ⓓ
10　Ⓐ Ⓑ Ⓒ Ⓓ

※注意事項
・ 解答には2B またはHB の鉛筆を使用すること。
・ 各問題に1つだけマークをつけて、訂正の際は完全に消して、新しい答えにマークをつけること。

マーク例

良い例	悪い例	
●	✓	✗
	◉	◯

結果一覧

Section 1	Listening Comprehension	/ 16点
Section 2	Structure and Written Expression	/ 13点
Section 3	Reading Comprehension	/ 10点

Day 7　解答用マークシート

実施日　　　　／

Section 1	Section 2	Section 3
Part A	**Structure**	1 Ⓐ Ⓑ Ⓒ Ⓓ
1 Ⓐ Ⓑ Ⓒ Ⓓ	1 Ⓐ Ⓑ Ⓒ Ⓓ	2 Ⓐ Ⓑ Ⓒ Ⓓ
2 Ⓐ Ⓑ Ⓒ Ⓓ	2 Ⓐ Ⓑ Ⓒ Ⓓ	3 Ⓐ Ⓑ Ⓒ Ⓓ
3 Ⓐ Ⓑ Ⓒ Ⓓ	3 Ⓐ Ⓑ Ⓒ Ⓓ	4 Ⓐ Ⓑ Ⓒ Ⓓ
4 Ⓐ Ⓑ Ⓒ Ⓓ	4 Ⓐ Ⓑ Ⓒ Ⓓ	5 Ⓐ Ⓑ Ⓒ Ⓓ
5 Ⓐ Ⓑ Ⓒ Ⓓ	5 Ⓐ Ⓑ Ⓒ Ⓓ	6 Ⓐ Ⓑ Ⓒ Ⓓ
6 Ⓐ Ⓑ Ⓒ Ⓓ	**Written Expression**	7 Ⓐ Ⓑ Ⓒ Ⓓ
7 Ⓐ Ⓑ Ⓒ Ⓓ	6 Ⓐ Ⓑ Ⓒ Ⓓ	8 Ⓐ Ⓑ Ⓒ Ⓓ
8 Ⓐ Ⓑ Ⓒ Ⓓ	7 Ⓐ Ⓑ Ⓒ Ⓓ	9 Ⓐ Ⓑ Ⓒ Ⓓ
Part B	8 Ⓐ Ⓑ Ⓒ Ⓓ	10 Ⓐ Ⓑ Ⓒ Ⓓ
9 Ⓐ Ⓑ Ⓒ Ⓓ	9 Ⓐ Ⓑ Ⓒ Ⓓ	
10 Ⓐ Ⓑ Ⓒ Ⓓ	10 Ⓐ Ⓑ Ⓒ Ⓓ	
11 Ⓐ Ⓑ Ⓒ Ⓓ	11 Ⓐ Ⓑ Ⓒ Ⓓ	
12 Ⓐ Ⓑ Ⓒ Ⓓ	12 Ⓐ Ⓑ Ⓒ Ⓓ	
Part C	13 Ⓐ Ⓑ Ⓒ Ⓓ	
13 Ⓐ Ⓑ Ⓒ Ⓓ		
14 Ⓐ Ⓑ Ⓒ Ⓓ		
15 Ⓐ Ⓑ Ⓒ Ⓓ		
16 Ⓐ Ⓑ Ⓒ Ⓓ		

※注意事項
・ 解答には2B またはHB の鉛筆を使用すること。
・ 各問題に1つだけマークをつけて、訂正の際は完全に消して、新しい答えにマークをつけること。

マーク例

良い例	悪い例	
●	✓	⊗
	◉	◯

結果一覧

Section 1	Listening Comprehension	／ 16点
Section 2	Structure and Written Expression	／ 13点
Section 3	Reading Comprehension	／ 10点

[編著者紹介]

トフルゼミナール

1979年に英米留学専門予備校として設立以来、TOEFL、IELTS、SAT、GRE、GMATなど海外留学のための英語資格試験対策や渡航準備などを通し、多くの海外留学を目指す学習者をサポート。国内大学受験においては、東京外国語大学、早稲田大学国際教養学部、上智大学国際教養学部、ICUなど英語重視難関校対策や、AO・推薦入試のための英語資格試験対策、エッセイ指導等を行っている。

執筆協力　　　：川端淳司、鈴木順一、志手理祐、李春喜、Zachary G. Kelly、
　　　　　　　　Amy Bramhall、Christopher Esquiaqui、Mark D. Lucas
編集　　　　　：飯塚香、山田広之
編集協力　　　：高橋清貴
録音・編集　　：株式会社ルーキー
ナレーション：Miguel Rivas-Micoud、Greg Dale、Rachel Walzer
装丁・DTP　　：石山智博

毎日ミニ模試TOEFL ITP®テスト 改訂版

発行　　　：2013年7月30日　第1版第1刷
　　　　　：2024年7月30日　改訂版第3刷

編著者　　：トフルゼミナール
発行者　　：山内哲夫
企画・編集：トフルゼミナール英語教育研究所
発行所　　：テイエス企画株式会社
　　　　　　〒169-0075　東京都新宿区高田馬場1-30-5 千寿ビル6F
　　　　　　E-mail　books@tseminar.co.jp
　　　　　　URL　https://www.tofl.jp/books/
印刷・製本：日経印刷株式会社